पत्रकार
दीनदयाल उपाध्याय

पत्रकार दीनदयाल उपाध्याय

डॉ. विजय विप्लवी ❖ डॉ. कुंजन आचार्य

ISBN
Paperback 979-8-90431-101-8
Hardcase 979-8-90431-102-5

Made with ♥ on the Notion Press Platform
www.notionpress.com

प्राक्कथन

पंडित दीनदयाल उपाध्याय एक कालजयी व्यक्तित्व थे। आमतौर पर इतिहास में उनके राजनीतिक व्यक्तित्व को ही रेखांकित किया जाता रहा है और उनका पत्रकार पक्ष अछूता सा रहा है । वे जनसंघ के एक आधार स्तंभ रहे। उन्होंने संगठन और कार्यकर्ताओं को मज़बूती से खड़ा करने में अपना सम्पूर्ण जीवन लगा दिया।

उनके पत्रकार पक्ष के बारे में यूँ तो चर्चा हुई है, प्रकाशन भी हुए लेकिन उस परिमाण में नहीं हुई जितने ज़रूरी थे। उनका पत्रकार पक्ष बेहद संवेदनशील सशक्त और राष्ट्रप्रेम से ओतप्रोत है। इस पुस्तक में पंडित दीनदयाल उपाध्याय के पत्रकार पक्ष को रेखांकित करने को समग्र प्रयास किया गया है।

एक पत्रकार के रूप में उन्होंने ना सिर्फ़ लेखक, संपादक, प्रकाशक का दायित्व निभाया बल्कि वे कंपोज़िटर, प्रिंटर और वितरक तक के दायित्व का निर्वहन भी कर लेते थे। इन सब कार्यों में उन्हें कभी कोई संकोच नहीं हुआ। वे प्रकाशन और मुद्रण से जुड़े सभी कार्यों में सिद्धहस्त थे और समसामयिक विषयों पर विभिन्न प्रकाशनों के माध्यम से अपनी बेबाक़ टिप्पणियों के ज़रिए देश के समक्ष चिंतनपरक सामग्री उपलब्ध करवाते थे। उनके आलेखों ने पाठकों में राष्ट्र प्रेम और राष्ट्र समर्पण का भाव जगाया।

भाई विजय विप्लवी जी ने करीब पांच वर्ष पूर्व पंडित जी की पत्रकारिता पर शोध करने और उसको पुस्तक का स्वरुप देने की मंशा जताई तो मेरा मन भी पंडित जी की पुस्तकों में रम गया। मैंने बचपन से शाखा जाते हुए और विभिन्न अभ्यास वर्गों में बौद्धिकों के जरिए पंडित दीनदयालजी के बारे में सुना समझा तो था लेकिन उनका पत्रकार रुप मुझ से भी अछूता ही रहा। भाई विप्लवी के साथ मैं भी उनके पत्रकार रूप को पढने और समझने में जुट गया।

इस कार्य के लिए विप्लवी जी ने देश भर में दीनदयाल जी से जुड़े संस्थानों से पत्रकारिता सामग्री को एकत्र किया। दीनदयाल जी से जुड़े, उनके साथ रहे विद्वतजनों के साक्षात्कार किए और प्रामाणिक जानकारी जुटाने का श्रमसाध्य कार्य किया। मैं भाई को इस महत्वपूर्ण कार्य के लिए साधुवाद देता हूँ।

दीनदयाल उपाध्याय जी से सम्बद्ध समस्त जानकारियों, संदर्भों, विचारों और आलेखों को इस पुस्तक में समेटने का प्रयास किया गया है। हालाँकि पंडितजी के पत्रकार स्वरूप को रेखांकित करने वाली यह कोई अंतिम पुस्तक नहीं होगी क्योंकि अभी भी उनके पत्रकारकर्म पर चर्चाएँ, शोध कार्य होना शेष है। लेकिन मैं यह विश्वास व्यक्त करता हूं कि इस पुस्तक से नई पीढी के पत्रकारों, शोधार्थियों को दीनदयालजी के कार्यों और विचारों को समझने में मदद, एक व्यापक फलक और दृष्टि मिलेगी।

आशा है भविष्य के शोधकर्ताओं के लिए यह पुस्तक मील का पत्थर साबित होगी।

डॉ.कुंजन आचार्य

विभागाध्यक्ष, पत्रकारिता एवं जनसंचार विभाग,

मोहनलाल सुखाड़िया विश्वविद्यालय, उदयपुर

विषय सूची

	प्राक्कथन	v
	भूमिका	ix
	मेरी शोधयात्रा	xi
1.	दीनदयाल उपाध्याय – एक विराट व्यक्तित्व	1
2.	पत्रकार दीनदयाल और उनका लेखकीय पक्ष	21
3.	दीनदयाल जी की पुस्तकें: ऐतिहासिक दस्तावेज	71
4.	दीनदयाल जी का सान्निध्य- पारस पत्थर	100
5.	दीनदयाल उपाध्याय और राजस्थान	132
6.	भविष्य की पत्रकारिता के प्रेरणा पुंज	154
	चित्र वीथी	168
	सन्दर्भ	172

ओम प्रकाश माथुर
Om Prakash Mathur

राज्यपाल सिक्किम
GOVERNOR OF SIKKIM

राज भवन
गान्तोक–737103
(सिक्किम)

RAJ BHAVAN
GANGTOK-737103
(SIKKIM)

भूमिका

पंडित दीनदयाल जी उपाध्याय एक ऐसे सदा आलोकित स्तम्भ, जिन्होंने भारतीय संस्कृति के सुन्दरतम् तत्वों व अवधारणाओं को एक सिद्धान्तरूपीमालिका में गुंफित करके एकात्म मानवदर्शन की अनुपम देन प्रदान की। आपने भारतीय संस्कृति में अटूट आस्था रखते हुए राजनीति को भी आदर्श व आध्यात्मिकता से ओतप्रोत किया। आपने न केवल सिद्धान्त का प्रतिपादन कर उसके भाषण व व्याख्यान नहीं दिये अपितु वाणी व व्यवहार में एकरूपता रखकर उसे अपने जीवन में भी अंगीकार किया।

दीनदयाल जी भारतीय जनसंघ की स्थापना के साथ ही राजनीति क्षेत्र में आ गये थे, लेकिन राजनीति उनके लिए साधन थी, साध्य नहीं, वह मार्ग था, मंजिल नहीं। वे राजनीति में शुचिता के साथ उसका आध्यात्मीकरण चाहते थे। वे भारत के उज्ज्वल अतीत से प्रेरणा लेते थे तथा उज्ज्वलतर भविष्य का निर्माण करना चाहते थे। उनकी आस्थाएं सदियों पुराने अक्षय राष्ट्रजीवन की जड़ों से रसग्रहण करती थी, किन्तु वे रूढिवादी नहीं थे, वे भविष्य के भारत को आधुनिक व विकसित राष्ट्र बनाना चाहते थे। उनका कार्य व्यक्तिनिष्ठ नहीं, तत्वनिष्ठ था। उन्होंने न केवल आदर्शों पर बल दिया, वरन् उनका अनुकरण करके उदाहरण प्रस्तुत किया। मां भारती के सपूत दीनदयाल जी ने अपना सम्पूर्ण जीवन समाज व राष्ट्र की सेवा में समर्पित कर दिया। राजनीति में रहते हुए भी उनमें कभी पद लिप्सा नहीं जगी। वे कभी विधायक या सांसद् नहीं बनें, लेकिन उन्होंने असंख्य कार्यकर्ताओं को जनप्रतिनिधि बनाने का मार्ग प्रशस्त किया ।

राजनीति में आने से पूर्व ही दीनदयाल जी ने पत्रकारिता में प्रवेश कर लिया था। जनसंघ के राष्ट्रीय महामंत्री रहते हुए भी सतत् प्रवास, व्यस्ततम दिनचर्या व रेल यात्राओं के मध्य आपने अध्ययन व लेखन का क्रम जारी रखा। आर्गेनाइजर में छपे आपके लेखों का संग्रह 'पॉलिटिकल डायरी' पुस्तक के रूप में प्रकाशित किया गया। उसकी भूमिका कांग्रेस के वरिष्ठ नेता, राजस्थान के पूर्व राज्यपाल, उत्तरप्रदेश के पूर्व मुख्यमंत्री व शिक्षाविद् डॉ. सम्पूर्णानंद जी ने लिखी। इससे स्पष्ट

होता है कि दीनदयाल जी का लेखन, विचार व व्यक्तित्व कितना प्रभावशाली था तथा उस काल भी उसकी स्वीकार्यता व सम्मान कितना था।

दीनदयाल जी राष्ट्रधर्म, पांचजन्य, तरूण भारत व हिमालय पत्र-पत्रिकाओं के संस्थापकों में थे। उन्होंने प्रबन्धक, लेखक, सम्पादक, कम्पोजिटर, प्रिन्टर व प्रेषक तथा वितरक सभी भूमिकाओं का निर्वाह किया, लेकिन अपनी किसी भी भूमिका का नामोल्लेख पत्र- पत्रिका में नहीं होने दिया, वे मौन तपस्वी ही बने रहे। समाज, संगठन, राजनीति व पत्रकारिता में उनका जीवन 'जलकमलवत्' (पानी मे रहकर, उसमें न डूबना) रहा। अपने नाम के प्रचार की अनिच्छा के कारण संभवतः दीनदयाल जी का पत्रकार स्वरूप अधिक प्रचारित नहीं हो सका। इसी विचार को लेकर उदयपुर नगर परिषद् के पूर्व पार्षद, वरिष्ठ पत्रकार व मेरे स्नेही अनुज डॉ. विजय विप्लवी ने 'पत्रकार के रूप में दीनदयाल उपाध्याय का व्यक्तित्व व कृतित्व: एक अध्ययन' विषयक पीएचडी शोध किया। मुझे प्रसन्नता है कि डॉ. विजय विप्लवी व सुखाडिया विश्वविद्यालय में पत्रकारिता व जनसंचार विभाग के प्रभारी-अध्यक्ष तथा वर्षों तक प्रिंट व इलेक्ट्रॉनिक मीडिया में कार्यरत रहे वरिष्ठ पत्रकार डॉ. कुंजन आचार्य ने इसी शोध पर आधारित पुस्तक 'पत्रकार दीनदयाल उपाध्याय' का लेखन किया है। मैं इस प्रयास के लिये दोनों अनुजों को बधाई देते हुए पुस्तक के सफल प्रकाशन की शुभकामनाएं प्रेषित करता हूं।

निशा निराशा के सागर में, बन आशा के कमल खिले।
मौन तपस्वी साधक बनकर, हिमगिरी सा चुपचाप गले।।

इन्हीं भावनाओं के साथ एकात्म मानवदर्शन के प्रणेता, अंत्योदय के प्रणेता, चिंतक, विचारक, पत्रकार, कुशल संगठनकर्ता पं. दीनदयाल जी उपाध्याय का पावन स्मरण करते हुए सादर नमन व विनम्र श्रद्धाजंलि।

12 मई 2025, बुद्ध पूर्णिमा

ओम प्रकाश माथुर
राज्यपाल, सिक्किम प्रदेश

मेरी शोधयात्रा

पंडित दीनदयाल उपाध्याय के नाम से मैं उच्च प्राथमिक कक्षाओं में अध्ययन के समय परिचित हो गया था, क्योंकि मैं प्राथमिक कक्षाओं में अध्ययन के समय ही राष्ट्रीय स्वयंसेवक संघ के संपर्क में आ गया था। वर्ष 1985 में दसवीं कक्षा की परीक्षा के बाद उदयपुर में सेक्टर-11 स्थित आलोक स्कूल में राष्ट्रीय स्वयंसेवक संघ के संघ शिक्षा वर्ग (प्रथम वर्ष) के दौरान वहां वस्तु भंडार में एक पुस्तिका दिखी, जिसका शीर्षक था दीनदयाल उपाध्याय। तब तक मैं केवल इस नाम से ही परिचित था। मैंने पुस्तिका उठाई इसकी भूमिका पढी। उसमें लिखा था 1979 में भारत सरकार के विदेश मंत्री माननीय अटल बिहारी वाजपेयी ने उन पर जारी डाक टिकट का विमोचन किया है। मैं माननीय अटल जी के भाषण कई बार सुन चुका था। उनके भाषणों का मैं कायल था। मैंने सोचा अटल जी ने जिनके डाक टिकट का विमोचन किया है तो निश्चित ही यह व्यक्ति अटल जी से बड़े और श्रेष्ठ होंगे। इसी अनुमान के साथ वह पुस्तिका क्रय कर ली। उसे वर्ग के दौरान ही पढ़ ली। उसके पश्चात दीनदयाल जी के बारे में जानने की जिज्ञासा बढ़ती रही।

दीनदयाल जी का मुझे व्यक्तिगत सान्निध्य नहीं मिल सका क्योंकि उनके जीवन यात्रा पूरी होने के बाद मेरा जन्म हुआ, लेकिन उनके बारे में पढ़ने पर, सुनने पर उनके सान्निध्य में तैयार हुए स्वयंसेवकों, कार्यकर्ताओं, नेताओं तथा उनके साथी सहयोगियों का जीवन देखने के पश्चात मेरे मन-मानस पर उनकी छवि महामना, अजातशत्रु, राष्ट्रभक्त, मेधा संपन्न, राष्ट्रवादी व्यक्तित्व, लेखक, चिंतक, पत्रकार व प्रेरणा पुरुष के रूप में अंकित हो गई।

दीनदयाल जी का जीवन वृत्त जानने के बाद ध्यान में आता है कि एक मातृ,पितृ व भातृविहीन तथा अनिकेत बालक जिसे कठिनाइयां ने बखूबी तराशा। राजस्थान की पराक्रमी भूमि (धानक्या-जयपुर) में जन्म लेकर उन्होंने अपने जीवन का क्षण-क्षण व शरीर का कण-कण भारतमाता की सेवामें स्वैच्छिक व स्वयं प्रेरणा से समर्पित कर दिया। संघ के द्वितीय सरसंघचालक परम पूजनीय श्रीगुरुजी के आशीर्वाद व माननीय भाऊराव जी देवरस के मार्गदर्शन ने उनके

जीवन को निखार दिया। वे संघ मार्ग पर चलते हुए कठोर तपस्या में तपकर कुंदन के रूप में निखर गए। संघ के प्रचारक रहते हुए संगठन के निर्देश पर ही उन्होंने पहले पत्रकारिता और बाद में राजनीति क्षेत्र में प्रवेश किया। वे न केवल एक कुशल संगठनकर्ता थे, अपितु वे मौलिक चिन्तक, पत्रकार, स्तम्भ लेखक, अर्थनीतिज्ञ व साहित्यकार थे। प्रखर बुद्धिमता, असामान्य कर्तृत्व, परन्तु निरंहकार व नम्रता के आदर्श। प्रगल्भ विचार, चिन्तन की गंभीरता, सादा व सरल जीवन मानों उनके व्यक्तित्व में त्रिवेणी संगम था। पत्रकारिता व राजनीति में स्वयं की छवि बनाने व संवारने का उपक्रम स्वाभाविक होता है, लेकिन दीनदयाल जी ने 'संघ की घुट्टी' में 'प्रसिद्धि परांगमुखता' का संस्कार प्राप्त किया, उसका प्रभाव उन पर जीवन भर रहा। वे राजनीति में रहे, लेकिन राजनीति उनमें प्रवेश नहीं कर सकी।

पांचजन्य, राष्ट्रधर्म व तरूण भारत का प्रकाशन पत्रकारिता जगत में दीनदयाल जी की महत्वपूर्ण देन हैं। आर्गेनाईजर में आपके स्तम्भ लेखों पर आधारित पुस्तक 'पॉलिटिकल डायरी' को पढने पर आपकी बौद्धिक व लेखन क्षमता का अनुमान सहज ही हो जाता है।

दीनदयाल जी के बारे में वर्षों से पढ़ते व सुनते हुए मुझे अनुभव हुआ कि उनका पत्रकार स्वरूप समुचित रूप से समाज के सामने प्रस्तुत नहीं हो सका है। मैंने इस विषय पर शोध का विचार करके प्रयास प्रारंभ किया। मेरे संकल्प को समर्थन व आशीर्वाद मिला सुखाड़िया विश्वविद्यालय उदयपुर के पत्रकारिता व जनसंचार विभाग के विभागाध्यक्ष डॉ कुंजन जी आचार्य और राजनीति विज्ञान विभाग के सहायक आचार्य व मेरे शोध निर्देशक डॉ बालूदान जी बारहठ का।

मेरा सौभाग्य है कि दीनदयाल जी उपाध्याय के विषय में वरिष्ठ अध्येता, पूर्व सांसद, एकात्म मानवदर्शन अनुसंधान एवं विकास प्रतिष्ठान नई दिल्ली के अध्यक्ष डॉ. महेश चंद्र जी शर्मा का स्नेहिल आशीर्वाद, मार्गदर्शन मुझे विगत 30 वर्षों से निरंतर प्राप्त है। मैं शोध प्रस्ताव की रूपरेखा के विषय में चर्चा करने आपके पास दिल्ली गया, आपने मुझे आवश्यक सामग्री के साथ इस शोध के लिए आशीर्वाद प्रदान कर मेरा उत्साहवर्द्धन किया। उसके बाद भी शोधयात्रा में जब भी दिल्ली प्रवास हुआ, आपने सदैव आशीर्वाद प्रदान किया।

सुखाड़िया विश्वविद्यालय उदयपुर द्वारा पीएचडी शोध के लिये मेरे द्वारा प्रस्तुत 'पत्रकार के रूप में दीनदयाल उपाध्याय का व्यक्तित्व व कृतित्व : एक अध्ययन' विषयक शोध प्रस्ताव को स्वीकृति मिलने के साथ मेरी शोधयात्रा प्रारम्भ हुई।

इस शोध यात्रा में मेरे अग्रज व पूर्व विधायक धर्मनारायण जी जोशी ने अपनी महती भूमिका का निर्वाह किया। आपने शोध के निमित्त मेवाड़ से लेकर दीनदयाल जी की जन्मभूमि धानक्या से जयपुर, दिल्ली, देहरादून व पालमपुर (हिमाचल प्रदेश) तक की यात्रा में मुझे सान्निध्य व मार्गदर्शन प्रदान किया। देहरादून में पूर्व मुख्यमंत्री व पूर्व राज्यपाल भगतसिंह जी कोश्यारी, पालमपुर में पूर्व केन्द्रीय मंत्री व हिमाचल प्रदेश के पूर्व मुख्यमंत्री शांताकुमार जी तथा जयपुर में राज्यसभा सांसद् व पूर्व मंत्री घनश्याम जी तिवारी जैसे विशिष्ट व्यक्तियों से साक्षात्कार का समय आपने ही निर्धारित कराया और स्वयं साथ रहे। दिल्ली से देहरादून, पालमपुर व दिल्ली तक सामान्य रोडवेज की बस में दो रात्रि तक जागकर यात्रा की। आपके हर समय, हर संभव सहयोग से मुझे शोध में अनुकूलता प्राप्त हुई। आपके लिए अभिवादन व आभार का हर शब्द मुझे इस संदर्भ में अपनी भावाभिव्यक्ति के लिए अपर्याप्त लग रहा है।

पूर्व मुख्यमंत्री व पूर्व राज्यपाल भगतसिंह जी कोश्यारी, पालमपुर में पूर्व केन्द्रीय मंत्री व हिमाचल प्रदेश के पूर्व मुख्यमंत्री शांताकुमार जी व असम के राज्यपाल गुलाबचंद जी कटारिया ने शोध साक्षात्कार के लिये समय प्रदान किया।

शोधयात्रा में राष्ट्रधर्म के प्रबंधक डॉ. पवनपुत्र जी बादल व पंडित दीनदयाल उपाध्याय जन्मभूमि स्मारक समिति नगला चंद्रभान (मथुरा, उत्तरप्रदेश) के संगमलाल जी से हुई भेंट अविस्मरणीय रहेगी। आप दोनों ऐसे आत्मीय भाव से मिले, जैसे वर्षों का परिचित-अपनापन हो। पवनपुत्र जी ने शोध विषयक अध्ययन सामग्री उपलब्ध कराई और दीनदयाल जी के पैतृक गांव नगला चंद्रभान जाने के लिये आवश्यक मार्गदर्शन दिया। आपने वहां संगमलाल जी से बात भी करवा दी। नगला चन्द्रभान में संगमलाल जी के साथ महामानव दीनदयाल जी की पैतृक

भूमि के दर्शन किए तथा वहां संचालित प्रकल्पों को देखा व दीनदयाल जी के एक परिजन से साक्षात्कार भी किया। नगला चन्द्रभान जाकर अनुभूति हुई की इस तीर्थ पर आना न होता, तो ये यात्रा अधूरी रह जाती।

लखनऊ में उत्तरप्रदेश भाजपा प्रदेश कार्यालय में भाजपा की मुख पत्रिका 'कमल ज्योति' के प्रबंध संपादक राजकुमार जी से स्नेहिल भेंट हुई। आप वहां भाजपा में पूर्णकालिक पदाधिकारी के रूप में कार्य कर रहे हैं। एक विचारवान उत्साही युवा पदाधिकारी से मिलकर मेरा मन भी उत्साहित हुआ। आपने भी शोध के लिये अध्ययन सामग्री उपलब्ध कराई।

शोधयात्रा में भाजपा केंद्रीय कार्यालय नई दिल्ली के पुस्तकालय में अनेक बार जाना हुआ, वहां के पुस्तकालय प्रभारी प्रो. (डॉ.) आशीर्वादम् जी आचार्य तथा वहां के पुस्तकालय सहायक श्री संजीव कुमार का सदैव सकारात्मक सहयोग मिला।

दिल्ली प्रवास में प्रसिद्ध विचारक मा. गोविन्दाचार्य जी से साक्षात्कार के निमित्त समय मांगा, तो आपने मेरे समय व आवागमन के साधन की अनुकूलता देखते हुए राष्ट्रीय स्वाभिमान आंदोलन की केन्द्रीय बैठक स्थल पर ही मुझे बुलाकर वहीं साक्षात्कार दिया। इतने विशिष्ट व्यक्ति की सहजता व सरलता से मन आज भी अभिभूत है।

जयपुर प्रवास में संघ कार्यालय भारती भवन में राष्ट्रीय स्वयंसेवक संघ के वरिष्ठ प्रचारक कैलाशचंद्र जी से साक्षात्कार किया। आपने पंडित दीनदयाल उपाध्याय राष्ट्रीय स्मारक धानक्या की पंडित दीनदयाल उपाध्याय स्मृति समारोह समिति के अध्यक्ष, पूर्व कुलपति प्रोफेसर मोहनलाल जी छीपा से बात करके मुझे समिति के न्यू कॉलोनी स्थित कार्यालय पर भेज दिया। यहां भी अध्ययन सामग्री उपलब्ध हुई।

राष्ट्रीय स्वयंसेवक संघ के पूर्व प्रचारक, लेखक व साहित्यकार श्री विजयकृष्ण जी नाहर, पाथेय कण जयपुर के प्रबंधक माणकचंद जी व दीनदयाल शोध संस्थान, दिल्ली ने भी अध्ययन सामग्री उपलब्ध करवा कर मेरा मार्ग प्रशस्त किया।

शोधयात्रा की पृष्ठभूमि से लेकर इस पुस्तक के प्रकाशन में भाई डॉ. कुंजन जी आचार्य मुख्य धुरी रहे है। भाई कुंजनजी मेरे सखा, मित्र, साथी पत्रकार, भ्राता व तीर्थयात्राओं के सहयात्री, पीएचडी में मेरे शिक्षक विभिन्न स्वरूपों में मेरे सहचर रहे है। मुझे उनके तेवर देखकर ही समझना होता है कि भाई अभी किस भूमिका में है। भाई कुंजन जी का हृदय के अंतस्थल से आभार। आपके मार्गदर्शन, सम्बल व सहकार से यह शोधयात्रा सुगम व सफल हो सकी।

मेरे आशीर्वाद प्रदाता व पंडित दीनदयाल जी उपाध्याय के सहयोगी रहे राजस्थान में भारतीय जनसंघ के पूर्व प्रदेश अध्यक्ष व पूर्व सांसद माननीय भानुकुमार जी शास्त्री का देहावसान हो जाने से शोध के समय उनका व्यक्तिशः सान्निध्य नहीं मिल सका। लेकिन पूर्व में उनसे प्राप्त जानकारी का शोध में समावेश किया गया है। इसी प्रकार वरिष्ठ पत्रकार व दीनदयाल जी के साथी रहे डॉक्टर वेद प्रताप वैदिक जी से 28 फरवरी 2023 को फतहनगर प्रवास में भेंट हुई। मैंने उन्हें अपने शोध प्रस्ताव की जानकारी देते हुए मार्गदर्शन मांगा। उन्होंने प्रसन्नतापूर्वक कहा दिल्ली आ जाओ, मैं आपकी पूरी मदद करूंगा। मैं दिल्ली प्रवास पर जा पाता, उससे पूर्व ही वे 14 मार्च 2023 को वे अनंत में विलीन हो गए। इस शोध में माननीय शास्त्री जी व वैदिक जी का प्रत्यक्षतः मार्गदर्शन मिल पाता तो संभवत शोधकार्य और समृद्ध होता। यद्यपि वैदिक जी के एक लेख को संदर्भ के रूप में शामिल किया गया है तथापि इससे मेरी शोध क्षुधा में समुचित तृप्ति नहीं हुई। आज यह यात्रा लिखते हुए मैं शुचितापूर्ण राजनीति के प्रतीक पुरुष माननीय भानुकुमार जी शास्त्री तथा प्रख्यात राष्ट्रवादी पत्रकार, चिंतक, विचारक डॉ वेद प्रताप वैदिक जी को शत-शत नमन करता हूं।

इस शोधयात्रा में पिता श्री पुष्करलाल जी शर्मा, मेरी सहधर्मिणी श्रीमती लक्ष्मी शर्मा, पुत्र अभिषेक, पुत्रवधु रक्षिता शर्मा व पुत्र सौरभ का आभार व्यक्त न करूं तो यह अपूर्ण ही रह जाएगा। आपने शोध में आद्योपान्त प्रत्येक अवसर पर मुझे सहयोग व संबल दिया।

मेरे शोधकार्य में मेरे मित्र श्री आजाद जी शर्मा व लोकेश जी भट्ट (भीलवाडा), शरद जी बागोरा (नाथद्वारा), नरेश पंवार, दिनेश जी भट्ट व सौभाग्यचंदजी नाहर

(उदयपुर), मनोज जी पुजारी (मावली) के साथ प्रत्यक्ष व परोक्ष सहयोगी सभी स्नेहीजनों, साक्षात्कार व मार्गदर्शन के लिए समय व सान्निध्य प्रदान करने वाले सभी वरिष्ठजनों के प्रति आभार व्यक्त करता हूं।

"पत्रकार दीनदयाल उपाध्याय" पुस्तक में मेरी शोध यात्रा लिखते हुए मेरा मन अभिभूत है कि मैं महामनीषी, भारतमाता के सपूत, राष्ट्रवादी पत्रकारिता के पुरोधा पंडित दीनदयाल उपाध्याय के श्री चरणों में यह पुष्प अर्पित कर रहा हूं। सभी सहयोगी बंधु-बहिनों का पुनश्च आभार।

डॉ. विजय विप्लवी

1

दीनदयाल उपाध्याय – एक विराट व्यक्तित्व

पंडित दीनदयाल उपाध्याय एक राजनेता ही नहीं बल्कि उच्च कोटि के चिंतक, विचारक और लेखक भी थे। उनके पत्रकार रूप को कम लोग जानते है कि उन्होंने अपनी सशक्त और धारदार कलम के जरिए शक्तिशाली और संतुलित रूप में विकसित राष्ट्र की कल्पना की थी। हम इस पुस्तक में उनके पत्रकार और लेखकीय पक्ष का विश्लेषण करेंगे साथ ही उनके लेखकीय और साहित्यिक पक्ष का समग्र विवेचन करेंगे। पूरी दुनिया को एकात्म मानवदर्शन जैसी प्रगतिशील विचारधारा से परिचित कराने वाले दीनदयाल उपाध्याय भारतीय राजनीतिक और आर्थिक चिंतन के एक वैचारिक दिशा देने वाले पुरोधा थे। राष्ट्र निर्माण और समाज सेवा को अपने जीवन का लक्ष्य मानने वाले पंडित जी का पूरा जीवन सादगी, ईमानदारी और प्रेरणा की मिसाल है।

भारत में अनेक ऐसे महापुरुष हुए हैं जिनका मार्गदर्शन समाज के आर्थिक, सामाजिक और राजनैतिक विकास में सहायक रहा हैं। उनसे समाज को नई दिशा मिली। ऐसे ही एक महापुरुष थे पंडित दीनदयाल उपाध्याय जो कि सादगी और ईमानदारी की मिसाल रहे और जीवन भर राष्ट्र और जनता की सेवा करते रहे। पंडित उपाध्याय के व्यक्तित्व में कुशल अर्थचिंतक, संगठनशास्त्री, शिक्षाविद, राजनीतिज्ञ, वक्ता, लेखक और पत्रकार जैसी अनेक प्रतिभाएं समाहित थीं। महान चिंतक और संगठनकर्ता पंडित दीनदयाल उपाध्याय ने एकात्म मानवदर्शन का विचार देकर मानव के कल्याण का एक नया मार्ग प्रशस्त किया।

दीनदयाल उपाध्याय का जन्म 25 सितंबर, 1916 को (आश्विन शुक्ला त्रयोदशी विसं 1973) को राजस्थान में जयपुर- अजमेर रेलमार्ग पर जयपुर से 25 किमी दूर धानक्या रेलवे स्टेशन के स्टाफ क्वार्टर में हुआ। उनका पैतृक गांव उत्तरप्रदेश में मथुरा के पास नगला चन्द्रभान है। दीनदयाल के पिता का नाम

'भगवती प्रसाद उपाध्याय' था। इनकी माता का नाम 'रामप्यारी' था जो धार्मिक प्रवृत्ति की थीं। रेल की नौकरी होने के कारण उनके पिता का अधिक समय बाहर बीतता था। उनके पिता कभी-कभी छुट्टी मिलने पर ही घर आते थे। थोड़े समय बाद ही दीनदयाल के भाई ने जन्म लिया जिसका नाम 'शिवदयाल' रखा गया। पिता भगवती प्रसाद ने अपनी पत्नी व बच्चों को मायके भेज दिया। उस समय दीनदयाल के नाना चुन्नीलाल शुक्ल धानक्या में स्टेशन मास्टर थे। मामा का परिवार बहुत बड़ा था। दीनदयाल अपने ममेरे भाइयों के साथ खाते-खेलते बड़े हुए। वे दोनों ही रामप्यारी और दोनों बच्चों का ख़ास ध्यान रखते थे।

तीन वर्ष की मासूम उम्र में दीनदयाल पिता के प्यार से वंचित हो गये। पति की मृत्यु से माँ रामप्यारी को अपना जीवन अंधकारमय लगने लगा। वे अत्यधिक बीमार रहने लगीं। उन्हें क्षय रोग हो गया। 8 अगस्त सन् 1924 को रामप्यारी बच्चों को अकेला छोड़ ईश्वर को प्यारी हो गयीं। 7 वर्ष की कोमल अवस्था में दीनदयाल माता-पिता के प्यार से वंचित हो गये। सन् 1934 में बीमारी के कारण दीनदयालजी के भाई शिवदयाल का देहान्त हो गया।

प्रारम्भिक शिक्षा

राजस्थान के गंगापुरसिटी में दीनदयाल के मामा 'राधारमण' रहते थे। उनका परिवार उनके साथ ही था। गाँव में पढ़ाई का अच्छा प्रबन्ध नहीं था, इसलिए नाना चुन्नीलाल ने दीनदयाल और शिबु को पढ़ाई के लिए मामा के पास गंगापुरसिटी भेज दिया जहां उनकी प्राथमिक शिक्षा शुरु हुई। मामा राधारमण की भी आय कम और खर्चा अधिक था। उनके अपने बच्चों का खर्च और साथ में दीना और शिबु का रहन-सहन और पढ़ाई का खर्च करनी पड़ती थी।

संघर्षों के मध्य अध्ययन

सन 1926 के सितम्बर में नाना चुन्नीलाल के स्वर्गवास की दुखद सूचना मिली। दीना के मन पर गहरी चोट लगी। इस दुःख से उभर भी नहीं पाए थे कि मामा राधारमण बीमार पड़ गए। वैद्यों ने बताया कि उन्हें टी.बी. की बीमारी हो गई है। उनका बचना कठिन है। वैद्यों ने औषधि देने से मना कर दिया। ऐसी स्थिति में क्या किया जाए, यही समस्या थी। लखनऊ में उनके एक सम्बन्धी रहते थे।

उनके पास से राधारमण का बुलावा आया। लखनऊ में इलाज की अच्छी व्यवस्था थी। किन्तु उन्हें वहाँ कौन ले जाए, यही समस्या थी। कहीं यह छूत की बीमारी किसी और को न लग जाए, इसी से सब उनके पास जाने से भी डरते थे। दीनदयालजी बराबर मामा की सेवा में लगा रहते थे। मामा के मना करने पर भी वह नहीं मानते थे। मामा का लड़का बनवारीलाल भी उनके साथ ही पढ़ता था, किन्तु अपने पिता के पास जाने में वह भी छूत की बीमारी से डरता था। दीनदयालजी की आयु उस समय कोई ग्यारह-बारह वर्ष की थी। वह अपने मामा को लखनऊ ले जाने के लिए तैयार हुए। मामा ने बहुत मना किया। वे नहीं माने। अन्त में मामा को उनकी बात माननी ही पड़ी। लखनऊ में मामा का उपचार आरम्भ हुआ। उन्होंने निष्ठापूर्वक मामा की सेवा की। उसकी परीक्षा भी पास आ रही थी। किन्तु मामा की सेवा के अलावा और कोई ध्यान नहीं था। परीक्षा का ध्यान आते ही मामा ने उनको गंगापुरसिटी भेज दिया। होनहार बिरवान के होत चिकने पात वाली कहावत को उन्होंने चरितार्थ कर दिया और परीक्षा में सर्वोच्च अंक पाकर प्रथम स्थान प्राप्त किया। यह सभी के लिए आश्चर्य और प्रसन्नता की बात थी क्योंकि मामा की सेवा के कारण वे ठीक से पढ़ भी नहीं पाए थे।

गंगापुरसिटी में आगे की पढ़ाई की व्यवस्था नहीं थी इसलिए कोट गाँव में पाँचवीं कक्षा में प्रवेश लिया। वहाँ भी वह पढ़ाई में प्रथम ही रहे। राजगढ जाकर आठवीं और नवीं कक्षा पास की। उनके पास पढ़ने के लिए पुस्तकें नहीं थीं । दीनदयाल के मामा का लड़का भी उनके साथ पढ़ता था। जब ममेरा भाई सो जाता या पढ़ाई नहीं करता था। तब वे उसकी पुस्तकों से पढ़ लेते थे। नवीं कक्षा पास करने के बाद वे राजघर से सीकर गए। वहाँ भी अपने अध्यापकों पर अपनी बुद्धि, लगन और परिश्रम की धाक जमा दी। सभी उनसे बहुत प्यार करते थे। हाईस्कूल की परीक्षा से कुछ माह पूर्व वे बीमार पड़ गए। हाईस्कूल की परीक्षा आरम्भ हो गई। उन्होंने अच्छी तरह अपने प्रश्नपत्र किए। दीनदयालजी न केवल परीक्षा में प्रथम आए बल्कि कई विषयों में एक नया रिकार्ड भी बनाया। उनकी रेखागणित की उत्तर-पुस्तिका कई वर्षों तक उदाहरण के रूप में संरक्षित रखी गई।

पढ़ाई का पारितोषिक

दीनदयाल जी का प्रिय विषय गणित था। वह गणित में हमेशा अव्वल अंक प्राप्त करते थे। सीकर के महाराज को इस मेधावी छात्र के विषय में खबर मिली। उन्होंने एक दिन उनको बुलाया। उन्होंने कहा, "बेटा, तुमने बहुत ही अच्छे अंक प्राप्त किए हैं। बताओ, तुम्हें पारितोषिक के रूप में क्या चाहिए?' उन्होंने बड़ी विनम्रता से उत्तर दिया, 'केवल आपका आशीर्वाद।' महाराज उस उत्तर से बहुत प्रभावित हुए। उन्होंने एक स्वर्ण पदक, पुस्तकों के लिए 250 रुपये और 10 रुपये प्रतिमाह विद्यार्थी-वेतन देकर आशीर्वाद दिया। इसके बाद दीनदयाल जी कॉलेज में पढ़ने के लिए पिलानी चले गए। वहाँ भी सभी अध्यापक उनके विनम्र स्वभाव, लगन और प्रखर बुद्धि से बड़े प्रभावित थे। पढ़ाई में पिछड़े छात्र दीनदयाल से पढ़ते थे और मार्गदर्शन पाते थे। दीनदयाल जी इन सबको बड़े प्यार से पढ़ाते और समझाते थे। ऐसे कई छात्र हर समय उन्हीं के पास बैठे रहते थे। कमजोर विद्यार्थियों के लिए उन्होंने शून्य संघ (जीरो एसोसिएशन) का गठन किया।

स्वर्ण पदक- छात्रवृत्ति

सन 1937 में इण्टरमीडिएट की परीक्षा दी । इस परीक्षा में भी दीनदयाल जी ने सर्वाधिक अंक प्राप्त कर एक कीर्तिमान स्थापित किया। बिड़ला कॉलेज में इससे पूर्व किसी भी छात्र के इतने अंक नहीं आए थे। जब इस बात की सूचना घनश्याम दास बिड़ला तक पहुँची तो वे बड़े प्रसन्न हुए। उन्होंने दीनदयाल जी को एक स्वर्ण पदक प्रदान किया। उन्होंने दीनदयाल जी को अपनी संस्था में एक नौकरी देने की बात कही। दीनदयाल जी ने विनम्रता के साथ धन्यवाद देते हुए आगे पढ़ने की इच्छा व्यक्त की। बिड़ला जी इस उत्तर से बड़े प्रसन्न हुए। उन्होंने कहा, 'आगे पढ़ना चाहते हो, बड़ी अच्छी बात है। हमारे यहाँ तुम्हारे लिए एक नौकरी हमेशा ख़ाली रहेगी। जब चाहो आ सकते हो।' धन्यवाद देकर दीनदयाल जी चले गए। बिड़ला जी ने उन्हें छात्रवृत्ति प्रदान की।

उच्च शिक्षा

दीनदयाल जी को बी.ए. करना था। इसके लिए एस.डी. कॉलेज, कानपुर में प्रवेश लिया। मन लगाकर अध्ययन किया। छात्रावास में रहते थे। वहाँ उनका

सम्पर्क सुन्दरसिंह भण्डारी, बलवंत महासिंघे जैसे कई लोगों से हुआ। वहां राजनीतिक चर्चाएँ चलती रहती थीं। यहाँ दीनदयालजी में राष्ट्र की सेवा के बीज का स्फुरण हुआ। बलवंत महासिंघे के सम्पर्क के कारण दीनदयाल जी राष्ट्रीय स्वयंसेवक संघ के कार्यक्रमों में रुचि लेने लगे। इन सब व्यस्तताओं के बाद भी उन्होंने सन् 1939 में प्रथम श्रेणी में बी.ए. की परीक्षा पास की। पंडित जी एम.ए. करने के लिए आगरा चले गये। वे यहाँ पर भी नानाजी देशमुख के साथ राष्ट्रीय स्वयंसेवक संघ की गतिविधियों में हिस्सा लेने लगे। इसी बीच दीनदयाल जी की चचेरी बहन रमा देवी बीमार पड़ गयीं और वे इलाज कराने के लिए आगरा चली गयीं, जहाँ उनकी मृत्यु हो गयी। दीनदयालजी इस घटना से बहुत उदास रहने लगे और एम.ए. की परीक्षा नहीं दे सके। परीक्षा न दे पाने व अध्ययन अनियमित होने से सीकर के महाराजा और बिड़ला से मिलने वाली छात्रवृत्ति बन्द कर दी गई।

बहुआयामी पत्रकार- दीनदयाल

पंडित दीनदयाल उपाध्याय एक प्रखर पत्रकार और बहुत ही गंभीर लेखक थे। जितने सक्रिय वे राजनीति में थे उतने ही सक्रिय रूप से वे पत्रकारिता और लेखन से भी जुड़े रहे। पंडित दीनदयाल उपाध्याय की दृष्टि एक पत्रकार की थी तो लेखनी एक साहित्यकार की । जितनी पैनी नजर से वह मुद्दों को उठाते थे उतना ही संवेदनशील और सहजता से अपने लेखों में उसे व्यक्त भी करते थे। उन्होंने राजनीति के साथ-साथ सामाजिक, आर्थिक विषयों पर भी खूब लिखा। उनके हिंदी और अंग्रेजी के लेख विभिन्न पत्र-पत्रिकाओं में प्रकाशित होते रहे । सामाजिक विषयों में हस्तक्षेप करने के लिए कई तरीकों से अपने विचारों को रखते थे। उन्होंने उस दौर में पत्रकारिता को एक मिशन के रूप में अपनाया जब स्वतंत्रता आंदोलन में पत्रकारिता की राह चुनना बेहद मुश्किल फैसला माना जाता था, लेकिन दीनदयाल उपाध्याय के मन में कोई दुविधा नहीं थी। वो जानते थे कि देश को आजाद कराने और एक नए भारत के निर्माण के लिए अपने विचारों को लेखन के जरिए जनता के बीच ले जाना ही होगा। सामाजिक विचारक के तौर पर, अर्थशास्त्री के तौर पर, शिक्षाविद की भूमिका में, बतौर राजनेता या वक्ता के रूप में तो कभी संजिदा लेखक और पत्रकार के तौर पर। उन्होंने हर

भूमिका में समाज को एक नई दिशा देने की कोशिश की। पत्रकारिता के क्षेत्र में उनकी भूमिका काफी महत्वपूर्ण रही। पत्रकार के तौर पर वो सबकी नजर में तब आए जब लखनऊ से 1947 में राष्ट्रधर्म का प्रकाशन शुरू हुआ। भारत बंटवारे के बाद उन्हें इस मासिक पत्रिका के प्रकाशन की जिम्मेदारी सौंपी गई। राष्ट्रधर्म में पंडित दीनदयाल उपाध्याय का नाम बतौर संपादक तो नहीं छपता था लेकिन हर कोई राष्ट्रवाद पर उनकी धारधार लेखनी और विचारों की छाप आसानी से देख सकता था। वो मानते थे कि अगर भाषा संयमित और आलोचना स्वस्थ हो तो विरोधी पक्ष को भी सुना जाना चाहिए। पंडित जी ने राष्ट्रधर्म से ही पत्रकारिता और संपादन के गुर न सिर्फ सीखे बल्कि उस दौर के कई महत्वपूर्ण लोगों को प्रेरणा भी दी। उनके पास पत्रकारिता की कोई औपचारिक पढ़ाई या अनुभव नहीं था लिहाजा बाद में वे साप्ताहिक और दैनिक स्वदेश भी छपने लगे जिनमें पूर्व प्रधानमंत्री अटल बिहारी वाजपेयी को संपादक की जिम्मेदारी दी गई।

वाजपेयी जी ने दीनदयाल उपाध्याय से शुरुआती दौर में काफी कुछ सीखा था। दीनदयाल उपाध्याय जब राजनीति के क्षेत्र में चले गए तब भी उन्होंने अपने लेखों के जरिए जनता से संवाद बनाए रखा। पांचजन्य और साप्ताहिक ऑर्गेनाइजर में भी उनका नियमित कॉलम पॉलिटिकल डायरी के नाम से छपते थे। उनके लेखों को पढ़कर ये साफ तौर पर समझा जा सकता है कि नेहरूकाल की तमाम नीतियों के प्रखर आलोचक होने के बावजूद उनकी भाषा में उच्च कोटि का संयम और संतुलन रहता था। खबर को विकृति के स्तर पर नहीं ले जाने की वो पुरजोर वकालत करते और यही उनका मंत्र भी था। वो किसी व्यक्ति या विचारधारा के प्रति पूर्वाग्रह बनाकर चलने के खिलाफ थे। पत्रकारिता के क्षेत्र में दीनदयाल उपाध्याय ने भाषा के जिस संयम पर जोर दिया उसकी सबसे ज्यादा जरूरत आज के दौर में महसूस होती है। आज के दौर के पत्रकार और पत्रकारिता को दीनदयाल उपाध्याय से बहुत कुछ सीखने की जरूरत है।

पंडित जी सामाजिक सरोकारों से भटकी हुई पत्रकारिता को वे खतरनाक मानते थे। उनका मानना था कि पत्रकार समाज का मार्गदर्शन करें और समाज के सामने नया विचार पेश करें। विचार-वीथी नाम से ऑर्गेनाइजर में उनके स्तंभ में हमेशा उनका प्रयास एक नया और संतुलित विचार देने का ही रहा। अपने लेखों में वो सरकार के प्रति नरम दृष्टिकोण कतई नही रखते थे लेकिन उनकी भाषा

सौम्य रहती और बातों में सच्चाई और दृढ़ता का समावेश रहता। उनका मत था कि पत्रकार को केवल सत्य ही लिखना चाहिए और कटु सत्य को भी सभ्य तरीके से ही लिखा जाए ताकि समाचार चयन में कभी पक्षपात न हो। वो सत्ता पक्ष की कमियों को उजागर करने से कभी चूके नहीं साथ ही भाषा की मर्यादा को कभी लांघा नहीं लेकिन व्यक्तिगत कटुता या किसी का अनादर करने की कोशिश कभी नहीं की। पत्रकारिता को राजनीति की चाटुकारिता करने का वो पुरजोर विरोध करते रहे। उनकी पत्रकारिता का मूल था कि पत्रकारिता किसी एक आयाम की पक्षधर नहीं हो बल्कि उसमें साहित्य, संस्कृति और धर्म से लेकर समाज के हर आयाम समाहित होने चाहिए।

'पंडितजी' बना उपनाम

पंडित दीनदयाल उपाध्याय अपनी मामीजी के कहने पर धोती तथा कुर्ते में और अपने सिर पर टोपी लगाकर सरकार द्वारा संचालित प्रतियोगी परीक्षा दी जबकि दूसरे उम्मीदवार पश्चिमी सूट पहने हुए थे। उम्मीदवारों ने मज़ाक में उन्हें 'पंडितजी' कहकर पुकारा - यह उनका उपनाम हो गया, जिसे लाखों लोग बाद के वर्षों में उनके लिए सम्मान और प्यार से इस्तेमाल किया करते थे। इस परीक्षा में वे चयनित उम्मीदवारों में सबसे ऊपर रहे। वे अपने मामा की अनुमति लेकर 'बेसिक ट्रेनिंग' (बी.टी.) करने के लिए प्रयाग चले गए और प्रयाग में भी उन्होंने राष्ट्रीय स्वयंसेवक संघ की गतिविधियों में भाग लेना जारी रखा। बेसिक ट्रेनिंग (बी.टी.) पूरी करने के बाद वे पूरी तरह से राष्ट्रीय स्वयंसेवक संघ के कार्यों में जुट गए और प्रचारक के रूप में ज़िला लखीमपुर (उत्तर प्रदेश) चले गए। सन् 1945 में दीनदयाल उत्तर प्रदेश में राष्ट्रीय स्वयंसेवक संघ के सहप्रांत प्रचारक बन गए।

राष्ट्रीयता का आधार भारतमाता

पंडित जी घर गृहस्थी की तुलना में देश की सेवा को अधिक श्रेष्ठ मानते थे। दीनदयाल देश सेवा के लिए हमेशा तत्पर रहते थे। उन्होंने कहा था कि 'हमारी राष्ट्रीयता का आधार भारतमाता है, केवल भारत ही नहीं। माता शब्द हटा दीजिए तो भारत केवल ज़मीन का टुकड़ा मात्र बनकर रह जाएगा। पंडित जी ने अपने

जीवन के एक-एक क्षण को पूरी रचनात्मकता और विश्लेषणात्मक गहराई से जीया है।

पंडित दीनदयाल और जनसंघ

दीनदयाल उपाध्याय का सेवा और सामाजिक सरोकार से इतना गहरा जुडाव हो गया कि सरकारी नौकरी में चुने जाने के बावजूद उन्होंने राष्ट्र और समाज सेवा को ही सदैव प्राथमिकता दी। दीनदयाल उपाध्याय ने संघ के माध्यम से देश सेवा को अपने जीवन का लक्ष्य बना लिया। 1950 में डा श्यामा प्रसाद मुखर्जी ने तत्कालीन प्रधानमंत्री जवाहरलाल नेहरू कैबिनेट से इस्तीफा दे दिया और देश में राष्ट्रवाद की अलख जगाने के लिए आंदोलन शुरू किया। वे सरकार की तुष्टिकरण की नीति के विरोधी थे। दीनदयाल उपाध्याय ने इस आंदोलन में काफी महत्वपूर्ण भूमिका निभाई। 21 सितंबर 1951 को उन्होंने लखनऊ में एक वृहद राजनीतिक सम्मेलन का आयोजन किया। उक्त सम्मेलन में देश में एक नए राजनीतिक दल भारतीय जनसंघ की राज्य इकाई की स्थापना की गई। इसके एक महीने बाद 21 अक्टूबर, 1951 को दिल्ली में भारतीय जनसंघ का प्रथम अखिल भारतीय सम्मेलन हुआ जिसकी अध्यक्षता डा श्यामा प्रसाद मुख़र्जी ने की। अधिकृत तौर पर इसी सम्मेलन में भारतीय जनसंघ की स्थापना हुई। जनसंघ की स्थापना के साथ ही दीनदयाल उपाध्याय का जीवन दो भागों में समर्पित हो गया। पहला राष्ट्रीय स्वयंसेवक संघ और दूसरा जनसंघ। जनसंघ को देश की राजनीति में स्थापित करने में उपाध्याय की भूमिका अग्रणी नेताओं में शामिल रही। 1952 में वो जनसंघ के महामंत्री बने और 1967 तक लगातार जनसंघ के नीति-निर्धारक और पथ-प्रदर्शक की भूमिका निभाते रहे। इस दौरान वे पार्टी की नीति, रीति, संगठन, चुनाव, आंदोलन सबका संचालन करते रहे। दिसंबर 1967 में कालीकट में हुए जनसंघ के अखिल भारतीय अधिवेशन में उन्हें भारतीय जनसंघ का राष्ट्रीय अध्यक्ष नियुक्त किया गया।

राजनीति में शुचिता के समर्थक

पंडित दीनदयाल उपाध्याय राजनीति में हमेशा से शुचिता के समर्थक रहे। वे खुद कभी भी चुनाव मैदान में उतरना नहीं चाहते थे लेकिन 1963 में हालात कुछ

ऐसे बने कि उन्होंने जीवन में पहली और आखिरी बार चुनाव लड़ा। 1963 में जौनपुर संसदीय सीट जनसंघ के सांसद ब्रह्मजीत सिंह के निधन से खाली हो गया। कार्यकर्ताओं के दबाव और खासकर भाऊराव देवरस के आग्रह पर दीनदयाल उपाध्याय 1963 में जौनपुर लोकसभा से उपचुनाव लड़े। वे राजनीति में अवसरवाद और सिद्धांतहीनता के हमेशा खिलाफ रहे। यही वजह थी कि उन्होंने उपचुनाव में जातिगत समीकरणों के आधार पर प्रचार से इनकार कर दिया। हालांकि उस चुनाव में दीनदयाल उपाध्याय कांग्रेस प्रत्याशी राजदेव सिंह से हार गए लेकिन उन्होंने राजनीति के उच्च आदर्शों से कभी समझौता नहीं किया।

राष्ट्रीय अध्यक्ष का दायित्व

बेहतरीन संगठनात्मक कौशल के पर्याय पंडित दीनदयाल जी पार्टी अध्यक्ष रहे। जनसंघ के इतिहास में वह चिरस्मरणीय दिन भी आया जब पार्टी के इस अत्यधिक सरल तथा विनीत नेता को कालीकट-केरल में 29 दिसम्बर 1967 को पार्टी के सर्वोच्च अध्यक्ष पद के लिए चुना गया। लेकिन दुर्योग से मात्र 43 दिन ही इस भूमिका में रहे। 11 फरवरी 1968 को संदेहास्पद स्थिति में उनकी पार्थिव देह मिली।

एकात्म मानव दर्शन से दुनिया का परिचय

पंडित दीनदयाल उपाध्याय ने एकात्म मानवदर्शन जैसे प्रगतिशील विचारधारा से दुनिया का परिचय कराया। प्रखर राजनीतिक चिंतक और विचारक के रूप में उनका यह दर्शन पूंजीवाद और साम्यवाद दोनों की समालोचना है। उनका राजनीतिक दर्शन मानव मात्र की आवश्यकताओं के अनुरूप जीवन दर्शन है। एकात्म मानवदर्शन के इस सिद्धांत के माध्यम से मानवीयता के उत्कर्ष की स्थापना हो पाई। उपाध्याय जी ने एकात्म मानवदर्शन को सैद्धांतिक रूप में नहीं बल्कि आस्था के स्वरूप में स्वीकार किया। उन्होंने भारत को देश से बहुत अधिक आगे बढ़कर एक राष्ट्र के रूप में और इसके निवासियों को नागरिक नहीं बल्कि एक परिवार के सदस्य के रूप में माना।

दरअसल, उन्नीसवीं शताब्दी में जिस समय पूरा विश्व पूंजीवाद और साम्यवाद की अच्छाई और बुराई की बहस में उलझा हुआ था। अलग-अलग विचारधाराओं के परस्पर तनाव ने पूरी दुनिया को प्रभावित कर रखा था। ऐसे समय में पंडित दीनदयाल उपाध्याय ने इन दोनों विचारधाराओं को नकारते हुए एकात्म मानवदर्शन की अवधारणा प्रतिपादित की। एकात्म मानवदर्शन भारतीय संस्कृति, विचार और दर्शन के बीच से ही उपजा । पंडित दीनदयाल ने कभी भी इस बात का दावा नहीं किया कि उन्होंने दुनिया के सामने कोई नया वाद रखा है। उनका मानना था कि समाज का आधार संघर्ष नहीं सहयोग है। उन्होंने बार-बार यही कहा कि एकात्म मानवदर्शन के जरिए वे भारत की सनातन संस्कृति की ही बात कर रहे है।

4-5 जून 1964 को उदयपुर-राजस्थान के भूपाल नोबल्स स्कूल में आयोजित संघ शिक्षा वर्ग में उन्होंने सर्वप्रथम एकात्म मानवदर्शन की अवधारणा प्रस्तुत की। इस विषय में उनके दो बौद्धिक हुए। उसके बाद 11 से 15 अगस्त 1964 को जनसंघ के अखिल भारतीय अभ्यास वर्ग में उन्होंने इसको प्रस्तुत किया, इसी वर्ग में सिद्धांत व नीति प्रलेख तैयार हुआ, जिसे 25 जनवरी 1965 को जनसंघ के सार्वदेशिक अधिवेशन में स्वीकृत किया गया। 22-25 अप्रैल 1965 को मुंबई में चार व्याख्यानों में पंडित जी ने एकात्म मानवदर्शन को विस्तृत रूप में समझाया। अप्रैल 1965 में पुणे में जनसंघ अधिवेशन में पंडित जी ने यह विषय रखा था, उसके पश्चात देश भर में जनसंघ अधिवेशनों, बैठकों, अभ्यास वर्गों व राष्ट्रीय स्वयंसेवक संघ के संघ शिक्षा वर्गों में एकात्मक मानव दर्शन विषय पर उनके व्याख्यान हुए।

तत्कालीन परिस्थितियों को ध्यान में रखते हुए मानव कल्याण के लिए ही पंडित दीनदयाल उपाध्याय ने एकात्म मानवदर्शन की अवधारणा को समाज के सामने रखा। उन्होंने इसके माध्यम से आम व्यक्ति की गरिमा को स्थापित करने का प्रयास किया।

पूंजीवाद ने जहां मानव को एक आर्थिक इकाई माना और साम्यवाद ने व्यक्ति को एक राजनीतिक और कार्मिक इकाई समझा वहीं इन सबसे अलग दीनदयाल उपाध्याय ने एकात्म मानवदर्शन में व्यक्ति से परिवार, परिवार से समाज, समाज से राष्ट्र और फिर मानवता को सबसे प्रमुखता से स्थान दिया।

एकात्म मानवदर्शन के अनुसार व्यक्ति केवल शरीर नहीं इसलिए शरीर पर ठीक से विचार किया जाना चाहिए। इसके अनुसार मनुष्य का शरीर, मन, बुद्धि और आत्मा का मिलन है। इसलिए मानव को समग्र रूप में देखना चाहिए और यही समग्रता उसे समाज के लिए उपयुक्त और उपयोगी बनाती है। एकात्म मानवदर्शन इन सब इकाइयों में समाहित परस्पर पूरक संबंधों पर ज्यादा जोर देता है। पंडित दीनदयाल उपाध्याय का मानना था कि शरीर हमारे धर्म जीवन और सभी कार्यों और लक्ष्यों का साधन है और भारतीय चिंतन में धर्म, अर्थ, काम और मोक्ष की अवधारणा का विचार ही एकात्म मानवदर्शन में समाहित है। उनके इस सिद्धांत के मुताबिक संपूर्ण रूप से मानव का निर्माण करने वाले इन चार तत्वों में एकात्मकता जरूरी है क्योंकि यही एकात्मकता मानव को कर्मठता की ओर प्रेरित कर उद्यमी बना सकती है जिससे पूरे समाज का कल्याण होगा।

आर्थिक प्रजातंत्र के बिना राजनीतिक प्रजातंत्र सफल नहीं

दीनदयाल उपाध्याय का मानना था कि जो देश आर्थिक दृष्टि से स्वतंत्र होगा वही राजनीतिक दृष्टि से अपना मत खुलकर सामने रख सकेगा क्योंकि आर्थिक प्रजातंत्र के बिना राजनीतिक प्रजातंत्र सफल नहीं हो सकता। वे मानते थे कि पूंजीवादी अर्थव्यवस्था पहले आर्थिक क्षेत्र पर कब्जा जमाती है। फिर बाद में राज्य पर अधिकार कर लेती है।

अपने लेख - **भारतीय अर्थनीति विकास की दशा**– में उन्होंने लिखा है कि शासन का उद्देश्य अंत्योदय की परिकल्पना के अनुरूप होना चाहिए। उनका मानना था कि शासन को व्यापार नहीं करना चाहिए और व्यापारी के हाथ में शासन नहीं आना चाहिए। आजादी के बाद से ही उन्होंने इस बात पर जोर दिया कि भारत के विकास के लिए ग्रामीण-विकास और लघु-उद्योगों को बढ़ावा देने की जरूरत है। आज 'सबका साथ, सबका विकास' जैसा नारा भी उन्हीं के अंत्योदय अर्थात समाज के अंतिम व्यक्ति के उत्थान की अवधारणा पर आधारित है। भारतीय दर्शन को उन्होंने सबसे सर्वश्रेष्ठ माना और इस बात पर हमेशा जोर देते रहे कि भारत को चलाने के लिए भारतीय दर्शन ही सबसे सही है। चाहे राजनीति का सवाल हो या अर्थव्यवस्था का या फिर समाज का। भारतीय अर्थनीति के स्वरूप और विकास को भी उन्होंने इसी दृष्टि से देखा।

विकेंद्रीकृत व्यवस्था के पक्षधर

पंडित उपाध्याय तमाम सामाजिक क्षेत्रों के राष्ट्रीयकरण के खिलाफ थे और हमेशा विकेंद्रीकृत व्यवस्था के पक्षधर रहे। वे कहते थे कि बुनियादी जरूरतों के लिए मेहनतकश लोगों को राज्य पर आश्रित रहने की जरूरत नहीं है। उनके मुताबिक शिक्षा देने का काम सरकार के हाथों में नहीं दिया जा सकता और इसी कारण वे शिक्षा के सरकारीकरण के भी हमेशा से विरोधी रहे। उनका मानना था कि यह काम समाज पर छोड़ा जाना चाहिए। उन्होने इस बात पर जोर दिया कि सरकार उन्हीं क्षेत्रों में काम करे जिन क्षेत्रों में समाज या निजी क्षेत्र जोखिम नहीं लेते। आर्थिक और राजनीतिक ताकत एक जगह जमा होने का वे हमेशा विरोध करते रहे और इसे लोकतंत्र के खिलाफ बताते रहे।

नया दर्शन- समग्र विकास की नई अवधारणा

एकात्म मानवदर्शन पंडित दीनदयाल उपाध्याय का महज एक वैचारिक अनुष्ठान नहीं था बल्कि इसमें राज-नीति, समाज-नीति, लोक-नीति, अर्थव्यवस्था, उद्योग, शिक्षा, पर व्यापक और व्यावहारिक नीति-निर्देश भी शामिल थे। इसके जरिए उन्होंने जीवन में अनेकता और विविधता को स्वीकार करते हुए इसके मूल में निहित एकता को खोजा । उनका एकात्म मानवदर्शन का दर्शन समग्र विकास की एक नई अवधारणा को साकार करता है ।

अंत्योदय-वंचित का विकास

आजादी के बाद समाज के सबसे कमजोर और निचले पायदान पर खड़े व्यक्ति को सहारा देने और समाज का चहुंमुखी विकास की जिस कल्पना को गांधी जी ने सर्वोदय कहा था, बाद में उसके सबसे प्रबल प्रवक्ता दीनदयाल उपाध्याय ही बने। महात्मा गांधी के इस विचार को दीनदयाल ने अंत्योदय कहकर पुकारा। पंडित दीनदयाल ने समाज के अंतिम पंक्ति में खड़े लोगों के आर्थिक विकास की केवल चिंता ही नहीं की बल्कि भारतीय दृष्टिकोण के साथ किस तरह से वह अंतिम व्यक्ति समाज के साथ एकरस हो, उसके लिए रास्ता भी बताया।

दीनदयाल उपाध्याय के अंत्योदय का मतलब था कि आर्थिक संपन्नता के लिए किए जाने वाले प्रयास समाज के आर्थिक दृष्टि से सबसे निचले और पिछड़े

लोगों से शुरू किया जाना चाहिए। दरअसल अंत्योदय शब्द का प्रयोग सबसे पहले प्रयोग गांधी जी ने किया था। उन्होंने मशहूर विचारक 'जॉन रस्किन', की पुस्तक 'अनटू दी लास्ट' शीर्षक का अनुवाद अंत्योदय शब्द के जरिए किया था। लेकिन गांधी जी के इस अंत्योदय से सबसे प्रखर और प्रबल वाहक बने दीनदयाल उपाध्याय। एक अर्थशास्त्री के रूप में उनका मानना था कि देश के हर व्यक्ति को उसकी योग्यता, रुचि और दक्षता के अनुसार काम मिले। ऐसा काम जिससे कम से कम उसकी प्राथमिक जरूरतों की पूर्ति सहज रूप से हो सके। उनका मानना था कि संपत्ति का अधिकार समाज निरपेक्ष नहीं हो सकता।

कालरात्रि में रेल यात्रा

11 फरवरी 1968 को नई दिल्ली में भारतीय जनसंघ संसदीय दल की बैठक होने वाली थी। वहीं दूसरी ओर पटना में बिहार प्रदेश भारतीय जनसंघ की कार्यकारिणी की बैठक भी होने वाली थी। 10 फरवरी को भारतीय जनसंघ के राष्ट्रीय अध्यक्ष पंडित दीनदयाल उपाध्याय लखनऊ में अपनी मुंहबोली बहन लता खन्ना के घर ठहरे हुए थे। प्रात: 8 बजे बिहार जनसंघ के प्रदेश मंत्री अश्विन कुमार ने दीनदयाल जी से फोन पर बात कर उनसे पटना बैठक में सम्मिलित होने का आग्रह किया। दीनदयाल जी ने कहा यदि भंडारी जी (भारतीय जनसंघ के राष्ट्रीय महामंत्री श्री सुंदर सिंह भंडारी) ने दिल्ली में होने वाली संसदीय दल की बैठक में भाग लेने का आग्रह नहीं किया तो वे पटना में होने वाली बैठक में अवश्य आ जाएंगे।

भंडारी जी से दिल्ली बात होने के बाद उनका पटना जाना सुनिश्चित हो गया और अंततोगत्वा पठानकोट-सियालदह एक्सप्रेस से पटना के लिए प्रथम श्रेणी में रेल आरक्षण करवाया गया। यह रेल लखनऊ से शाम 7 बजे चलती थी। शाम को उत्तर प्रदेश के तत्कालीन उपमुख्यमंत्री राम प्रकाश गुप्ता, उत्तर प्रदेश विधान परिषद के सदस्य पीतांबर दास उन्हें स्टेशन पर विदा करने वालों में प्रमुख थे। दीनदयाल जी के साथ यात्रा में एक सूटकेस, बिस्तर, पुस्तकों का झोला व एक टिफिन था। वे सामान्य सी धोती-कुर्ता व सर्दी से बचाव के लिए दो स्वेटर, उसके ऊपर जैकेट पहने व कंधे पर गर्म शॉल डाले हुए थे। उन्हें सर्दी बहुत लगती थी, इसलिए फरवरी में उनकी यह वेशभूषा स्वाभाविक थी।

रेल की उस विशिष्ट बोगी का आधा भाग तृतीय श्रेणी व आधा भाग प्रथम श्रेणी का था। प्रथम श्रेणी में ए बी सी कुपे में क्रमशः 4, 2, व 4सीटें थी। दीनदयाल जी का टिकट ए कंपार्टमेंट में था। इस कुपे में दूसरा टिकट एमपी सिंह का था, जो भारतीय भौगोलिक सर्वेक्षण में सहायक निदेशक थे। बी कुपे में उत्तर प्रदेश विधान परिषद के सदस्य गौरीशंकर राय के लिए सुरक्षित था। वे वाराणसी जा रहे थे। अध्ययन में सुविधा की दृष्टि से आग्रह करके दीनदयाल जी ने परस्पर सीट परिवर्तित कर ली। रेल लखनऊ से बाराबंकी, फैजाबाद, अकबरपुर, शाहगंज, जौनपुर, वाराणसी उसके बाद मुगलसराय जंक्शन पर रुकती थी। जौनपुर स्टेशन पर वहां के महाराज के सेवक कन्हैया लगभग 12 बजे स्टेशन पर दीनदयाल जी से मिलने आए। रेल के डिब्बे पर लगी आरक्षण सूची में नाम पढ़कर कन्हैया ने दरवाजा खटखटाया। इस पर दीनदयाल जी उठकर गाड़ी से उतरे और प्लेटफार्म पर आए। कन्हैया ने महाराज का पत्र दीनदयाल जी को दिया। जोकि उनके मित्र भी थे। दीनदयाल जी ने पत्र पढ़कर उत्तर देने की बात कही। जौनपुर से रात 12:12 बजे चली यह रेल 2:15 बजे मुगलसराय स्टेशन के प्लेटफार्म एक पर पहुंची। पठानकोट-सियालदह एक्सप्रेस पटना नहीं जाती थी इसलिए यह बोगी इस गाड़ी से कटकर दिल्ली-हावड़ा में जोड़ दी गई, जो रात 2:50 बजे वहां से रवाना हुई, जो सुबह पटना पहुंची।

बिहार जनसंघ अध्यक्ष कैलाशपति मिश्र सुबह 6 बजे पटना स्टेशन पर दीनदयाल जी के स्वागत के लिए आए। उन्होंने लखनऊ से पटना आने वाली डिब्बा नंबर 1635 को देखा वह खाली था। उन्होंने सोचा संभवत: भंडारी जी के आग्रह पर दीनदयाल जी दिल्ली चले गए हो इसलिए इस डिब्बे में दिखाई नहीं दिए।

इसी बीच उस रेलयात्रा की कालरात्रि में किसी दुष्चक्र ने उन्हें परलोक पहुंचा दिया था। 11 फरवरी 1968 सुबह 9:30 पर मुकामा स्टेशन पर बी कुपे में सीट के नीचे किसी ने एक सूटकेस देखा, वह दीनदयाल जी का ही था वह रेलवे पुलिस ने जमा कर लिया।

इधर 11 फरवरी 1968 को रात्रि 3:30 बजे मुगलसराय जंक्शन के लिवरमैन दिगपाल ने सहायक स्टेशन मास्टर को सूचना दी कि प्लेटफार्म से करीब 150 गज पहले मेन लाइन के दक्षिण की ओर बिजली के खंभा नंबर 1276

के पास एक लाश पड़ी है। सहायक स्टेशन मास्टर ने रेलवे पुलिस को मेमो भेजा। उस पर लिखा था ऑलमोस्ट डेड। पुलिस के दो सिपाही राम प्रसाद व अब्दुल गफूर निगरानी के लिए पहुंच गए। रेलवे के चिकित्सकों ने घटनास्थल पर पहुंचकर उन्हें मृत घोषित किया। पुलिस ने उनके पास से प्रथम श्रेणी का टिकट नंबर 04348 व आरक्षण रसीद नंबर 47506, हाथ पर बंधी घड़ी जिस पर नाना देशमुख लिखा था और 26 रूपए मिले। जो पुलिस ने जमा कर लिए। मौके पर शिनाख्त नहीं हो सकी। पुलिस ने मृतक को अज्ञात मानकर पंचनामा बनाया और जांच कार्रवाई प्रारंभ की। दिन चढ़ने के साथ शव के आसपास भीड़ जमा हो गई लेकिन उन्हें अब तक कोई पहचान नहीं पाया। तभी रेलवे कर्मचारी वनमाली भट्टाचार्य जो दीनदयाल जी को जानते थे और पहले कई बार मिल चुके थे, ने पुलिस को कहा कि यह भारतीय जनसंघ के राष्ट्रीय अध्यक्ष पंडित दीनदयाल उपाध्याय हैं। पुलिस व मौजूद लोगों ने उनकी बातों पर विश्वास नहीं किया। तब भट्टाचार्य ने मुगलसराय में जनसंघ के कार्यकर्ताओं को सूचित किया। जनसंघ कार्यकर्ताओं के वहां पहुंचने के बाद पुलिस ने आरक्षण टिकट के आधार पर लखनऊ रेलवे से जानकारी की। टिकट दीनदयाल जी का होने की पुष्टि हो गई।

संघ के सरसंघचालक श्री गुरु जी, अटल जी, बलराज मधोक को सूचना दी गई। पोस्टमार्टम के बाद पार्थिव शव विमान से दिल्ली लाया गया। राष्ट्रपति वीवी गिरी, प्रधानमंत्री श्रीमती इंदिरा गांधी, उप प्रधानमंत्री मोरारजी देसाई, लोकसभा अध्यक्ष नीलम संजीव रेड्डी सहित अनेक नेताओं ने उनको पुष्पांजलि अर्पित की।

12 फरवरी को अटल जी के दिल्ली निवास स्थान 30, राजेन्द्र प्रसाद रोड से लगभग एक बजे शुरु हुई अंतिम यात्रा लगभग शाम 6 बजे निगम बोध घाट पर पहुंची। अंतिम यात्रा को अपार जनसमूह के मध्य कुछ किलोमीटर की दूरी तय करने में लगभग सवा 5 घंटे का समय लगा।

शाम 7 बज कर 6 मिनिट पर मंत्रोच्चार के मध्य दीनदयाल जी के ममेरे भाई श्री प्रभुदयाल शुक्ला ने मुखाग्नि दी। उपस्थित शोक विह्लजन ने दीनदयाल जी अमर रहे, भारत माता की जय के घोष के बीच अपना शोक व्यक्त कर रहे थे।

18 फरवरी 1968 को प्रयाग के संगम में उनकी अस्थियों का विसर्जन प्रभु दयाल शुक्ला, अटल बिहारी वाजपेयी, सुंदर सिंह भंडारी, बलराज मधोक ने

किया। भारत मां का लाल दीनदयाल कुत्सित षड्यंत्र के कारण असमय विदा हो गया। उनकी हत्या की जांच के लिए आयोग भी बना। उनकी हत्या से संबंधित कई प्रश्न आज भी अनुत्तरित है। काल के क्रूर चक्र ने भारत माता से उसका लाडला सपूत छीन लिया। विपरीत परिस्थितियों और झंझावातों में धानक्या से मुगलसराय तक की यात्रा तय करने वाले पंडित दीनदयाल भारतीय संसद के सदस्य नहीं रहे लेकिन संसद की कार्यवाही रोककर उन्हें संसद में श्रद्धांजलि अर्पित की गई। वे कभी किसी भी सदन के निर्वाचित जनप्रतिनिधि नहीं रहे लेकिन वह ऐसे कार्यकर्ताओं के कुशल शिल्पी बने जिन्होंने संगठन व राष्ट्र को दिशा प्रदान की।

अजातशत्रु दीनदयाल

दीनदयाल जी से जो एक बार मिल लेता था वह जीवनभर के लिए उन्हीं का हो जाता था। वे अत्यंत अनुशासनप्रिय और उच्च कोटि के संगठनकर्ता थे। स्वभाव में ऐसी नम्रता, वार्तालाप में ऐसी सरलता और व्यक्तित्व में ऐसा आकर्षण था कि लोगों प़र उनका सम्मोहन सा छा जाता था। उनका बोलना, विनोद करना और सहज व्यवहार प्रत्येक व्यक्ति को प्रभावित करता था। किसी को डाँटने अथवा फटकारने का तो उनका स्वभाव ही नहीं था। वह किसी भी बात पर प्रतिक्रिया व्यक्त करने में जल्दबाजी नहीं करते थे। समस्या के हर पक्ष को ध्यान में रखकर ही वे उसके समाधान की बात करते थे। वे छोटी-से-छोटी बात पर स्वयं ध्यान देते थे। और जब जहाँ उनकी आवश्यकता होती थी वहाँ पहुँच जाते थे। वे अपने प्रति कठोर और और दूसरों के प्रति कोमल थे। दीनदयाल जी अपने जीवन में कभी भी किसी से नाराज़ नहीं हुए। वे महान सत्यवादी और अजातशत्रु थे। एक मनुष्य के नाते भी उनका आचार-व्यवहार साफ और प्रामाणिक होता था। पूर्व प्रधानमंत्री अटल जी ने इस संदर्भ में लिखा है, "एक साधारण से घर में जन्म लेकर अध्ययन और अध्यवसाय के बल पर उपाध्याय जी उच्च कोटि के विचारक के रूप में प्रतिष्ठित हुए। उन्हें सादा जीवन उच्च विचार का जीता-जागता उदाहरण कहा जा सकता है।" पं. दीनदयाल उपाध्याय संघ के एक ऐसे स्वयंसेवक थे जिन्होंने संघ के संस्थापक की परिकल्पना के अनुसार अपने

जीवन की एक-एक साँस को राष्ट्र के नाम अर्पित कर दिया। गुरु जी ने उन्हें संघ के आदर्श स्वयंसेवक के रूप में प्रस्तुत किया था।

अंग्रेजों ने अपनी घिनौनी राजनीति के चलते सन् 1947 में स्वतंत्रता के नाम पर भारत का विभाजन कर दिया। पाकिस्तान का एक नए राष्ट्र के रूप में उदय हुआ। क्यों लाखों हिंदुओं और मुसलमानों के शवों पर चलकर दोनों देश स्वतंत्र हुए? इसका लेखा-जोखा आज तक नहीं हो पाया। लाखों लोग बेघर हुए, उनकी पीड़ा देखने वाला कोई नहीं था। भारत आने वाले हिंदुओं की स्थिति अत्यंत चिंताजनक थी। इस पर भी पाकिस्तान ने कश्मीर पर आक्रमण कर दिया। हिंदुओं की पीड़ा को समझने का प्रयास सरकार ने नहीं किया। इस दयनीय स्थिति से प्रभावित होकर जवाहरलाल नेहरू की सरकार में उद्योग मंत्री डॉ. श्यामा प्रसाद मुखर्जी के मन में यह विचार पनपने लगा कि हिंदुओं की रक्षा के लिए कोई ऐसा संगठन अवश्य बनाया जाना चाहिए जो कांग्रेस की दुर्भावना का सामना करने में सक्षम हो। उनके मन में अंकुरित यह बीज बाद में अखिल भारतीय जनसंघ के रूप में एक विशाल वृक्ष बना। यही जनसंघ कालांतर में भारतीय जनता पार्टी के नाम से देश में सत्तारूढ़ हुई। कांग्रेस के पश्चात अब तक भारतीय जनता पार्टी ही एक मात्र ऐसा दल बना जो अपने पूर्ण बहुमत से केंद्र में सत्ता प्राप्त करने में सफल हुआ।

हिंदुस्तान और पाकिस्तान के बँटवारे के कठिन समय में संघ के स्वयंसेवकों ने हिंदुओं की रक्षा के लिए बहुत ही महत्वपूर्ण काम किया था। इससे पहले भी संघ कार्य के निरंतर होने वाले विस्तार को देखकर कांग्रेस उसे अपने लिए चुनौती मानने लगी थी। परंतु अभी तक संघ केवल सामाजिक एवं सांस्कृतिक क्षेत्र में सक्रिय काम कर रहा था। कांग्रेस को हमेशा यह अंदेशा बना रहता था कि संघ कहीं उसकी राजनीति के लिए चुनौती न बन जाए। आम लोग इस बँटवारे के लिए कांग्रेस को पूरी तरह से दोषी मान रहे थे। दुर्भाग्यवश सन् 1948 में महात्मा गाँधी की हत्या हो गई। संघ की बढ़ती गतिविधियों पर रोक लगाने और अपने माथे पर से विभाजन का कलंक मिटाने के लिए कांग्रेस को यह एक अच्छा अवसर दिखाई दिया। संघ से राजनीतिक बदला लेने की भावना से उस पर प्रतिबंध लगा दिया गया। वास्तव में संघ पर प्रतिबंध क्यों लगाया गया है, यह बात जनता तक पहुँचाना आवश्यक था। इसके लिए संघ द्वारा जो देशव्यापी आंदोलन चलाया गया

उसमें दीनदयाल जी ने बहुत ही महत्वपूर्ण भूमिका का निर्वाह किया। उन्हीं के प्रयासों से पूरा आंदोलन शांतिपूर्वक ढंग से संचालित हुआ। यहाँ पर भी संघ को यह कटु अनुभव हुआ कि उस पर लगाए गए झूठे और घिनौने आरोपों के खिलाफ राजनैतिक तौर पर उसका पक्ष संसद में रखने वाला कोई नेता अथवा दल सामने नहीं है।

अनिकेत संन्यासी

बिना कुटिया के संत के रूप में यह अनिकेत संन्यासी बिना रुके और बिना थके देश के कोने-कोने में अलख जगाता रहा जिससे सुदूर अंधेरे कोनों में राष्ट्रीयता का आलोक फैलाता रहा। संभवतः किसी एक स्थान पर स्थायी रूप से टिक पाने का योग विधाता ने दीनदयाल जी की कुंडली में नहीं लिखा था। इसी कारण माता-पिता के घर से नाना-नानी और मामा-मामी के घरों में उनका पालन-पोषण हुआ। इतना ही नहीं उन्होंने किसी एक स्थान पर टिककर शिक्षा तक ग्रहण नहीं की। शिक्षा की एक-एक सीढ़ी चढ़ने के लिए उन्हें एक स्थान से दूसरे स्थान पर जाने के लिए बाध्य होना पड़ा। इसके लिए उन्हें जलेसर, गंगापुर सिटी, कोटा, राजगढ़, सीकर, पिलानी, कानपुर, आगरा और अंत में इलाहाबाद जाकर रहना पड़ा। घर-गृहस्थी बसाने की बात तो कभी उनके विचार में ही नहीं आई और सामाजिक तथा राजनैतिक कार्यों के लिए भी वह देश के एक कोने से दूसरे कोने तक निरंतर प्रवास करते रहे।

प्रारंभ में संघ का प्रचारक होने के कारण दीनदयाल जी का अपना कोई आवास नहीं था, जन्म से लेकर मृत्यु तक वह पूर्णतया अनिकेत रहे। जनसंघ का महामंत्री बनने के बाद वह कुछ-कुछ समय के लिए दिल्ली में ही रहने लगे। राजधानी में भी उनका अपना कोई स्थायी आवास नहीं रहा। वर्षों तक अजमेरी गेट स्थित जनसंघ कार्यालय के एक कमरे में उनका अस्थायी निवास रहा जहाँ एक कमरे में अखिल भारतीय जनसंघ का कार्यालय था और दूसरे कमरे में दिल्ली प्रदेश जनसंघ का कार्यालय। इसमें उनके लिए एक अलग से चारपाई तक डालने की गुंजाइश भी नहीं थी। एक अधफटा कालीन वहाँ पर बिछावन की तरह से बिछाया गया था। बहुत बाद में कमरे के बीच पार्टीशन लगाकर एक तरफ मेज, कुर्सी और दो छोटे सोफों की व्यवस्था की गई। सभी यह अनुभव करते थे कि

वहाँ आने वाले लोगों के लिए बैठने की व्यवस्था नहीं है। इसलिए जब अटल जी संसद सदस्य बने तब वह 30, राजेंद्र प्रसाद रोड पर रहने लगे।

मौजूदा दौर में भी प्रासंगिक है उपाध्याय

पंडित दीनदयाल उपाध्याय और उनके विचार आज भी बेहद प्रासंगिक हैं। समाज के चंहुमुखी विकास और सबसे कमजोर वर्ग के उत्थान के साथ ही राष्ट्रप्रेम की जो विचारधारा उन्होंने रखी वह आज भी समीचीन और प्रासंगिक हैं। उन्होंने उस दौर में राजनीतिक, आर्थिक और सामाजिक अवधारणा की परिकल्पना समाज के सामने रखी वो आज भी समाज की जरूरत बनी हुई है। वे राजनीति में आदर्श और विचारधारा के समर्थक थे।

भारत के गौरवशाली इतिहास को उन्होंने अपनी साहित्यिक कलम के माध्यम से दुनिया के सामने रखा। दरअसल उनकी सोच थी कि साहित्य के जरिए राष्ट्रीय सरोकारों को महत्व दिया जाए। 1946 में उन्होंने सम्राट चन्द्रगुप्त के जीवन पर आधारित किताब 'सम्राट चन्द्रगुप्त' लिखी। एक ही रात में लिखी गई ये किताब इतनी लोकप्रिय हुई कि इसका कई भाषाओं में अनुवाद हुआ। इसी तरह आदिगुरू शंकराचार्य की जीवनी भी उन्होंने रेल यात्रा के दौरान बेहद कम समय में लिख डाली। सामाजिक जीवन में रहते हुए भी समय निकालकर समाज के हित में साहित्य सृजन की उनकी कला आज भी साहित्य कर्मियों के लिए एक मिसाल है।

इसके साथ ही देश की नीतियों और अर्थजगत पर भी उनकी गहरी पकड़ थी। वह चाहते थे कि सत्ता पक्ष की हर नीति की मंजिल देश की अंतिम पंक्ति में खड़ा नागरिक हो। अंत्योदय की ये सोच आज भी देश के नीति नियंताओं के लिए प्रेरणादायक और प्रासंगिक है। 'द टू प्लांस' पुस्तक के जरिए विदेशों से आयातित अर्थनीति का जमकर विरोध किया तो 'भारतीय अर्थ नीति: दशा और दिशा' की रचना कर भारत के अनुकूल अर्थनीति का स्वरूप पेश किया। दुनिया को एकात्म मानवदर्शन के वैज्ञानिक सोच से परिचित कराने वाले पंडित दीनदयाल उपाध्याय ने राजनीति, साहित्य, अर्थव्यवस्था और मानव कल्याण के हर विषय पर मौलिक विचार प्रस्तुत किए। उन्होंने राजनीतिक और सार्वजनिक जीवन में व्यक्तिगत

शुचिता और गरिमा के जो ऊंचे आयाम स्थापित किये वे आज भी नई पीढी के लिए अनुकरणीय और आत्मसात करने योग्य है।

सामान्य परिवार में जन्म लेकर प्रतिभा सम्पन्न होने पर भी विनयशील, संघ के उत्तम स्वयं सेवक, योग्य प्रचारक, प्रभावी वक्ता, विद्वान, लेखक, प्रगतिशील पत्रकार आदि अनेक गुणों से उनका व्यक्तित्व परिपूर्ण था। इन सबके बावजूद भी उनकी विनम्रता मनमोहक थी। इसी सादगीपूर्ण व्यक्तित्व के पीछे पूरा देश और समाज खिंचा चला आया। पं दीनदयाल उपाध्याय के विचार एकात्म मानव दर्शन व अंत्योदय की सोच देश की अमूल्य धरोहर थे।

2

पत्रकार दीनदयाल और उनका लेखकीय पक्ष

पंडित दीनदयाल जी की दृष्टि एक पत्रकार की थी और लेखनी एक साहित्यकार की। उनको उपाध्याय को सही मायनों में राष्ट्रीय पत्रकारिता का पुरोधा कहा जा सकता है। उन्होंने पत्रकारिता को संघ के निर्देश पर मिशन के रुप मे मानते हुए अपनाया था न कि कोई व्यवसाय समझकर। उन्होंने शब्दों के नपे-तुले प्रयोग से जहाँ पत्रकारिता को एक नई दिशा दी वहीं साहित्य को कसावट भी प्रदान की। इसलिए लोगों ने उनके दोनों ही पक्षों को पसंद किया और उनमें कही बातों को स्वीकार करने की कोशिश की। पंडित दीनदयाल उपाध्याय राष्ट्रीय स्वयंसेवक संघ के लिए पूरी निष्ठा से समर्पित थे। उनके लिए संघ द्वारा सौंपा गया कोई भी कार्य कठिन अथवा असंभव हो ही नहीं सकता था। भारत के बँटवारे के तुरंत बाद जब उन्हें "राष्ट्रधर्म" मासिक प्रकाशित करने का दायित्व सौंपा गया तो उन्हें पत्रकारिता के क्षेत्र की न तो कोई समझ थी और न ही कोई अनुभव। इससे भी बड़ी बात यह थी कि उनका इसके लिए कोई रुझान भी नहीं था। फिर भी उन्होंने इस कार्य को एक कर्तव्य मानकर स्वीकार किया। उन्होंने देश में उस समय राष्ट्रीय पत्रकारिता की नींव तैयार की, जब पत्रकारिता पर कम्युनिस्टों का प्रभुत्व था। भारतीय विचारधारा को कम्युनिस्टों के प्रभाव के कारण संचार माध्यमों में उचित स्थान नहीं मिल पा रहा था, बल्कि राष्ट्रीय विचार के प्रति नकारात्मकता वातावरण बनाने के प्रयत्न भी किये जा रहे थे। उस समय संचार माध्यमों में एक सशक्त विकल्प की आवश्यकता थी, जो कि पाश्चात्य नहीं बल्कि भारतीयता पर आधारित हो। दीनदयाल उपाध्याय ने राष्ट्रीय विचार से ओत-प्रोत मासिक पत्रिका 'राष्ट्रधर्म', साप्ताहिक समाचारपत्र 'पांचजन्य' (हिंदी), 'ऑर्गेनाइजर' (अंग्रेजी) और दैनिक समाचारपत्र 'स्वदेश' प्रारंभ कराए और अपनी दूरदर्शी सोच से पत्रकारिता में भारतीय धारा का प्रवाह किया। उन्होंने उस दौर में

1947 में राष्ट्रधर्म के प्रकाशन से विधिवत पत्रकारिता प्रारंभ की, जब पत्रकारिता मिशन मानी जाती थी। उस समय पत्रकारिता राष्ट्रीय जागरण का माध्यम थी। अनेक राजनेताओं की भूमिका स्वतंत्रता संग्राम में पत्रकार के नाते भी रहती थी। महात्मा गांधी, बाल गंगाधर तिलक, मदन मोहन मालवीय, डॉ. भीमराव अंबेडकर, गणेश शंकर विद्यार्थी जैसे स्वतंत्रता सेनानी जो समूचे देश में राष्ट्रबोध का जागरण करने के लिए पत्रकारिता का उपयोग करते थे।

हाथ में लिए हुए काम को किसी तरह चलाए रखने में ही उनका विश्वास नहीं था। यथास्थिति बनाए रखने से उन्हें चिढ़ थी। स्वीकार किए गए कार्य की गहराई तक जाकर उसे समझना, उसे सैद्धांतिक और व्यावहारिक आधार पर खड़ा करना उनका स्वभाव था। वे किसी व्यक्ति अथवा विचारधारा के प्रति पूर्वाग्रह बनाकर चलने के खिलाफ थे। राष्ट्रधर्म मासिक से ही उनका पत्रकार वाला पक्ष उभरकर सामने आया। पत्रकारिता के प्रारंभ से ही अटल बिहारी वाजपेयी उन्हें एक सहयोगी के रूप में मिले। अटल जी ने इस संबंध में स्वयं लिखा है कि "मुझे लिखने का शौक अवश्य था, किंतु पत्र का संपादन करना पड़ेगा, यह सुनकर मेरी सिट्टी-पिट्टी गुम हो गई थी। लेकिन यह जानकर हिम्मत बंधी कि केवल नाम का ही संपादक बनना है। काम करने और करवाने के लिए पंडित दीनदयाल उपाध्याय जी मौजूद थे।"

पंडित दीनदयाल जी के लिए भी पत्रकारिता का क्षेत्र सर्वथा नया था। पत्रकारिता के विषय में उन्होंने शुरू से आखिर तक की जानकारी अपने अध्ययन और अनुभव से प्राप्त की। उन्होंने न केवल संपादन करना सीखा बल्कि अटल जी के साथ-साथ दूसरों को भी सिखा दिया। दीनदयाल जी के जीवन में सीखना और सिखाना लगातार चलता रहता था। वे काम करते हुए स्वयं सीखते थे और सीखते हुए दूसरों को भी सिखाते चलते थे। अपने इस गुण का उन्होंने पत्रकारिता के क्षेत्र में पूरी तरह से उपयोग किया।

राष्ट्रीय स्वयंसेवक संघ के कार्यकर्ताओं के लिए संगठन का मंत्र रहा है कि कार्यकर्ता को प्रसिद्धि और श्रेय से बचना चाहिए और शायद इसीलिए राष्ट्रीय विचार की पत्रकारिता के पुरोधा होने के बावजूद पंडित जी का नाम कभी भी संपादक या संवाददाता के रूप में प्रकाशित नहीं हुआ। उन्होंने उसी मंत्र का सदैव पालन भी किया क्योंकि प्रसिद्धि और श्रेय अहंकार का कारण बन सकता है और

समाज जीवन में अहंकार ध्येय से भटकाता है। पं. दीनदयाल उपाध्याय 'राष्ट्रीय पत्रकारिता' के प्रणेता थे, उन्होंने कभी स्वयं को संपादक या प्रवक्ता के रूप में प्रचारित नहीं किया। वह 'पर्दे के पीछे रहने' के सिद्धांत का पालन कर रहे थे, जो उन्होंने आरएसएस में सीखा था।

संगठन के इसी मंत्र के वशीभूत उन्होंने कई पत्र-पत्रिकाएं प्रकाशित तो करायीं, लेकिन उनके 'प्रधान संपादक' कभी नहीं बने, जबकि उन तमाम प्रकाशनों के वास्तविक संचालक, संपादक और आवश्यकता होने पर उनके कम्पोजिटर, मशीनमैन भी खुद दीनदयालजी ही थे। उन्होंने जुलाई-1947 में लखनऊ से 'राष्ट्रधर्म' मासिक पत्रिका का प्रकाशन कर वैचारिक पत्रकारिता की नींव रखी और संपादक बनाया अटल बिहारी वाजपेयी और राजीव लोचन अग्निहोत्री को। राष्ट्रधर्म नामक प्रकाशन संस्थान की स्थापना के साथ ही अपने विचारों को प्रस्तुत करने के लिए मासिक राष्ट्रधर्म की शुरूआत की गई। बाद में उन्होंने 'पांचजन्य' (साप्ताहिक) तथा 'स्वदेश' (दैनिक) की शुरुआत की। राष्ट्रधर्म को सशक्त करने और लोगों के बीच लोकप्रिय बनाने के लिए उन्होंने प्राय: उसके हर अंक में विचारोत्तेजक लेख लिखे। इसमें प्रकाशित होने वाली सामग्री का चयन भी दीनदयाल जी स्वयं ही करते थे। 14 जनवरी, 1948 को उन्होंने 'पांचजन्य' शुरु किया लेकिन राष्ट्रीय विचारों के प्रहरी 'पांचजन्य' में भी उन्होंने संपादक का दायित्व नहीं संभाला, यह दायित्व भी उन्होंने अटल बिहारी वाजपेयी को ही सौंपा। 'पांचजन्य' में भी दीनदयाल जी 'विचार वीथी' स्तम्भ लिखते थे। जबकि अंग्रेजी भाषा में प्रकाशित ऑर्गनाइजर में वह 'पॉलिटिकल डायरी' के नाम से स्तम्भ लिखते थे। इन स्तंभों में प्रकाशित सामग्री से ज्ञात होता है कि दीनदयाल जी की तत्कालीन घटनाओं एवं परिस्थितियों पर गहरी पकड़ थी।

यदि पंडित दीनदयाल उपाध्याय को राजनीति में नहीं भेजा जाता तो निश्चय ही उनका योगदान पत्रकारिता और लेखन के क्षेत्र में और अधिक होता। पत्रकारिता के संबंध में उनके विचार अनुकरणीय हैं। यदि उन्होंने पत्रकारिता को थोड़ा और अधिक समय दिया होता, तब वर्तमान पत्रकारिता का स्वरूप संभवत: कुछ और होता।

दीनदयाल जी ने समाचार पत्र-पत्रिकाएं ही प्रकाशित नहीं की, बल्कि पत्रकारिता की उसी पगडंडी पर आगे बढ़कर उनकी प्रेरणा से कई लोग

पत्रकारिता के क्षेत्र में आए और आगे चलकर क्षेत्र के प्रमुख हस्ताक्षर बने इसमें पूर्व प्रधानमंत्री अटल बिहारी वाजपेयी, पूर्व उप प्रधानमंत्री लालकृष्ण आडवाणी, देवेंद्र स्वरूप, महेशचंद्र शर्मा, यादवराव देशमुख, राजीव लोचन अग्निहोत्री, वचनेश त्रिपाठी, महेन्द्र कुलश्रेष्ठ, गिरीश चंद्र मिश्र आदि प्रमुख नाम हैं। पत्रकारिता के संदर्भ में भी दीनदयाल जी के व्यक्तित्व के कई पहलू सामने आते हैं। औपचारिक रूप से भले ही उन्हें ऐसा पत्रकार स्वीकार न किया जाए जो पत्रकारिता के माध्यम से अपनी रोजी-रोटी चलाता हो अथवा उसने किसी कॉलेज अथवा विश्वविद्यालय से पत्रकारिता की विधिवत शिक्षा ग्रहण की हो। स्वतंत्रता संग्राम के दौरान और उसके तुरंत बाद तक अनेक ऐसे पत्रकार हुए थे जिन्होंने बिना कोई औपचारिक उपाधि पाए पत्रकारिता के क्षेत्र में बहुत नाम कमाया था। ऐसे पत्रकारों में सर्वश्री अरविंद, पंडित मदन मोहन मालवीय, महात्मा गाँधी, चक्रवर्ती राजगोपालाचारी, बाल गंगाधर तिलक, लाला लाजपत राय, शहीद भगत सिंह, डॉ. राम मनोहर लोहिया, विनोबा भावे, गणेश शंकर विद्यार्थी, मूल चंद्र अग्रवाल, कृष्णदत्त पालीवाल, दामोदर दास नागौरी, द्वारका प्रसाद अग्रवाल, डोरी लाल अग्रवाल, जे. सी. जैन, गिरिलाल जैन, सरदार खुशवंत सिंह, रामनाथ गोयनका और चेलापतिराव इत्यादि ऐसे अनेक नाम लिए जा सकते हैं। इसी श्रेणी में पंडित दीनदयाल उपाध्याय जी को भी पत्रकार स्वीकार किया जा सकता है।

दीनदयाल जी न केवल स्वयं पत्रकारिता में आए बल्कि उनकी प्रेरणा से दर्जनों लोगों ने पत्रकारिता को 'मिशन' बनाकर इसमें महत्वपूर्ण योगदान दिया। स्वतंत्रता प्राप्ति के बाद देश का विकास ही किसी 'मिशन' का ध्येय हो सकता था। संघ से प्रेरित दीनदयाल जी का एक मात्र उद्देश्य देश को हर तरह से परम वैभव के मार्ग पर ले जाना था। वे भारत को एक अजेय शक्ति बनाकर, गरीबी से मुक्त एक अमीर देश बनाने के लिए काम करते रहे। वे भारत को फिर से विश्वगुरु के रूप में स्थापित करना चाहते थे। उनके इस दौर में मिशनरी पत्रकारिता के प्रतीक रूप में अटल बिहारी वाजपेयी, लालकृष्ण आडवाणी,बालेश्वर अग्रवाल, राजीच लोचन अग्निहोत्री, वचनेश त्रिपाठी, गिरीश चंद मिश्र, महावीर प्रसाद त्रिपाठी, महेंद्र कुलश्रेष्ठ, तिलक सिंह परमार, राम शंकर अग्निहोत्री, केवल रतन मलकानी,

एन.बी.लेले, यादवराव देशमुख, देवेंद्र स्वरूप अग्रवाल, तेलू राम कांबोज और भानु प्रताप शुक्ल सरीखे वरिष्ठ पत्रकारों की गणना की जा सकती है।

1 अगस्त 1947, श्रावणी पूर्णिमा, सं 2004 को राष्ट्रधर्म का पहला सम्पादकीय भारतीय राष्ट्रधारा का पुण्य प्रवाह (बुद्ध से शंकराचार्य तक) उपाध्याय जी ने लिखा। उपाध्याय जी को पत्रकारिता का कोई पुराना अनुभव नहीं था। एक दृष्टि से उनके लिए यह क्षेत्र बिल्कुल नया ही था लेकिन अपने अध्ययन और अध्यवसाय से उन्होंने न केवल स्वयं सम्पादक का कार्य सीख लिया बल्कि अपने सहयोगियों को भी बखूबी सिखा दिया।

उनके लिए सीखना और सिखाना एक निरन्तर चलने वाली प्रक्रिया थी। काम करते वे सीखते और सीखते हुए सिखाते।

प्रेस में सामग्री देने से लेकर कम्पोज करने और प्रूफ पढ़ने तक के सभी कार्य उन्होंने किए। छपाई की मशीन पर काम से थक जाने या न आने पर वे वहां भी खड़े हाथ बंटाते। राष्ट्रधर्म के साथ ही 'पांचजन्य' और 'दैनिक स्वदेश' का प्रकाशन भी प्रारम्भ हुआ। सम्पादकीय विभाग में काम ज्यादा, लोग कम थे। उपाध्याय जी दिन-रात जुटे रहते। उनके सहकर्मी थक कर चूर हो जाते, किन्तु उन्होंने जैसे थकना जाना ही नहीं था। न खाने का ध्यान, न सोने की सुध। एक बार लगातार कई रात जागना पड़ा। शरीर ने जवाब दे दिया। सवेरे जब उपाध्याय जी मशीन पर खड़े आखिरी फर्मा निकलवा रहे थे तो गिर पड़े और बेहोश हो गये। इस घटना के साक्षी रहे ज्वाला प्रसाद चतुर्वेदी के शब्दों में, "वे इस प्रकाशन (राष्ट्रधर्म) के जनक थे लेकिन व्यवहार में प्रबंध संचालक ही रहे।

इस संदर्भ में श्री प्र.ग. सहस्त्रबुद्धे ने लिखा कि "पंडित दीनदयाल निस्संदेह एक महान पत्रकार थे। वे पेटू पत्रकार नहीं थे। वे चाटुकार नहीं थे। लकीर के फकीर नहीं थे। वे आत्मसाक्षात्कारी थे। अपनी लेखनी द्वारा आत्मा की आवाज ही प्रस्फुटित करते थे। इसीलिए उनकी लिखी बातें पाठकों के हृदय को छू जाती थीं। उनका लेखन कभी उथला या छिछला नहीं रहा। जनकल्याण व देशहित उनकी लेखनी में हमेशा सबसे ऊपर रहता था।" प्रसिद्ध विचारक श्री दत्तोपंत ठेंगड़ी के अनुसार, "पत्रकार के नाते पंडित दीनदयाल जी का योगदान अनुकरणीय था। वे पत्रकार थे, किंतु कार्ल मार्क्स ने जिस श्रेणी को जर्नलिस्ट थिंकर कहा है, उस श्रेणी में आप नहीं थे। उनकी पत्रकारिता मात्र समकालीन

परिस्थितियों में ही उपयुक्त हो, ऐसी नहीं थी। उनकी पत्रकारिता तो सुदूर भविष्य तक उपयोगी रहने वाली पत्रकारिता थी।"

पांचजन्य और राष्ट्र धर्म में दीनदयाल जी की भूमिका ने राष्ट्रीय स्वयंसेवक संघ के लिए एक महत्वपूर्ण भूमिका का निर्वहन किया तथा इन पत्रों ने लोगों में संघ के प्रति आकर्षण पैदा किया। जिसके परिणाम स्वरूप कांग्रेस के लिए संघ मुसीबत बनता जा रहा था। उन्हीं दिनों स्वतंत्रता आन्दोलन के महान नायक महात्मा गाँधी की हत्या हुई। गाँधी की हत्या का मिथ्या आरोप लगाकर शासन ने संघ पर प्रतिबंध लगा दिया। संघ के कार्य की लोकप्रियता को देखते हुये संघ पर प्रतिबंध लगाया गया है, यह कहकर संघ ने देशव्यापी आन्दोलन शुरू कर दिया। दीनदयाल जी आन्दोलन के नेता बने। कहीं भी आन्दोलन के समय हिंसा नहीं हुई। शांतिपूर्वक आन्दोलन चला। शासन ने पांचजन्य को बंद करवा दिया। लेकिन दीनदयाल जी ने अपनी सूझ-बूझ का परिचय देते हुए सरकार द्वारा पांचजन्य पर प्रतिबन्ध लगाये जाने पर उन्होंने हिमालय पत्रिका नाम से दूसरा समाचार पत्र प्रकाशित कर दिया। सरकार ने इसे भी प्रतिबंधित कर दिया। दीनदयाल जी की लेखनी बंद नहीं हुई। उनकी लेखनी देशभक्ति तथा संघर्ष का लावा उगल रही थी। सरकार दीनदयाल जी की कुशाग्र बुद्धि के समक्ष कमजोर पड़ गयी। सरकार दीनदयाल जी को रोक नहीं पायी। शक्तिशाली सरकार के सामने दीनदयाल जी की लेखनी खड्ग बनी। उनकी लेखनी को सरकार रोक नहीं पायी।इस प्रकार पंडित दीनदयाल उपाध्याय ने पत्रकारिता के क्षेत्र में अपने कदम रखे और उस क्षेत्र में भी नये आयाम स्थापित किए।

दीनदयाल जी की पत्रकारिता आदर्शवाद की आग्रही थी, वे मानते थे कि लेखक और पत्रकार को हमेशा याद रखना चाहिए कि अंगुली सिर्फ चाकू से ही नहीं कटती, कभी-कभी कागज की कोर से भी कट जाती है। कागज और कलम के क्षेत्र में काम करने वाले विद्वानों को चाकू की भाषा के बजाय तर्कों में धार देने पर ध्यान देना चाहिए। एक संवाददाता या संपादक को अपने लेखन में शब्दों की मर्यादा का ध्यान रखना चाहिए। शब्दों का चयन करते समय पूरी सावधानी बरतनी चाहिए। किसी मुद्दे पर विरोध होने पर लिखते समय पत्रकार को अनावश्यक उत्तेजना से बचना चाहिए, क्योंकि, अनावश्यक उत्तेजना हमारे

लेखन को कमजोर और अप्रभावी बनाती है। पत्रकारिता के धर्म का निर्वहन करने के लिए अपनी भावनाओं पर काबू रखना अनिवार्य है।

उपाध्याय की पत्रकारिता के संदर्भ में राष्ट्रीय स्वयंसेवक संघ के द्वितीय सरसंघचालक माधव सदाशिवराव गोलवलकर ने लिखा था – 'उनके हृदय के अंदर कोई कटुता नहीं थी। शब्दों में भी कटुता नहीं थी। बड़े प्रेम से बोला करते थे। कभी किसी पर जरा भी नाराज नहीं हुए। बहुत खराबी होने पर भी खराबी करने वाले के प्रति अपशब्द का प्रयोग नहीं किया।' पत्रकारिता में नैतिकता, शुचिता और उच्च आदर्शों के वे कितने बड़े हिमायती थे, इसका जिक्र करते हुए दीनदयाल जी की पत्रकारिता पर आधारित पुस्तक के संपादक डॉ. महेशचंद्र शर्मा ने लिखा है – संत फतेह सिंह के आमरण अनशन को लेकर पाञ्चजन्य में एक शीर्षक लगाया गया 'अकालतख्त के काल'. दीनदयालजी ने यह शीर्षक हटवा दिया और समझाया कि सार्वजनिक जीवन में इस प्रकार की भाषा का उपयोग नहीं करना चाहिए, जिससे परस्पर कटुता बढ़े तथा आपसी सहयोग और साथ काम करने की संभावना ही समाप्त हो जाए। अपनी बात को दृढ़ता से कहने का अर्थ कटुतापूर्वक कहना नहीं होना चाहिए। जुलाई, 1953 के 'पांचजन्य' के अर्थ विशेषांक की संपादकीय में संपादक महेन्द्र कुलश्रेष्ठ ने अशोक मेहता की शासन के साथ सहयोग नीति की आलोचना करते हुए 'मूर्खतापूर्ण' शब्द का उपयोग किया था तब दीनदयाल जी ने इस शब्द के उपयोग पर संपादक को समझाया, उन्होंने लिखा – 'मूर्खतापूर्ण शब्द के स्थान पर यदि किसी सौम्य शब्द का प्रयोग होता तो पाञ्चजन्य की प्रतिष्ठा के अनुकूल होता।' वे सदैव चित्रों और व्यंग्य चित्रों के उपयोग में भी शालीनता का ध्यान रखने के आग्रही थे।

इसी प्रकार के एक और उदाहरण में 'पांचजन्य' के संपादक यादवराव देशमुख ने तिब्बत और चीन के संबंध में तत्कालीन प्रधानमंत्री पंडित नेहरू की नीतियों पर पहले संपादकीय का शीर्षक दिया – 'गजस्तत्र न हन्यते' (शरीर के नष्ट होने पर आत्मा नष्ट नहीं होता) इस संपादकीय को पढ़ने के बाद दीनदयाल जी ने यादवराव देशमुख को कहा था – 'भाई आपका अग्रलेख बहुत अच्छा रहा, लेकिन उसका शीर्षक तुमने शायद बहुत सोचकर नहीं लिखा है। पंडित नेहरू से हमारा वैचारिक मतभेद होना स्वाभाविक है, लेकिन यह भी याद रखना चाहिए कि वे हमारे देश के प्रधानमंत्री हैं। उनकी आलोचना करते समय हल्के शब्दों का

प्रयोग करना तो उचित नहीं होगा।' संपादक या पत्रकार होने का यह मतलब कतई नहीं होता कि हमारे मन में जो आक्रोश है, उसे अपनी लेखनी के जरिए प्रकट किया जाए। देश के प्रधानमंत्री पद की गरिमा का ध्यान रखना ही चाहिए।

पत्रकार के तौर पर पंडित जी ने बहुत संघर्ष भी किया और अपनी कलम से अलख जगाए रखी। पांचजन्य पर प्रतिबंध के बाद हिमालय पत्रिका और इसे भी प्रतिबंधित करने के बाद उन्होंने देशभक्त नाम से प्रकाशन प्रारम्भ किया था। सरकार की समझ में नहीं आया कि आखिर क्या किया जाए। वह दीनदयाल जी की कुशाग्र बुद्धि के समक्ष नि:सहाय हो गई लेकिन दीनदयाल जी को रोक नहीं पाई। अंततः सरकार ने उन्हें पकड़ने की योजना बनाई किंतु वह दीनदयाल जी को तब तक नहीं पकड़ पाई जब तक कि दीनदयाल जी ने स्वयं को न पकड़वा दिया। इस प्रकार उस काल में पं. दीनदयाल उपाध्याय पत्रकारिता के दम पर नए आयाम स्थापित कर चुके थे। उन्होंने समाचार पत्रों के सम्पादन से लोगों को संघ के लिए प्रेरित किया। उन्होंने न सिर्फ राष्ट्रीय स्वयंसेवक संघ का प्रचार-प्रसार किया बल्कि राष्ट्रीय स्वयंसेवक संघ को एक नई दिशा भी प्रदान की। जब डॉ. मुखर्जी की मृत्यु हो गयी तो संगठन के पोषण और एक देशव्यापी आंदोलन को खड़ा करने का पूरा बोझ दीनदयाल के युवा कंधे पर आ गया। 15 साल तक वे संगठन के महासचिव रहे और सबको एक सूत्र में जोड़ते हुए संगठन को खड़ा किया। उन्होंने आदर्शवाद के साथ समर्पित कार्यकर्ताओं का एक संगठन तैयार किया। लोगों ने उनके कार्यं उनके आदर्शं को अपनाया। महान पुरुषों की श्रृंखला में पं. दीनदयाल उपाध्याय का व्यक्तित्व हमेशा समाज के अंतिम व्यक्ति तक अपनी पहुंच बनाए रखेगा क्योंकि दीनदयाल जी ने स्वयं को मानव-सेवा समाज-सेवा और देश-सेवा के लिए समर्पित कर दिया था।

अपनी लगन और कर्मठता के कारण दीनदयाल जी ने एक योग्य संचालक के रूप में भी नाम कमाया। उन्हीं के प्रयासों से लखनऊ में राष्ट्रधर्म प्रकाशन नामक जिस संस्था की स्थापना हुई वह आज भी राष्ट्र की सेवा में रत है। उस समय संघ के देश भक्ति से भरे विचारों का प्रचार-प्रसार करने के लिए उन्हें पत्रकारिता एक सशक्त माध्यम दिखाई दिया था। स्वतंत्रता संग्राम के आंदोलन में पत्रकारिता की सकारात्मक एवं प्रभावी भूमिका को वे अच्छी तरह से समझते थे। उसके प्रभाव को उन्होंने स्वयं देखा था। उन्होंने यह भी अध्ययन किया कि

स्वतंत्रता मिलने के बाद पत्रकारिता का स्वरूप बदलने लगा है। इसके बावजूद अनेक बड़े नेताओं ने इसके मिशन वाले स्वरूप को बचाए रखने का प्रयास किया। सबके तरीके और साधन भिन्न-भिन्न परंतु अभी तक उनका ध्येय एक ही था। ऐसे लेखनी के धनी नेताओं में पंडित दीनदयाल उपाध्याय सबसे आगे की पंक्ति में रहे थे। इसलिए उन्होंने लखनऊ से राष्ट्रधर्म मासिक के बाद पांचजन्य साप्ताहिक और स्वदेश नामक दैनिक समाचारपत्र प्रारंभ किए। संपादक के रूप में उन्होंने कहीं भी अपना नाम नहीं छपने दिया परंतु इन पत्रों का कोई अंक ऐसा नहीं निकलता था जिनमें उनके विचारों की छाप साफ दिखाई न देती हो। वह उसी सामग्री का चुनाव करते थे जो नकारात्मक न होकर सकारात्मक होती थी। राष्ट्रवादी पत्रकारिता की यात्रा में आज भी इन पत्रिकाओं को मील का पत्थर माना जाता है। अन्य अनेक पत्र-पत्रिकाओं के प्रकाशन के लिए उन्होंने कई लोगों को प्रेरित भी किया।

गाजियाबाद से प्रकाशित होने वाले सांध्य दैनिक प्रलयंकर का प्रकाशन श्री तेलू राम कांबोज ने दीनदयाल जी की प्रेरणा पर ही किया था। एक बार दीनदयाल जी गाजियाबाद में किसी कार्यक्रम में भाग लेने के लिए आए थे। उस कार्यक्रम में दीनदयाल जी ने गाजियाबाद में एक हिंदी का अखबार होने की आवश्यकता पर बल देते हुए कहा कि जनसंघ के लोगों को इसके लिए पहल करनी चाहिए। कुछ दिन बाद ही श्री तेलू राम कांबोज और श्री कृष्ण मित्र एक सांध्य दैनिक निकालने की पूरी योजना सहित दीनदयाल जी से मिलने के लिए अजमेरी गेट जनसंघ के कार्यालय में पहुँचे। उन दिनों दीनदयाल जी वहीं रहा करते थे। बातचीत में उन्होंने दीनदयाल जी से अनुरोध किया कि वह प्रस्तावित समाचारपत्र का अच्छा सा नाम सुझाएँ। दीनदयाल जी ने तत्काल ही कहा 'प्रलयंकर' रख दो। अभी इनमें से कोई हाँ या ना अथवा कुछ और कहता उससे पहले ही दीनदयाल जी ने कहा मैं तो पहले पांचजन्य का नाम प्रलयंकर ही रखना चाहता था। अब किसी प्रकार के विचार-विमर्श की गुंजाइश ही नहीं थी। दोनों वापिस लौट आए और सभी प्रकार की औपचारिकताएँ पूरी करने में लग गए। इस प्रकार प्रलयंकर का जन्म हुआ जो आज भी अनवरत रूप से गाजियाबाद से प्रकाशित हो रहा है। इस प्रकार देश के विभिन्न भागों से प्रकाशित होने वाली कितनी ही पत्र-पत्रिकाओं के साथ दीनदयाल जी का नाता जुड़ता गया। आज देश के प्रायः हर जिले और देश की

हर भाषा में प्रकाशित होने वाली कितनी ही जागरण पत्रिकाएँ दीनदयाल जी के विचार से ही प्रारंभ हुई है। जब श्री राम शंकर अग्निहोत्री नागपुर से आकाशवाणी के संपादक बनकर दिल्ली आए तो उन्हें दीनदयाल जी का ही मार्गदर्शन प्राप्त हुआ था।

पांचजन्य के संपादक श्री भानु प्रताप शुक्ल ने यह स्वीकार किया था कि भले ही दीनदयाल जी का पांचजन्य के साथ ऊपरी संबंध दिखाई न देते हों, परंतु हर अंक के भीतर उनकी छवि झलकती थी। समय-समय पर वह पांचजन्य और ऑर्गेनाइजर के संपादकों से विचार-विमर्श करते थे। उनका सान्निध्य बहुत मधुर और शिक्षाप्रद होता था। वे आते थे, पत्रकारिता पर चर्चा होती थी, ख़बर कैसे बनाना, शीर्षक कैसे लगाना आदि से लेकर समाचारों से जुड़ी सभी छोटी-बड़ी बातें खुलकर होती थी। संपादकीय विभाग के लोग हमेशा उनके सुझाव जानने के इच्छुक रहते थे। इस प्रकार वह संपादकों के भी संपादक थे।

1968 की बात है तब तीन दिन से भी कम अवधि में हरियाणा, पश्चिम बंगाल और पंजाब की गैर-कांग्रेसी सरकारें गिर गई। तब ऑर्गनाइजर में प्रकाशित कार्टून में तत्कालीन गृहमंत्री चव्हाण लोकतंत्र के बैल को काटते हुए दर्शाए गए थे। उस समय के.आर. मलकानी ऑर्गेनाइजर के संपादक थे। दीनदयाल जी ने इस व्यंग्य चित्र के लिए उनको समझाया था कि चाहे व्यंग्य चित्र ही क्यों न हो, गो-हत्या का यह दृश्य मन को धक्का पहुंचाने वाला है। इस प्रकार के व्यंग्य चित्रों का उपयोग नहीं किया जाना चाहिए। उनकी पत्रकारिता की शुचिता और नैतिकता का स्तर इतना ऊंचा था कि अपने विरोधी के प्रति भी असंसदीय और अमर्यादित शब्दों, फोटो या फिर व्यंग्य चित्रों के उपयोग को वे अनुचित मानते थे।

यद्यपि दीनदयाल बहुत समय से लेखों के माध्यम से समाचार-पत्रों से जुड़े हुए थे। ये लेख समाज में क्रांति के बीज बोने का काम कर रहे थे। उनकी लेखनी से निकलनेवाला एक-एक शब्द लोगों में राष्ट्र पर मर मिटने का जज्बा पैदा कर देता था।

अंततः सन् 1947 में 'राष्ट्रधर्म प्रकाशन लिमिटेड' की स्थापना के साथ उनका स्वप्न साकार हुआ। नानाजी देशमुख प्रकाशन के प्रबंध निदेशक बने, जबकि राधेश्याम कपूर प्रकाशक। प्रबंधकों में ज्वालाप्रसाद चतुर्वेदी तथा

मनमोहन गुप्त थे। बजरंग शरण तिवारी और जनार्दन राव पावगी प्रेस-व्यवस्थापक बने। इस प्रकार सबके सहयोग से धीरे-धीरे प्रकाशन का कार्य गति पकड़ने लगा।

इस प्रकाशन के अंतर्गत क्रमशः तीन पत्रों का प्रकाशन किया गया- 'राष्ट्रधर्म', 'पांचजन्य' तथा 'स्वदेश'। इसमें 'राष्ट्रधर्म' मासिक, 'पांचजन्य' साप्ताहिक तथा 'स्वदेश' दैनिक पत्र था। 'राष्ट्रधर्म' के संपादक-मंडल में महेंद्र कुलश्रेष्ठ, गिरीशचंद्र मिश्र, अटल बिहारी वाजपेयी, राजीव लोचन अग्निहोत्री, वचनेश त्रिपाठी, यादवराव देशमुख, महावीर प्रसाद त्रिपाठी जैसे विद्वान् सम्मिलित थे। इसके विपरीत 'पांचजन्य' और 'स्वदेश' का संपादन-कार्य दीनदयालजी ने अपने कंधों पर उठा लिया था।

जैसी कि उम्मीद की गई थी, कुछ ही महीनों में इन पत्रों ने लोगों के बीच अपनी अलग पहचान बना ली। इनमें प्रकाशित ज्वलंत लेखों ने जनसाधारण के अंतर्मन को हिलाकर रख दिया। सरल हृदय दीनदयालजी ने इसका श्रेय अपने सहयोगियों को देते हुए कहा था, "इस सफलता के पीछे किसी एक व्यक्ति का योगदान नहीं है, अपितु इसे प्राप्त करने के लिए प्रकाशन से जुड़े एक-एक व्यक्ति ने, चाहे वह किसी भी पद पर कार्य कर रहा हो, हवन-कुंड में जलनेवाली समिधा के समान स्वयं को दग्ध किया है। उनके अमूल्य सहयोग, अथक परिश्रम और दृढ संकल्प का ही परिणाम है कि राष्ट्रधर्म प्रकाशन लिमिटेड से प्रकाशित होनेवाले तीनों पत्र इतने बड़े पैमाने पर समाज द्वारा स्वीकृत किए गए।"

दीनदयालजी द्वारा प्रकाशित तीनों पत्र समाज को राष्ट्रीय स्वयंसेवक संघ के सिद्धांतों, नीतियों और उद्देश्यों से अवगत कराने का कार्य कर रहे थे। ये पत्र संघ को देश के कोने-कोने तक पहुँचाने का पर्याय बन चुके थे। इनके माध्यम से लोगों में संघ का स्वरूप स्पष्ट होने लगा। दूर-दराज के क्षेत्रों में, जो लोग संघ के नाम से भी अपरिचित थे, अब उसके बारे में विस्तृत रूप से जानकरी पाकर उसकी ओर आकृष्ट होने लगे। इसका श्रेय पत्रों में प्रकाशित होने वाले दीनदयालजी के उन लेखों को भी जाता है, जिन्होंने जनसाधारण में नवचेतना का संचार किया।

राष्ट्रीय स्वयंसेवक संघ के साथ जुड़े होने के कारण दैनिक जीवन में पं. दीनदयाल पहले ही अत्यंत व्यस्त रहते थे; अब पत्रों के प्रकाशन से जुड़कर उनकी जिम्मेदारियाँ और भी बढ़ गईं। इसके चलते खाने-सोने में पड़नेवाले व्यवधान से उन्हें कोई परेशानी नहीं थी, लेकिन पढ़ने-लिखने में जो व्यवधान पड़

रहा था, यह उनके लिए चिंता का विषय था। परंतु समस्याओं के निदान में दीनदयालजी को महारत हासिल थी। उन्होंने इसका भी समाधान ढूँढ़ निकाला। उन्हें शौच में अधिक समय लगता था, इसलिए शौच के लिए जाते समय वे साथ में पुस्तक ले जाते। उस समय का उपयोग वे अध्ययन के लिए करते थे। इसी तरह वे अधिकतर यात्राएँ पैसेंजर रेलगाड़ी के तृतीय श्रेणी के डिब्बे में करते थे। उनका मानना था कि पैसेंजर गाड़ी धीमी गति से चलती है और गंतव्य पर देर से पहुँचती है। इससे गाड़ी में आराम से लिखा-पढ़ा जा सकता है। उनके परम मित्रों में से एक श्री वचनेश त्रिपाठी ने अपने एक संस्मरण लेख में लिखा है कि एक बार दीनदयालजी काशी से बलिया के दौरे पर जा रहे थे, रात का समय था। तीसरे दर्जे में जगह न मिल पाने से साथ के लोगों ने उनकी दरी दूसरे दर्जे के डिब्बे में बिछा दी और दीनदयालजी पूरी रात वहीं सोये। प्रातः ट्रेन बलिया पहुँची तो उन्होंने उस ट्रेन के टी.सी. से कहा कि 'आप मुझसे यहाँ तक की यात्रा का दूसरे दर्जे का किराया लेकर रसीद बना दें।' तो उसने लापरवाही से कहा, "क्या करेंगे किराया देकर, क्या किसी ने आपको टोका है? आप जाइए।" दीनदयालजी न माने। स्टेशन मास्टर के पास पहुँचे। उससे भी अतिरिक्त किराया लेने के लिए कहा तो वह बोला, "ठीक है, आप चाहते हैं तो ले लूँगा, लेकिन मेरे तीस वर्ष इस रेलवे की सेवा में ही बीते, पर आप ही ऐसे पहले यात्री हैं, जिसने तीसरे दर्जे के टिकट पर दूसरे दर्जे में यात्रा करने पर अतिरिक्त किराया देने की ईमानदारी बरती है।" दीनदयालजी के स्वभाव में यह बात सहज रूपेण समरस थी। रेलगाडी ही जीवन भर प्राय: उनका आवास और अध्ययन कक्ष रही।

बहुमुखी लेखकीय प्रतिभा

दीनदयाल जी बहुमुखी प्रतिभा के धनी थे। उनके व्यक्तित्व के अलग-अलग पहलू थे। मूलतः वह राष्ट्रीय स्वयंसेवक संघ के प्रचारक थे। संघ कार्य से ही उन्होंने पत्रकारिता के क्षेत्र में प्रवेश किया था। बाद में वे देश के एक प्रमुख राजनैतिक दल अखिल भारतीय जनसंघ के सर्वेसर्वा बने। वह साहित्यकार थे और पत्रकारिता के क्षेत्र में भी उन्होंने भिन्न-भिन्न भूमिकाओं का निर्वाह किया। एक प्रकाशक के रूप में दीनदयाल जी ने राष्ट्रधर्म, पांचजन्य एवं स्वदेश इत्यादि पत्र-पत्रिकाओं का प्रकाशन प्रारंभ किया। वे इन सबके संचालक भी थे। एक

संचालक के नाते उन्हें संवाददाताओं, संपादकों और अन्य कर्मचारियों का चयन ही नहीं करना पड़ता था बल्कि उनके वेतन, मुद्रण और प्रकाशन पर होने वाले खर्चों के लिए आवश्यक साधन भी जुटाने पड़ते थे। वह इनके लिए लेख और स्तंभ लिखते थे। इतना ही नहीं इनके संपादक न होते हुए भी, इन अखबारों के हर एक अंक के कलेवर और संपादकीय पर, उनकी छाप स्पष्ट दिखाई देती थी। अनेक बार वे स्वयं भी संपादकीय लिखते थे अथवा उनमें संशोधन करने के लिए दिशा निर्देश देते थे। इन पत्रों में वे कई बार अपने नाम से संपादकीय भी लिखते थे। बिना नाम संपादकीय लिखना तो आमतौर पर होता ही था। कुछ समय बाद में वे पांचजन्य एवं ऑर्गेनाइजर के स्तंभकार भी बन गए। पांचजन्य में वह 'पाराशर' के नाम से 'विचार वीथी' तथा ऑर्गेनाइजर में अपने नाम से 'पोलिटिकल डायरी' नियमित रूप से लिखते रहे। इन स्तंभों को पढ़ने पर यह बात उभरकर सामने आती है कि नेहरू युग की अनेक नीतियों की तीखी आलोचना करते हुए भी उनमें असंयमित भाषा का प्रयोग कहीं नहीं हुआ।

दीनदयाल जी के मीडिया के साथ अच्छे संबंध थे, भले ही उन्हें समाचारपत्रों में अपना नाम छपवाने का कोई चाव नहीं था। स्वयं पत्रकार होते हुए भी उन्होंने अपने लिए प्रचार का कोई उपक्रम नहीं किया। दीनदयाल जी कार्य करने में विश्वास करते थे न कि प्रसिद्धि पाने में। अनेक वर्षों तक जनसंघ द्वारा आयोजित सम्मेलनों में पत्रकारों को निमंत्रित ही नहीं किया जाता था। उनका कहना था कि पत्रकारों से व्यक्तिगत संबंध रखना तो उपयोगी है, परंतु उनका उपयोग 'सेल्फ प्रोजेक्शन' के लिए नहीं किया जाना चाहिए।

एक प्रकार से यह भी कहा जा सकता है कि वे मीडिया से अलग रहना पसंद करते थे। राजनेता होने के कारण उन्हें अपने वक्तव्य स्वयं लिखने होते थे और अपने विचार लोगों तक पहुँचाने के बारे में भी सोचना होता था। एक विचारक होने के कारण उनकी पत्रकारिता के प्रति एक अलग दृष्टि थी। समाज और देश हित में पत्रकारिता कैसी हो इस बारे में भी वह अपनी बेबाक राय रखते थे। पत्र-पत्रिकाओं के लिए लेख लिखने के लिए उनके पास समय का बहुत अभाव रहता था। यही कारण है कि वह अधिकतर ऐसा लेखन अपनी यात्राओं के दौरान ही कर पाते थे। क्योंकि स्तंभ ठीक समय पर लिखकर देना होता था, इसलिए उन्हें लिखते समय बहुत सचेत रहना पड़ता था। इस संदर्भ में जनसंघ एवं भारतीय जनता पार्टी के

वरिष्ठ नेता और राज्यसभा सांसद रहे स्वर्गीय प्यारे लाल खंडेलवाल का एक संस्मरण दीनदयाल जी की लेखन प्रतिभा और उनके आत्मविश्वास पर प्रकाश डालने वाला है। वे लिखते हैं कि-एक बार दीनदयाल जी इंदौर आए। उन्हें इंदौर से खरगोन कार द्वारा यात्रा करनी थी। वे इंदौर में रुके। स्नान, भोजन आदि कार्य संपन्न हुए। खरगोन रवाना होने में अभी कुछ समय बचा था। उन दिनों वे नियमित रूप से कॉलम लिखा करते थे। समय मिलते ही वे एक लेख लिखने लगे। मैं उनके पास ही बैठा हुआ था। लेख लिखने का कार्य पूरा हुआ। उन्होंने अपने बैग से एक लिफाफा निकाला। लेख को लिफाफे में डालकर चिपकाया और उस पर पता लिखकर मुझे दे दिया कि इसे पोस्ट कर दो। मुझे बहुत अचंभा हुआ कि उन्होंने लेख को दोबारा पढ़ा तक नहीं और उसे डाक में डालने के लिए कह रहे हैं। सामान्य तौर पर लोग कुछ लिखने के बाद उसे अधिक नहीं तो कम-से-कम एक बार तो जरूर पढ़ते हैं ताकि लिखने में कोई त्रुटि रह गई हो तो उसे ठीक किया जा सके। पर उनमें गजब का आत्मविश्वास था। जो एक बार लिख दिया सो लिख दिया, त्रुटि होगी नहीं। वह सही ही होगा ऐसा विश्वास बहुत ही कम देखने को मिलता है।

हर कार्य में आत्मनिर्भर

अपने द्वारा प्रारंभ की गई पत्र-पत्रिकाओं को स्थापित करने और आत्मनिर्भर बनाने में दीनदयाल जी ने कड़ी मेहनत की थी। अखबार से जुड़ा हुआ हर प्रकार का काम वे खुद करने के लिए हमेशा तैयार रहते थे। उन्होंने संपादक से लेकर अखबार के बंडल ढोने तक के काम करने में कभी कोई हिचकिचाहट नहीं दिखाई। काम करना कितना जरूरी और महत्वपूर्ण है यह बताने के लिए उनकी खुद की काम करने की शक्ति और इच्छा के साथ तत्परता बहुत महत्वपूर्ण भूमिका निभाती रही है। कई बार वे रातभर जागकर अखबार के लिए सामग्री को कंपोज करते, उसके प्रूफ पढ़ते और उसे छपवाते हुए एक दम निढाल हो जाते थे। जरूरत पड़ने पर थककर चूर होने के बावजूद वे अखबार के बंडल स्वयं ही साईकल पर बाँधकर उसके वितरण के लिए रेलवे स्टेशन तक पहुँचाने के लिए जाते थे। उनका कहना था कि यदि समाचारपत्र समय पर पाठक के हाथों में नहीं पहुँचेगा तो अखबार के मालिकों और संपादकों की सारी मेहनत ही बेकार हो

जाएगी। समाचारपत्र बाँटने वाले कर्मचारियों को वह समाचार जगत का सबसे महत्वपूर्ण अंग मानते थे। जहाँ कहीं किसी काम के पूरा होने में शिथिलता आ रही होती वह स्वयं उस काम में जुट जाते थे। इन कार्यों को करते हुए कई बार वह मूर्छित हो जाते थे, परंतु अपने कार्य में मौत स्फूर्ति दिखाते थे। उनकी यही स्फूर्ति दूसरे सहयोगियों के लिए प्रेरणा और उत्साह का कारण बन जाती थी।

आमतौर पर संपादकीय विभाग में बहुत अधिक काम होता था। साधनों की कमी के कारण काम करने वाले लोगों का अभाव रहता ही था। इस कमी को पूरा करने में दीनदयाल जी कोई कसर नहीं छोड़ते थे। इस संदर्भ में भी श्री अटल बिहारी वाजपेयी जी ने लिखा है कि "कई बार हम लोग थककर चूर हो जाते, किंतु उन्होंने तो जैसे थकना जाना ही नहीं था। पत्रकारिता के क्षेत्र में राष्ट्रधर्म, पांचजन्य और दैनिक स्वदेश वास्तव में केवल उन्हीं की उपलब्धियाँ हैं।

इन सभी पत्रों को सुचारू रूप से चलाने के लिए पंडित जी को समय-समय पर धन एकत्र करने का प्रयास भी करना पड़ता था। उनके महामना मदन मोहन मालवीय, पुरुषोत्तम दासजी टंडन और भाई हनुमान प्रसाद पोद्दार आदि महापुरुषों से गहरे रिश्ते थे। एक बार जब उन्हें प्रकाशन संस्थान में धन की कमी महसूस हुई तो उन्होंने एक पत्र लिखकर श्री हनुमान प्रसाद पोद्दार से 5,000 रुपये इस काम के लिए उधार माँगे। भाई जी ने पत्र पढ़कर खुशी जाहिर की। उन्होंने तुरंत उत्तर दिया, "ऐसे कार्य के लिए पाँच हजार की जगह 15,000 रुपये ले जाओ। आगे भी जरूरत पड़े तो लिखना।" यह सब कुछ पंडित जी के प्रति उनके आदर भाव और श्रद्धा का फल था जिसका अनावश्यक अथवा अनुचित लाभ उठाने के बारे में दीनदयाल जी कभी सोच तक नहीं सकते थे।

वास्तव में वे पत्रकारिता के क्षेत्र में इन पत्रों की विश्वसनीयता स्थापित करने के लिए दृढ़ प्रतिज्ञ थे। ये पत्रिकाएँ आज भी दीनदयाल जी के विचारों और उनके मेहनत की गवाह हैं। उनका विश्वास था कि परिश्रम ही परमेश्वर है। महात्मा गाँधी की हत्या के बाद सन् 1948-49 में जब संघ पर प्रतिबंध लगाया गया तो दीनदयाल जी उस बंधन का विरोध करते हुए सत्य सबके सामने लाने में लग गए। इसके लिए उनकी लेखनी लगातार चलती रही। इस कार्य में आने वाली बाधाओं के बारे में वह बहुत सहजता से कहा करते थे कि "यह सब तो चलता ही रहता है। इस प्रकार की बाधाएँ आती ही रहती हैं।" इतना कहकर वह अपने लेखन कार्य में

जुट जाते थे। कठिन-से-कठिन परिस्थितियों में भी वह निरंतर देश भक्ति के और संघ पर लगे प्रतिबंध के विरूद्ध संघर्ष को जारी रखने से संबंधित लेख लिखते रहे। उनकी लेखनी से घबराकर कांग्रेस सरकार ने दमन-चक्र का प्रयोग किया। बिना कोई कारण बताए सरकार ने पांचजन्य साप्ताहिक का प्रकाशन बंद करवा दिया।

दीनदयाल उपाध्याय का मंत्र था 'एकात्म मानवदर्शन' जिसके माध्यम से उन्होंने भारतीय राजनीति को उच्चतम नैतिक शुद्धता की ओर ले जाने का प्रयास किया। उसी के माध्यम से उन्होंने सिखाया कि मन, मस्तिष्क, आत्मा और शरीर मनुष्य के चार अभिन्न अंग हैं। हम इनमें से किसी को भी छोड़कर मनुष्य के बारे में नहीं सोच सकते, या हम इन चारों घटकों के बारे में अलग-अलग नहीं सोच सकते।

उपाध्याय एक दिग्गज पत्रकार थे जिनकी भारतीय पत्रकारिता में भूमिका को कोई नहीं भूल सकता। वे 'राष्ट्रीय पत्रकारिता के मशाल वाहक' थे। वे ही वह व्यक्ति हैं जिन्होंने इस देश में ऐसे समय में राष्ट्रीय पत्रकारिता के बीज बोये जब इस क्षेत्र में राष्ट्र-विरोधी कम्युनिस्टों का बोलबाला था।

स्वतंत्रता आंदोलन के दौरान, मीडिया लोगों के एकीकरण का एक बड़ा माध्यम था जिसका उपयोग महात्मा गांधी, लोकमान्य तिलक, मदन मोहन मालवीय, डॉ. भीमराव अंबेडकर, गणेश शंकर जैसे लगभग सभी नेताओं और स्वतंत्रता सेनानियों द्वारा किया गया था। ये सभी नेता न केवल अनुभवी नेता थे, बल्कि विलक्षण पत्रकार भी थे। दीनदयाल उपाध्याय के अनुसार पत्रकारिता आय का साधन नहीं बल्कि भारतीयों में राष्ट्रवाद के बीज बोने का माध्यम थी। यह आम भारतीयों तक पहुँचने का एक माध्यम था। उनका मानना था कि मीडिया विभिन्न विचारधाराओं पर जनता की राय विकसित करने में जीवंत भूमिका निभाएगा।

उपाध्याय के लेख राष्ट्रवादी विचारों और भारतीय नैतिकता से ओत-प्रोत होते थे । जिस समय साम्यवादी ताकतें भारत की एकता और अखण्डता के लिए खतरा उत्पन्न कर रही थीं, दीनदयालजी ने यह रुख अपनाया कि भारत की प्रगति भारतीय संस्कृति के अनुकूल होनी चाहिए, न कि पश्चिमी दुनिया की अंध प्रतिकृति पर। वे पांचजन्य में लिखते हैं- “आज, हम अपने राष्ट्र में पड़ी कमियों

और छिद्रों को भरने में लगे हुए हैं। सभी प्रयासों में तेजी लाकर भारत के पुनर्निर्माण का दावा करते हैं। हालाँकि, हमारे लगभग पचानवे प्रतिशत लोग हमारे सपनों का नया भारत बनाने के लिए भावुक और सही प्रयास करने की कोई इच्छा नहीं दिखा रहे हैं। इस प्रकार के समर्पण के अभाव से हमारे सभी प्रयास निष्फल हो जाते हैं।"

पंडित जी के अति सामान्य से दिखने वाले महान व्यक्तित्व में कुशल अर्थचिन्तक, संगठनशास्त्री, शिक्षाविद्, राजनीतिज्ञ, वक्ता, लेखक व पत्रकार आदि कितनी ही प्रतिभाएं समाहित थीं। यह बात अलग है कि प्रमुख रूप से उनका संगठन कौशल ही अधिक उजागर हो सका। लेकिन यह भी सत्य है कि उनकी गणना उस समय के प्रतिष्ठित पत्रकारों में भी होती थी। उनके पत्रकारीय व्यक्तित्व को समझने के लिए सर्वप्रथम यह बात ध्यान में रखनी होगी कि दीनदयाल जी उस युग की पत्रकारिता का प्रतिनिधित्व करते थे जब पत्रकारिता एक मिशन होने के कारण आदर्श थी व्यवसाय नहीं।

स्वाधीनता आंदोलन के दौरान अनेक नेताओं ने पत्रकारिता के प्रभावों का उपयोग अपने देश को स्वतंत्रता दिलाकर राष्ट्र के पुनर्निमाण के लिए किया। स्वाभाविक ही पंडित दीनदयाल उपाध्याय में भी एक मिशनरी पत्रकार का ही दर्शन होता है, व्यावसायिक पत्रकार का नहीं। पत्रकारिता जीवन के दौरान उनके लिखे शब्द आज भी उपयोगी हैं। पंडित जी ने राजनीतिक लेखन को भी दीर्घकालिक विषयों से जोडकर रचना कार्य को सदा के लिए उपयोगी बनाया था।

पंडित जी ने बहुत कुछ लिखा है। जिनमें एकात्म मानवदर्शन, लोकमान्य तिलक की राजनीति, जनसंघ का सिद्धांत और नीति, जीवन का ध्येय राष्ट्र जीवन की समस्यायें, राष्ट्रीय अनुभूति, कश्मीर, अखंड भारत, भारतीय राष्ट्रधारा का पुनः प्रवाह, भारतीय संविधान, इनको भी आज़ादी चाहिए, अमेरिकी अनाज, भारतीय अर्थनीति, विकास की एक दिशा, बेकारी समस्या और हल, टैक्स या लूट, विश्वासघात, द टू प्लान्स, डिवैलुएशन ए, ग्रेटकाल आदि हैं। उनके लेखन का केवल एक ही लक्ष्य था भारत की विश्व पटल पर लगातार पुनर्प्रतिष्ठा और विश्वविजय।

आर्गेनाइजर में प्रकाशित उनकी पॉलिटिकल डायरी स्तम्भ का कुछ समय बाद पुस्तक संकलन प्रकाशित हुआ। इस संकलन की भूमिका डॉ. सम्पूर्णानन्द ने

लिखी। भूमिका में दीनदयाल जी ने कैसे-कैसे लेख लिखे हैं, उसकी डॉ. सम्पूर्णानन्द ने अच्छी विवेचना प्रस्तुत की है।

लेख के माध्यम से दीनदयाल जी कहते हैं- "चुगलखोर और संवाददाता में अंतर है। चुगली जनरुचि का विषय हो सकती है, किन्तु सही मायने में वह संवाद नहीं है। संवाद को सत्यम्, शिवम् और सुंदरम् तीनों आदर्शों को चरितार्थ करना चाहिए। केवल सत्यम् और सुंदरम् से ही काम नहीं चलेगा। सत्यम् और सुंदरम् के साथ संवाददाता शिवम् अर्थात कल्याणकारी का भी बराबर ध्यान रखता है। वह केवल उपदेशक की भूमिका लेकर नहीं चलता, वह यथार्थ के सहारे वाचक को शिवम् की ओर इस प्रकार ले जाता है की शिवम् यथार्थ बन जाता है। संवाददाता न तो शून्य में विचरता है और न कल्पना जगत की बात करता है। वह तो जीवन की ठोस घटनाओं को लेकर चलता है और उसमें से शिव का सृजन करता है।"

पिछले लगभग 200 वर्षों की पत्रकारिता के इतिहास पर यदि हम गौर करें तो स्पष्ट हो जाता है कि इस इतिहास पर विभाजन रेखा खींच दी जाती है; स्वतन्त्रता के पहले की पत्रकारिता और स्वतंत्रता के बाद की पत्रकारिता। स्वतंत्रता के पहले की पत्रकारिता को कहा जाता है कि वह एक व्रत था और स्वतंत्रता के बाद की पत्रकारिता को कहा जाता है कि वह एक वृत्ति है। यानी व्रत समाप्त हो गया है और वृत्ति आरम्भ हो गई। जो दोष आज हम पत्रकारिता में देखते हैं, उनकी तरफ दीनदयाल जी अपने बौद्धिक और लेखों के माध्यम से इशारा किया करते थे।

वर्तमान पत्रकारिता का जब हम अवलोकन करते हैं तो उपरोक्त कथन ठीक मालूम पड़ता है कि पत्रकारिता वृत्ति बन गई है। दीनदयाल जी आजादी के बाद के पत्रकारों में भी थे। लेकिन आजादी के बाद भी दीनदयाल जी पत्रकारों के पत्रकार और सम्पादकों के सम्पादक थे। उनकी पत्रकारिता में उन वृत्तियों का कहीं पता नहीं चलता है। यहां तक कि कोई लक्षण भी देखने को नहीं मिलता है जिनसे आज की पत्रकारिता ग्रसित है।

व्रतयुक्त पत्रकारिता में ऐसा नहीं है कि केवल दीनदयाल जी ही थे, कई और पार्टियों के ऐसे अखबार उस जमाने में निकलते थे। कम्यूनिस्ट पार्टी के अखबार, अन्य राजनीतिक दलों के अखबार, डॉ. राममनोहर लोहिया और अशोक महतो के अखबार, पत्रिकाएं आदि। उनमें भी उस तरह का त्याग और उसी तरह का

विलक्षण वौद्धिक वैभव व मौलिकता थी, जो दीनदयाल जी की पत्रकारिता में देखने को मिलती थी।

दीनदयाल जी के हर प्रकार के लेखों के विषय वस्तु एवं विवेचना के प्रकारों का वर्णन भी यहां किया जा सकता है। उनमें उनकी चिन्तनशैली में विद्वता एवं अध्ययनक्षमता तो परिलक्षित है ही, पत्रकारीय दायित्वबोध व शालीनता भी उनकी रेखांकनीय विशेषता है। वर्तमान में प्रोफेशनलिज्म के नाम पर पत्रकारिता में जो व्यवहार हो रहा है वह चिन्ता उत्पन्न करने वाला है।

समाचार- आम जनजीवन की जीवन रेखा

पंडित दीनदयाल उपाध्याय ने पत्रकारिता एवं समाचारों को आम जनजीवन की जीवन रेखा बताया था। वह लिखते थे कि प्रतिक्षण हमारे चारों ओर अनेक घटनाएँ घटती हैं। जीवन के प्रत्येक व्यवहार से उनका संबंध रहता है, इनमें से जिन घटनाओं को हम दूसरों को बताना आवश्यक तथा उचित समझते हैं, वह समाचार है, जिस समाचार का सार्वजनिक महत्त्व है, जो व्यक्तिगत अथवा कुटुंब मात्र की रुचि और चिंता का विषय न हो, वह अखबारों के लिए खबर बन जाता है। समाचार और साहित्य में मूल अंतर यही है कि समाचार मुख्यतः दूसरों की घटी और कृति से संबंध रखता है; जबकि साहित्य प्रधानतः आत्माभिव्यक्ति है। वस्तुगतता समाचार का मुख्य गुण है, किंतु अनगिनत घटनाओं में से समाचार संकलनकर्ता कुछ को ही रिपोर्ट करता है। सबका संकलन न तो संभव है, न आवश्यक। किसी भी दृश्य का या व्यक्ति का फोटो उनकी पूर्ण प्रतिच्छाया होती है। किंतु चित्रकार की तूलिका से बने चित्र में केवल वे विवरण रहते हैं, जो दर्शक को वस्तु की सही कल्पना देने के साथ उसके ऊपर वांछित प्रभाव भी कर सकें। इसी प्रकार घटना का यथार्थ वर्णन मात्र समाचार नहीं, बल्कि रुचिकर तथा जनता की जिज्ञासा को शांत करनेवाला भी होना चाहिए। जनरुचि और जन जिज्ञासा का विचार करते हुए भी संवाददाता केवल दृष्टा और उदासीन भाव से काम नहीं करता। जनरुचि की तुष्टि तथा उत्पन्न जिज्ञासा की संतुष्टि ही नहीं तो जनरुचि का निर्माण तथा उसे दिशा देने का महत्त्वपूर्ण कार्य भी संवाददाता को करना होता है। यह उसके कार्य का भावात्मक एवं रचनात्मक पहलू है। यदि उसे

इस दिशा का भान नहीं रहा तो समाचार संकलन तथा वितरण में उसे सदैव कठिनाई बनी रहेगी तथा उसमें वह कोई विशेष निर्माण नहीं कर सकेगा।

पाठक को नया विचार देना पत्रकार का दायित्व

जैसे डॉ. राम मनोहर लोहिया समाजवादी सोच के विद्वान एवं मौलिक विचारक थे। उन्होंने पत्रकारिता के माध्यम से समाजवाद की एक नई नींव रखी और समाजवाद की अपनी मौलिक व्याख्या की। दीनदयाल जी भी संघ परिवार के मूर्धन्य विचारकों में थे। उन्होंने साहित्य लेखन और पत्रकारिता के महत्व को न केवल समझा बल्कि दूसरों को भी समझाया। दीनदयाल जी के अनुसार घटना का यथार्थ वर्णन मात्र समाचार नहीं, बल्कि रुचिकर तथा जनता की जिज्ञासा को शांत करने वाला भी होना चाहिए। संवाददाता के बारे में उन्होंने लिखा है कि "जनरुचि और जन जिज्ञासा का विचार करते हुए भी संवाददाता केवल दृष्टा और उदासीन भाव से काम नहीं करता। जनरुचि की तुष्टि तथा उत्पन्न जिज्ञासा की संतुष्टि ही नहीं बल्कि जनरुचि का निर्माण तथा उसे दिशा देने का महत्वपूर्ण कार्य भी संवाददाता को करना होता है। यह उनके कार्य का भावात्मक एवं रचनात्मक पहलू है। यदि उसे इस दिशा का भान नहीं रहा तो समाचार संकलन तथा वितरण में उसे सदैव कठिनाई बनी रहेगी तथा उसमें वह कोई विशेष योगदान नहीं दे सकेगा।"

दीनदयाल जी सामाजिक सरोकारों से भटकी हुई पत्रकारिता को बहुत खतरनाक मानते थे। वे चाहते थे कि पत्रकार समाज का मार्गदर्शन करें। पत्रकारों का कर्तव्य है कि वे लोगों को नया विचार दें। उन्होंने 'विचार वीथी' स्तंभ लिखकर पत्रकारों के सम्मुख एक उदाहरण भी प्रस्तुत किया। दीनदयाल जी का मत था कि पत्रकारिता की भाषा में सौम्यता होनी चाहिए। पत्रकारिता को परस्पर संवाद के रास्तों का निर्माण करना चाहिए। जो बात कहनी हो उसे पूरी सच्चाई और दृढ़ता से कहना चाहिए। सरकार के प्रति नरम दृष्टिकोण की आवश्यकता नहीं। विरोधी दल के पत्रों को उनका सुझाव था कि वे नरम रुख अपनाकर अपने कर्तव्य का पालन नहीं कर सकते। उनका मत था कि पत्रकार का यह उद्देश्य होना चाहिए कि सत्य और केवल सत्य ही लिखे। गीता के उपदेश से प्रेरित वह कहा करते थे कि कटु सत्य को भी प्रिय रूप में लिखना चाहिए। इतना ही नहीं, कथन यदि सत्य

और प्रिय दोनों हो, परंतु देश और समाज के लिए अनिष्टकारी हो तो उसे न लिखना ही वे पत्रकार का आदर्श मानते थे। स्वयं अपने लेखों में वह इस बात का ध्यान रखते थे कि उनमें एक भी ऐसे शब्द का प्रयोग न हो जाए जिसका प्रभाव लोकहित के प्रतिकूल हो। हर लेख में वह अपनी बात को आग्रहपूर्वक रखते थे, लेकिन भाषा में पूरी शालीनता हो इसका भी ध्यान उन्हें निरंतर रहता था। जीवन के अन्य क्षेत्रों की ही भाँति वह शब्दों में भी मितव्ययता बरतते थे। अपनी बात बहुत सटीक ढंग से नपे-तुले शब्दों में करते थे।

समाज का शिक्षक होता है पत्रकार

दीनदयाल जी का मत था कि समाज में पत्रकार का वही स्थान होता है जो शिक्षक का होता है। जो सूचना देने में भेदभाव करता है वह पत्रकार नहीं हो सकता। वह चाहते थे कि पत्रकारिता में शिष्टाचार की अवहेलना नहीं होनी चाहिए। किसी की आलोचना करते समय भी सौम्य भाषा का प्रयोग होना चाहिए। समाचार के चयन में किसी प्रकार का पक्षपात नहीं होना चाहिए। यह कोशिश की जानी चाहिए कि समाचार हर दृष्टि से पूरा हो। ऐसी अनेक बातें हैं जो समय-समय पर दीनदयाल उपाध्याय ने पत्रकारों के संबंध में कही हैं। अपनी पत्रकारिता में भी उन्होंने नैतिकता के ऊँचे मानदंड स्थापित किए। यह सत्य है कि राजनेता होने के कारण उन्होंने सत्ता पक्ष के कई कामों पर टीका-टिप्पणी की थी। कभी-कभार कुछ दूसरे नेताओं के बारे में कुछ-न-कुछ कहा भी। परंतु यदि उनके लेखों को सहृदयता से देखें तो ज्ञात होगा कि टीका-टिप्पणी करते समय उनके मन में किसी के प्रति अनादर अथवा कटुता की भावना नई होती थी। उनका मत था कि अपनी बात को पूरी मजबूती से कहने का यह मतलब नहीं कि उसे कटुतापूर्वक ढंग से कहा जाए। इसीलिए, उनके शब्दों में कहीं भी कटुता दिखाई नहीं देती। वे जो भी लिखते थे आत्मीयता से लिखते थे। जनहित विरोधी विचारों अथवा आंदोलनों की आलोचना से उन्हें परहेज नहीं था, शर्त मात्र इतनी थी उसकी भाषा संतुलित हो और आलोचना स्वस्थ।

दीनदयाल जी मानते थे कि किसी समाचार को संदर्भ रहित रूप में तोड़-मरोड़कर छाप के पाठकों को भ्रमित करना उचित नहीं है। पत्रकार का दायित्व है कि वह बात को अपने पाठकों के सामने सही रूप में प्रस्तुत करे। यदि उससे

असहमति हो तो उसे भी अलग से साफ तौर पर प्रकाशित करना सही उपाय है। इस संदर्भ में वे चाहते थे कि यदि किसी संवाददाता का लिखा समाचार, समाचार संपादक द्वारा संदर्भ से हटकर छापा जाए, तो उस संवाददाता को अपने संपादक से उस विषय में विरोध दर्ज कराना चाहिए।

दीनदयाल जी के अनुसार, "संवाददाता न तो शून्य में विचरता है और न ही कल्पना जगत की बातें करता है। वह तो जीवन की ठोस घटनाओं को लेकर चलता है और उसमें शिव का सृजन करता है।" दीनदयाल जी ने अनुभव किया था कि - "तथ्यगतता समाचार का प्रधान गुण होते हुए भी वह संकलनकर्ता के व्यक्तित्व से अछूता नहीं रह सकता। प्रत्येक समाचार में अपनी निजी विशेषता रहनी चाहिए। भारत में समाचार जगत में इस दृष्टि से बहुत कमी है। यहाँ के अधिकांश समाचारपत्र एक ही ढाँचे के हैं। संपादकीय तथा एक-दो समाचारों को छोड़कर सब पत्र एक जैसे होते हैं। सार्वजनिक जीवन में महत्वपूर्ण काम करने वाले भी यह जरूरी नहीं समझते कि वे एक से अधिक समाचारपत्र पढ़ें। उन्हें लगता है कि एक से ही उनका काम चल सकता है। फलतः भारत में समाचारपत्रों का निजी व्यक्तित्व विकसित ही नहीं हो पाया।"

दीनदयाल जी के अनुसार, समाचारपत्र के व्यक्तित्व का विकास न हो पाने का मुख्य कारण है समाचारपत्रों के पास समाचार आने के एक ही स्रोत का होना। उन्होंने यह अनुभव किया था कि एक-आध न्यूज एजेंसी के अतिरिक्त अधिकतर समाचारपत्र अपनी समग्री के लिए सरकार के सूचना विभाग पर निर्भर रहते हैं। समाचारपत्रों के पास निजी संवाददाताओं की संख्या बहुत ही कम है। कई बार तो एक ही संवाददाता कई-कई समाचारपत्रों को समाचार भेजता है। दीनदयाल जी मानते थे कि स्वतंत्रता के बाद से पत्रकारिता के क्षेत्र में कोई विशेष विकास नहीं हुआ। दीनदयाल जी इसके लिए भारतीय भाषाओं की उपेक्षा करना भी एक कारण मानते थे। उनका मानना था कि संवाद की भाषा के महत्व को हमारे देश में ठीक से समझा ही नहीं गया। समाचार जगत का पूरा कार्य-व्यवहार अंग्रेजी में होता है। भारतीय भाषाओं के पत्र भी अंग्रेजी से अनुवाद के सहारे काम चलाते हैं। इसलिए असली भारत की तस्वीर साफ तौर पर सामने नहीं आ पाती। अंग्रेजी में सोचने-विचारने और लिखने वाले संवाददाता, स्तंभकार और संपादक भारतीय भावों की गहराई को समझ ही नहीं पाते। जो थोड़ा-बहुत समझ लेते हैं वे उन्हें

अंग्रेजी भाषा में ठीक से व्यक्त नहीं कर पाते। दुर्भाग्यपूर्ण स्थिति यह है कि जितने समाचार संकलित किए जाते हैं वे अंग्रेजी के पाठकों को ध्यान में रखकर किए जाते हैं। हिंदी एवं भारतीय भाषाओं के पत्रों को समाचार छोटे करके भेजे जाते हैं, क्योंकि ऐसे पत्रों की पृष्ठ संख्या कम होती है और इन्हें समाचार एजेंसी की कम दरों वाली सेवा ही उपलब्ध करवाई जाती है। इन समाचारों के संपादक केवल अनुवादक बनकर रह जाते हैं। उनकी सारी प्रतिभा अनुवाद कार्य में ही लग जाती है। अकसर ऐसा होता है कि कोई नेता हिंदी में अपना वक्तव्य देता है। संवाददाता उसे अंग्रेजी में अनुवाद करके एजेंसी में भेजता है। छपने से पहले पुनः उसका हिंदी अथवा संबंधित भाषा में अनुवाद किया जाता है। इस दोहरे अनुवाद से मूल की दुर्गति हो जाती है। कई बार तो अर्थ का अनर्थ ही हो जाता है।

दीनदयाल जी ने समाचार जगत का ध्यान इस ओर भी आकृष्ट किया कि अधिकांश समाचार राजनेताओं के आस-पास सिमटे रहते हैं। इस प्रकार पत्रकारिता में राजनीति की ही तूती बोलती है। यह भारतीय राष्ट्र जीवन की धारणा के प्रतिकूल है। राजनीति के अतिरिक्त अनेक ऐसे क्षेत्र हैं जिनमें पाठक की रुचि हो सकती है। साहित्य, संस्कृति और धर्म को प्रायः अनदेखा किया जाता है। यदि राजनीति के अतिरिक्त समाचारों को अखबार में स्थान मिलता है तो वह या तो अपराध से जुड़ी होती हैं अथवा खेल से। वैज्ञानिक प्रगति, पर्यावरण और सामाजिक सरोकारों को पूरी तरह से नकार दिया जाता है। स्थानीय समाचारों की अपेक्षा विदेशी समाचारों को महत्व दिया जाता है। जो स्थानीय समाचार किसी विदेशी एजेंसी के माध्यम से प्राप्त होते हैं उनका भी ध्यान रखा जाता है। दीनदयाल जी समाचार जगत में एक बदलाव लाकर ऐसे सभी आधिपत्यों को समाप्त करना चाहते थे। उनका मत था कि जब तक विदेशी समाचार, अंग्रेजी भाषा, राजनीति, एक ही समाचार एजेंसी और सरकारी सूचना विभाग के एकाधिकार को समाप्त नहीं किया जाएगा तब तक इसका विकास संभव नहीं। दीनदयाल जी के सहयोगियों और परिचितों की यह आम राय रही है कि यदि वह राजनीति में नहीं जाते तो निश्चय ही वह एक सफल पत्रकार अथवा लेखक होते। राजनीति के उलझन भरे माहौल में निरंतर काम करते हुए भी पत्रकारिता के क्षेत्र में उनका योगदान अतुलनीय है।

आज भी प्रासंगिक-उपाध्याय की पत्रकारिता

कुछ लोग सिर्फ समाज बदलने के लिए जन्म लेते हैं और उन्हीं में से एक हैं दीनदयाल उपाध्याय। उन्होंने अपनी पूरी जिन्दगी समाज को ही समर्पित कर दी। पंडित जी को साहित्य से एक अलग ही लगाव था शायद इसलिए दीनदयाल उपाध्याय अपनी तमाम जिन्दगी साहित्य से जुड़े रहे। उनके हिंदी और अंग्रेजी के लेख विभिन्न पत्र-पत्रिकाओं में प्रकाशित होते रहते थे। दीनदयाल उपाध्याय एक विचारक, प्रचारक, विस्तारक, संपादक, पत्रकार अर्थशास्त्री, समाजसेवी, एक प्रखर वक्ता, शिक्षाविद् तथा अपूर्व संगठनकर्ता थे। उन्होंने अहोरात्र भारत माता की सेवा करते-करते अपने जीवन को होम कर दिया। दीनदयाल जी ने लेखन तथा संपादन का ज्ञान महाविद्यालयों-विश्वविद्यालयों से नहीं लिया था। उन्होंने भारतीय सभ्यता-संस्कृति पर होने वाले प्रहारों से व्यथित होकर लेखनी को चुना। वे लेखकों के लेखक तथा संपादकों के संपादक थे।

आज जहां पत्रकारिता मिशन, प्रोफेशन से चलकर कमीशन में बदल गयी है। ऐसे समय में दीनदयाल उपाध्याय और पत्रकारिता के प्रति उनकी विहंगम सामाजिक दृष्टि का महत्व और बढ़ जाता है। आज जहां 'पेड न्यूज' की चारों तरफ भरमार हैं समाचार-विचार पर विज्ञापन तथा कमीशन रूपी बाजार का बोलबाला है ऐसे समय मूल्यपरक पत्रकारिता हेतु दीनदयाल जी की प्रासंगिक और बढ़ जाती है।

समग्र अथवा एकात्म दृष्टि से मानव जीवन के सभी आयामों को देखने, समझने और जीने की अदभुत क्षमता के धनी थे पंडित दीनदयाल उपाध्याय। पत्रकारिता को भी उन्होंने इसी दृष्टि से एक दिशा दी। वे स्वयं कभी संपादक या औपचारिक संवाददाता नहीं रहे लेकिन उन्होंने संपादकों एवं संवाददाताओं को सजीव सान्निध्य एवं साहचर्य प्रदान किया तभी संपादक व पत्रकार उन्हें सहज ही अपना मित्र एवं मार्गदर्शक मानते थे।

पत्रकार के नाते पंडित जी का योगदान अनुकरणीय था। वे पत्रकार थे किंतु कार्ल मार्क्स ने जिस श्रेणी को जर्नलिस्टिक थिंकर कहा है,उस श्रेणी में वे नहीं थे। उनकी पत्रकारिता केवल समकालीन परिस्थितियों में ही उपयुक्त हो, ऐसी नहीं थी उनकी पत्रकारिता तो सुदूर भविष्य तक उपयोगी रहने वाली पत्रकारिता थी।

कुशल संचारक पं. उपाध्याय

पं. दीनदयाल उपाध्याय स्वयं बहुत बड़े पत्रकार और संचारक थे। अपनी विचारधारा को पुष्ट करने के लिए पत्रों का संपादन, प्रकाशन, स्तंभ लेखन, पुस्तक लेखन उनकी रुचि का विषय था। उन्होंने लिखने के साथ-साथ बोलकर भी एक प्रभावी संचारक की भूमिका का निर्वहन किया है। उनकी स्मृति को रेखांकित करते हुए क्या हम विचार कर सकते हैं कि समाज जीवन के हर पक्ष में एकात्म मानवदर्शन किस तरह प्रभावी हो सकता है। भरोसा करना कठिन है कि दीनदयाल उपाध्याय जैसे साधारण कद-काठी और सामान्य से दिखने वाले मनुष्य ने भारतीय राजनीति और समाज को एक ऐसा वैकल्पिक विचार और दर्शन प्रदान किया कि जिससे प्रेरणा लेकर हजारों युवाओं की एक ऐसी दीपमालिका तैयार हुयी, जिसने इक्कीसवीं सदी के दूसरे दशक में भारतीय राजसत्ता में अपनी गहरी पैठ बना ली।

डॉ. श्यामाप्रसाद मुखर्जी से लेकर नरेंद्र मोदी तक पहुंची यह राजनीतिक विचार यात्रा साधारण नहीं है। पं उपाध्याय भारतीय संस्कृति से ओतप्रोत विचारों के कुशल संचारक थे।

राजनीतिज्ञ नहीं विचार साधक थे दीनदयाल

पं. दीनदयाल उपाध्याय राजनीति के लिए नहीं बने थे, उन्हें तो एक नए बने राजनीतिक दल जनसंघ में उसके प्रथम अध्यक्ष डॉ. श्यामाप्रसाद मुखर्जी की मांग पर राष्ट्रीय स्वयंसेवक संघ के तत्कालीन सरसंघचालक श्री मा.स.गोलवलकर (गुरूजी) ने राजनीति में भेजा था। यह एक संयोग ही था कि डॉ. मुखर्जी और दीनदयाल जी दोनों की मृत्यु सहज नहीं रही और दोनों की मौत और हत्या के कारण आज भी रहस्य में हैं। दीनदयाल जी तो संघ के प्रचारक थे। आरएसएस की परिपाटी में प्रचारक एक गृहत्यागी संन्यासी सरीखा व्यक्ति होता है, जो समाज के संगठन के लिए अलग-अलग संगठनों के माध्यम से विविध क्षेत्रों में काम करता है। देश के सबसे बड़े सांस्कृतिक संगठन बन चुके आरएसएस के लिए वे बेहद कठिन दिन थे। राजसत्ता उन्हें गांधी का हत्यारा कहकर लांछित करती थी, तो समाज में उनके लिए जगह धीरे-धीरे बन रही थी। शुद्ध सात्विक प्रेम और संपर्कों के आधार पर जैसा स्वाभाविक विस्तार संघ का होना था, वह

हो रहा था, किंतु निरंतर राजनीतिक हमलों ने उसे मजबूर किया कि वह एक राजनीतिक शक्ति के रूप में भी सामने आए। खासकर संघ पर प्रतिबंध के दौर में तो उसके पक्ष में दो बातें कहने वाले लोग भी संसद और विधानसभाओं में नहीं थे। यही पीड़ा भारतीय जनसंघ के गठन का आधार बनी। डॉ. मुखर्जी उसके वाहक बने और दीनदयाल जी के नाते उन्हें एक ऐसा महामंत्री मिला जिसने दल को न सिर्फ सांगठनिक आधार दिया बल्कि उसके वैचारिक अधिष्ठान को भी स्पष्ट करने का काम किया।

चुनावी सफलताओं के बिना राजनीति के दिशावाहक

पं. दीनदयाल जी को गुरूजी ने जिस भी अपेक्षा से वहां भेजा वे उससे ज्यादा सफल रहे। अपने जीवन की प्रमाणिकता, कार्यकुशलता, सतत प्रवास, लेखन, संगठन कौशल और विचार के प्रति निरंतरता ने उन्हें जल्द ही संघ और जनसंघ के कार्यकर्ताओं का श्रद्धाभाजन बना दिया। बेहद साधारण परिवार और परिवेश से आए दीनदयालजी भारतीय राजनीति के मंच पर बिना बड़ी चमत्कारी सफलताओं के भी एक ऐसे नायक के रूप में स्थापित होते दिखे, जिसे आप आदर्श मान सकते हैं। उनके हिस्से चुनावी सफलताएं नहीं रहीं, एक चुनाव जो वे जौनपुर से लड़े वह भी हार गए, किंतु उनका सामाजिक कद बहुत बड़ा हो चुका था। उनकी बातें गौर से सुनी जाने लगी थीं। वे दिग्गज राजनेताओं की भीड़ में एक राष्ट्रऋषि सरीखे नजर आते थे। उदारता और सौजन्यता से लोगों के मनों में, संगठन कौशल से कार्यकर्ताओं के दिलों में जगह बना रहे थे तो वैचारिक विमर्श में हस्तक्षेप करते हुए देश के बौद्धिक जगत को वे आंदोलित-प्रभावित कर रहे थे। वामपंथी आंदोलन के मुखर बौद्धिक नेताओं की एक लंबी श्रृखंला, कांग्रेस के राष्ट्रीय आंदोलन से तपकर निकले तमाम नेताओं और समाजवादी आंदोलन के डॉ. राममनोहर लोहिया जैसे प्रखर राजनीतिक चिंतकों के बीच अगर दीनदयाल उपाध्याय स्वीकृति पा रहे थे, तो यह साधारण घटना नहीं थी। यह बात बताती है गुरूजी का चयन कितना सही था। उनके साथ खड़ी हो रही सर्वश्री अटलबिहारी वाजपेयी, लालकृष्ण आडवाणी, नानाजी देशमुख, जेपी माथुर, सुंदर सिंह भंडारी, कुशाभाऊ ठाकरे जैसे सैकड़ों कार्यकर्ताओं की पीढ़ी को याद करना होगा, जिनके आधार पर जनसंघ से भाजपा तक की यात्रा परवान चढ़ी है। दीनदयाल जी इन

सबके आदर्श थे। अपनी सादगी, सज्जनता, व्यक्तियों का निर्माण करने की उनकी शैली और उसके साथ वैचारिक स्पष्टता ने उन्हें बनाया और गढ़ा था।

भारतीय राजनीतिक विमर्श में सार्थक हस्तक्षेप

एकात्म मानवदर्शन के माध्यम से सर्वथा एक भारतीय विचार को प्रवर्तित कर उन्होंने हमारे राजनीतिक विमर्श को एक नया आकाश दिया। यह बहुत से प्रचलित राजनीतिक विचारों के समकक्ष एक भारतीय राजनीतिक दर्शन था, जिसे वे बौद्धिक विमर्श का हिस्सा बना रहे थे। अपने इस विचार को वे व्यापक आधार दे पाते इसके पूर्व उनकी हत्या ने तमाम सपनों पर पानी फेर दिया। जब वे अपना श्रेष्ठतम देने की ओर बढ़ रहे थे, तब हुयी उनकी हत्या ने पूरे देश को अवाक कर दिया। दीनदयाल जी ने अपने प्रलेखों और भाषणों में 'एकात्म मानववाद' शब्द पद का उपयोग किया है। भाजपा ने इसे इसी नाम से स्वीकार किया, किंतु नानाजी देशमुख और संघ परिवार के बीच 'एकात्म मानवदर्शन' नामक शब्दपद स्वीकृति पा चुका है। यह एक सुखद संयोग ही है कि उनके द्वारा प्रवर्तित एकात्म मानवदर्शन की विचारयात्रा 61 वर्ष पूर्ण कर चुकी है।

एकात्म मानवदर्शन और मीडिया का स्वरूप

ऐसे प्रसंगों में यह विचार करना जरूरी हो जाता है कि आख़िर एकात्म मानवदर्शन के आधार पर हमारी मीडिया का चेहरा बने तो वह कैसा होगा? एकात्म मानवदर्शन को लेकर समाज जीवन के विविध पक्षों में कैसे परिवर्तन होंगें, इस पर विद्वानों ने अलग-अलग विचार किया है। किंतु हमें यह जानना जरूरी है कि आज के सबसे प्रभावकारी माध्यम मीडिया में एकात्म भाव की उपस्थिति से क्या बदलाव आएंगें। एकात्म मानवदर्शन क्योंकि विभेद का दर्शन नहीं है, वह विषयों पर संपूर्णता में विचार करने वाला दर्शन है। एक ऐसी चिंतनधारा है जिसमें मनुष्यता के मूल्य और मनुष्य की मुक्ति संयुक्त है। दीनदयाल जी अपनी विचारधारा में मीडिया को अलग करके नहीं देखते। वे यही दृष्टि रखते थे कि किस तरह मीडिया समाज की एकता, उसकी बेहतरी और मनुष्यता की मुक्ति में सहायक हो। संवाद मनुष्य की आवश्यकता भी है और उसकी प्रेरणा भी। वह संवाद किए बिना रह नहीं सकता। उसका समूची सृष्टि से रिश्ता है और संवाद भी

है, जिसे हम प्रकृति से संवाद की भी संज्ञा देते हैं। मनुष्य के लिए संवाद कैसा हो इस पर बहुत विचार हुआ है। सूचना की भी इसमें एक बड़ी भूमिका है। इस भूमिका का वास्तविक निर्वाह ही हमें मनुष्य बनाता है।

एक शायर शायद इसीलिए कहते हैं- "आदमी को मयस्सर नहीं इंसा होना।" अर्थात आदमी को इंसान या मनुष्य बनाने की यात्रा एक कठिन यात्रा है। कठिन संकल्प से ही व्यक्ति रूपांतरित होता है। ऐसे में यह सवाल उठता है कि आखिर व्यक्ति की सूचना का संचार कितना व्यापक हो। सवाल यह भी है कि क्या हर सूचना व्यक्ति के लिए जरूरी है। साथ ही ऐसा क्या किया जाए कि व्यक्ति को सूचना इस प्रकार दी जाए, जिससे उसके विकास में मदद मिले न कि वह भ्रमित हो।

मीडिया में शुभदृष्टि की पहल

एकात्म मानवदर्शन के आधार बनने वाले मीडिया और सूचना की दुनिया में सबका हित निहित होगा वह एकांगी मीडिया नहीं होगा, वह सूचना को जारी करने से पहले उसके प्रभाव का आकलन भी करेगा। मीडिया और शुभ दोनों विरोधी लगते हैं। पश्चिमी अवधारणा में खबर तभी बनेगी, जब कुछ अशोभन हो, चौंकानेवाला हो, दर्द का विस्तार करने वाला हो, तो इसमें शुभदृष्टि कहां है? एकात्म भाव से भरा मीडिया इसके विपरीत चलेगा। वह हर सूचना में शुभदृष्टि का विचार करेगा। सूचनाओं को विद्रूप करने, उसे खींचने के बजाए- वह शुभदृष्टि के चलते उसकी न्यूनतम नकारात्मकता का विचार करेगा।

जाहिर तौर पर यह मीडिया आज की मीडिया के लीक से अलग चलेगा। वह बाजार और व्यापार के लिए संवाद से सौदा नहीं करेगा। वह मनुष्यता और मनुष्य की मुक्ति को केंद्र में रखते हुए वही परोसेगा, जिससे समाज में जुड़ाव बढ़े और शुभदृष्टि का विचार हो। क्या ऐसा मीडिया संभव है? साथ ही यह सवाल भी है कि यदि समाज में शुभदृष्टि का विचार स्थापित हो जाता है तो क्या हमारा परंपरागत मीडिया अप्रासंगिक नहीं हो जाएगा?

सवाल यह भी चिंतनीय है कि मीडिया में सकारात्मकता का प्रसार क्या मुख्यधारा के मीडिया को शक्ति दे सकता है? क्या विचारों और सुसंवाद पर आधारित ऐसे मीडिया की रचना संभव है जिसकी दृष्टि बाजारू न हो? आज

दुनिया में 24 घंटे का कोलाहल करने वाला मीडिया उपलब्ध है, क्या इसका भी नियमन नहीं होना चाहिए कि आखिर चौबीस घंटें हमें मीडिया क्यों चाहिए? नकारात्मकता, बिजनेस मॉडल के आधार पर चलने वाला मीडिया आखिर किसकी जरूरत है? भारत में अभी मीडिया की बहुत व्यापकता नहीं होने के बावजूद भी अब इसके कंटेट और इसकी जरूरतों पर बात शुरू हो गयी है। हमें यह विचार करने का समय आ गया है कि हम सोचें कि आखिर हमें कितना और कैसा मीडिया चाहिए? हम कैसे इस मीडिया में वह एकात्म भाव भर सकते हैं जो हर मनुष्य में मौजूद है और नैसर्गिक है। मीडिया की परंपरागत संवाद शैली से अलग हमें इसे शुभदृष्टि की ओर ले जाने की जरूरत है।

मीडिया और समाज-एक सिक्के के दो पहलु

जीवन मूल्यों की जितनी जरूरत मनुष्य को है, उतनी ही मीडिया को भी है। यह संभव नहीं है कि समाज तो मूल्यों के आधार पर चलने का आग्रही हो और उसका मीडिया, उसकी फिल्में, उसकी प्रदर्शन कलाएं, उसकी पत्रकारिता नकारात्मकता का प्रचार कर रही हों। समाज और मनुष्य को प्रभावित करने का सबसे प्रभावी माध्यम होने के नाते हम इन्हें ऐसे नहीं छोड़ सकते। इन्हें भी हमें अपने जीवन मूल्यों के साथ जोड़ना होगा, जो मनुष्यता और मानवता के विस्तार का ही रूप हैं। अगर हम ऐसा मीडिया खड़ा कर पाते हैं तो समाज के बहुत सारे संकट स्वयं दूर हो जाएंगें। फिर टीवी बहसों से निष्कर्ष निकलेगें, फिर फिल्में समाज में समरसता और ममता का भाव भरेंगीं, फिर खबरें डराने के बजाए जीने का हौसला देगी। फिर खबरों का संसार ज्यादा व्यापक होगा। वे जिंदगी के हर पक्ष का विचार करेगी। वे एकांगी नहीं होगी, पूर्ण होगी और शुभता के भाव से भरी-पूरी होगी। जाहिर है यहां किसी धार्मिक और आध्यात्मिक मीडिया की बात नहीं हो रही है। सिर्फ उस दृष्टि की बात हो रही है जो एकात्म मानवदर्शन हमें देता है। वह है सबको साथ लेकर चलने, सबका विकास करने और सबसे कमजोर का सबसे पहले विचार करने की बात है।

जहां दुनिया को बनाने वाले सारे अवयव एक दूसरे से जुड़े हैं। जहां सब मिलकर संयुक्त होते हैं और वसुधा को परिवार समझने की दृष्टि देते हैं। दीनदयाल जी की स्मृतियां और उनके द्वारा प्रतिपादित विचारदर्शन एक सपना भी है तो भी

इस धरा को सुंदर बनाने की आकांक्षा से परिपूर्ण है। उसकी अखंड मंडलाकार रचना का विचार करें तो मनुष्यता खुद अपने उत्कर्ष पर स्थापित होती हुई दिखती है। इसके बाद उसका समाज और फिल्में, उसका समाज और उसका मीडिया, उसका समाज और उसके मूल्य, उसकी राह और उसका मन सब एक हो जाते हैं। एकात्म सृष्टि से, एकात्म व्यक्ति से, एकात्म परिवेश से जब हम हो जाते हैं तो प्रश्नों के बजाए सिर्फ उत्तर नजर आते हैं। समस्याओं के बजाए समाधान नजर आते हैं। संकटों के बजाए उत्थान नजर आने लगता है। दुनिया एकात्म मानवदर्शन की राह पर आ रही है, अपने भौतिक उत्थान के साथ आध्यात्मिकता को संयुक्त करने के लिए वह आगे बढ़ चुकी है। यह होगा और जल्दी होगा, हम चाहें तो भी होगा, नहीं चाहे तो भी होगा। क्या हम धरती पर स्वर्ग उतारने के सपने को अपनी ही जिंदगी में सच होते देखना चाहते हैं, तो आइए इस विचार दर्शन को पढ़कर, जीवन में उतारकर देखते हैं। यह हमें इसलिए करना है क्योंकि हमारा जन्म भारत की भूमि पर हुआ है और जिसके पास पीड़ित मानवता को राह दिखाने का स्वाभाविक दायित्व सदियों से आता रहा है। एक बार फिर यह दायित्व क्या हम नहीं निभाएंगें?

मिशनरी पत्रकार था पंडित जी का व्यक्तित्व

सामाजिक चिंतक, अर्थशास्त्री, शिक्षाविद्, राजनीतिज्ञ, लेखक, पत्रकार, वक्ता, संगठनकर्ता आदि के विभिन्न पहलू समेटे पं. दीनदयाल उपाध्याय हालांकि मुख्य रूप से अपनी संगठन क्षमता, गंभीर सोच और एक कुशल राजनीतिक व्यक्तित्व के लिए जाने जाते हैं लेकिन याद रखने वाली पहली और सबसे महत्वपूर्ण बात यह है कि दीनदयाल जी उस युग का प्रतिनिधित्व करते थे जब पत्रकारिता एक आदर्श थी न कि घोर व्यावसायीकरण का विषय। स्वतंत्रता संग्राम के दौरान, हमारे कई महान नेताओं ने पत्रकारिता का उपयोग राष्ट्र हित के लिए और देश के लोगों को जागृत करने के लिए किया। खासकर हिंदी और क्षेत्रीय भाषाओं में ऐसा कोई संपादक शायद ही मिले जिसने उस समय अपनी आजीविका कमाने के लिए यह नौकरी की हो। इसलिए यह बिल्कुल स्वाभाविक है कि पंडित जी के व्यक्तित्व में एक मिशनरी उत्साह वाला पत्रकार झलकता था न कि व्यावसायिक सोच वाला।

उन्हें जनविरोधी विचारों या आंदोलनों की आलोचना से कभी कोई दिक्कत नहीं हुई जब तक कि भाषा संतुलित न हो और आलोचना स्वस्थ न हो। कुछ समय बाद दीनदयाल जी को राजनीतिक क्षेत्र में काम करने के लिए कहा गया। वहां उनका पत्रकारों के साथ नियमित संवाद होता था और उन्हें अक्सर बयान जारी करने पड़ते थे।

1961 में देश चीनी आक्रमण के स्पष्ट खतरे का सामना कर रहा था। उस समय कई राजनीतिक दलों और ट्रेड यूनियनों ने रेलवे कर्मचारियों की कुछ मांगों के समर्थन में देशव्यापी हड़ताल का आह्वान किया था। 1962 के चुनाव को देखते हुए भारतीय जनसंघ ने भी इस आह्वान का समर्थन किया था। इसके अधिकांश नेताओं को उम्मीद थी कि पांचजन्य स्पष्ट रूप से हड़ताल का समर्थन करेगा। लेकिन संपादकीय सहयोगियों ने यह रुख अपनाया कि हड़ताल देश के हित में नहीं है। सत्तारूढ़ कांग्रेस पार्टी के "नवजीवन" ने जनसंघ पर हमला करने के लिए इस चाल का इस्तेमाल किया। जनसंघ के कई नेता स्वाभाविक रूप से खुश नहीं थे। उन्होंने दीनदयाल जी, जो उस समय पार्टी के महासचिव थे, से शिकायत की कि पांचजन्य द्वारा जनसंघ की नीतियों और कार्यक्रमों की आलोचना करना उचित नहीं है। ऐसे में उन्होंने खुद ही सबसे पूछा, "अगर कोई बात पार्टी के हित में हो, पार्टी के हित में न हो, राष्ट्र के हित में न हो, तो क्या किया जाना चाहिए?" प्रश्न में ही उत्तर निहित था। तब उन्होंने कहा, "हड़ताल का समर्थन करने के लिए पार्टी की कुछ मजबूरियां हो सकती हैं लेकिन पांचजन्य के पास ऐसी कोई मजबूरी नहीं होनी चाहिए। मुझे लगता है कि हर किसी ने अपनी स्थिति में सही निर्णय लिया है। पार्टियां समाज या देश से बड़ी नहीं हो सकतीं। राष्ट्रहित सर्वोच्च प्राथमिकता मिलनी चाहिए। एक पत्रकार को देश के प्रति वफादार होना चाहिए।"
अंग्रेजी समाचार पत्रों का रवैया भारत विरोधी क्यों है? बातचीत में पत्रकारों और पत्रकारिता से जुड़े कई मुद्दे सामने आते थे। एक बार उनसे पूछा गया, जब भारतीयकरण की बात आती है तो अंग्रेजी अखबार नकारात्मक रुख क्यों अपनाते हैं जबकि हिंदी और क्षेत्रीय अखबार इस मुद्दे पर हमेशा सकारात्मक रुख अपनाते हैं? उनका जवाब था- "लगभग सभी प्रमुख अंग्रेजी समाचार पत्र अंग्रेजों द्वारा चलाए गए थे। हालांकि आजादी के बाद स्वामित्व भारतीयों के हाथों में आ गया लेकिन मुंशी और संपादक वही थे और उनका मानस भी वही था। वे अब

अंग्रेजों के साथ नहीं थे लेकिन रवैया वही था। वे इस देश की संस्कृति, सभ्यता और परंपरा से अलग-थलग रहे। इसके कुछ अपवाद भी हैं। आम तौर पर अंग्रेजी पत्रकार उच्च शिक्षित वर्ग से थे और वे पुराने रवैये से अभिभूत थे। और गहराई में जाएं इस मुद्दे पर उन्होंने कहा, "अंग्रेजों के चले जाने के बाद भी भारत अपनी परंपराओं के मुताबिक शिक्षा प्रणाली विकसित करने में विफल रहा है. भौतिक दृष्टि से भारतीय किन्तु बौद्धिक दृष्टि से अपनी परम्पराओं के अनुरूप अंग्रेजी मैकाले उन्मुख शिक्षा प्रणाली। भौतिक दृष्टि से भारतीय किन्तु बौद्धिक दृष्टि से मैकॉले उन्मुख शिक्षा प्रणाली थोड़े-बहुत परिवर्तनों के साथ आज भी प्रचलित है। इस व्यवस्था से निकले पत्रकार कैसे अलग-थलग न पड़ जाएं?

युग परिवर्तन के प्रतीक- दीनदयाल जी के आलेख

सुप्रसिद्ध कांग्रेसी नेता तथा काशी विद्यापीठ के तत्कालीन कुलपति डॉ. संपूर्णानंद ने दीनदयाल जी के पत्रकारिता से संबंधित लेखों को तीन भागों में बाँटा है। पहली श्रेणी के लेख मुख्यतः अखबारी तर्क-विर्तक को ध्यान में रखकर लिखे गए हैं। इन लेखों में कही गई अधिकतर बातों का अपने आप में कोई विशेष महत्व नहीं है। एक प्रकार से, उन्हें केवल तात्कालिक अवसर को आधार बनाकर लिखा गया है। ऐसे लेख आम तौर पर किसी मुद्दे पर प्रतिक्रिया के लिए लिखे गए। इनमें एक-दूसरे पर राजनैतिक प्रहार करने अथवा ऐसे प्रहारों का उत्तर देने की कोशिश की गई है। इनमें राजनीतिक उठा-पटक, खासतौर पर चुनावी जोड़-तोड़ की भरमार है।

दूसरी श्रेणी में उन लेखों को गिना जा सकता है जो पहली श्रेणी के लेखों से जुड़े होते हुए भी अपने कलेवर में अधिक विस्तार लिए हुए हैं। ऐसे लेखों में गंभीर चिंतन दिखाई देता है। इन लेखों को पढ़कर पाठक संबंधित मुद्दों पर विचार करने के लिए बाध्य हो जाता है। ऐसे लेख बाद में भी महत्वपूर्ण सिद्ध होंगे। भविष्य में इतिहास का अध्ययन करने वालों के लिए ये मार्गदर्शक का काम करेंगे। आने वाली पीढ़ियों को इनके माध्यम से यह समझने में आसानी होगी कि किसी विशेष समय और परिस्थिति में क्या हुआ था और वैसा क्यों हुआ था। उन्हें इस बात की भी पूरी जानकारी मिल सकेगी कि कुछ विशेष व्यक्ति और नारों ने आम लोगों के ध्यान को क्यों और किस प्रकार अपनी ओर खींचा था। आने वाले लोग यह भी

समझ सकेंगे कि विभिन्न दलों द्वारा जारी किए गए वक्तव्यों में तर्क की क्या भूमिका रही। संक्षेप में ऐसे लेखों में वह सब मसाले मौजूद हैं जिनके बिना अतीत को समझ पाना कठिन होगा। यही निकट का अतीत वर्तमान का विकास करते हुए उस भविष्य की सीढ़ी बनेगा जिसका आज हम सपना देखते हैं।

तीसरी श्रेणी में वे लेख हैं जो वर्तमान समय की सीमा से बहुत आगे पहुँचे हुए हैं। भले ही ऐसे लेखों की संख्या बहुत कम है, परंतु उनका महत्व बहुत अधिक है। ऐसे लेखों में उन समस्याओं पर विचार किया गया है जिन पर अतीत में भी विचार-विमर्श होता रहा है और भविष्य में जिनका समाधान पाने के लिए आने वाली पीढ़ियों को भी बहुत अधिक कोशिश करनी पड़ेगी।

स्वतन्त्र भारत में मिशनरी पत्रकारिता के प्रतिनिधि

दीनदयाल जी ने पत्रकारिता द्वारा अपने लेखन के रूप में भारत को भारत से परिचय कराया । ऐसे विलक्षण मनीषी और पत्रकार थे दीनदयाल। स्वतंत्र भारत में मिशनरी पत्रकारिता के अग्रणी पुरुष दीनदयाल जी ने जो नींव डाली थी उसी पर आगे बढ़ते हुए अक्षरशः हजारों पत्रकार भारत के अगले दौर की यात्रा का पथ निर्माण कर रहे हैं । सही अर्थों में दीनदयाल जी संपादकों के संपादक थे। भारतीय पत्रकारिता के लिए वे आज भी प्रेरणा पुंज हैं और उनकी पत्रकारिता रूपी दृष्टि आज भी वर्तमान समय के हिसाब से शत प्रतिशत प्रासंगिक सिद्ध होती है।

राजनीति में शुचिता की नई लकीर के अग्रगामी

पं. दीनदयाल उपाध्याय के राजनीतिक व्यक्तित्व को सब भली प्रकार जानते हैं। उन्होंने जनसंघ का कुशल नेतृत्व किया, उसके लिए सिद्धाँत गढ़े और राजनीति में शुचिता की नई लकीर खींची। हम उन्हें 'एकात्म मानवदर्शन' के प्रणेता के तौर पर भी जानते हैं। दीनदयाल उपाध्याय ने एकात्म मानवदर्शन के रूप में भारतीय राजनीति को अपनी संस्कृति एवं प्रकृति के अनुकूल दर्शन दिया, एक नया विचार दिया और एक नया विकल्प दिया। एकात्म मानवदर्शन में सम्पूर्ण जीवन की एक रचनात्मक दृष्टि है। इसमें भारत का अपना जीवन दर्शन है, जो व्यक्ति, समाज और राष्ट्र को टुकड़ों में नहीं, समग्रता में देखता है। दीनदयालजी एकात्म मानवदर्शन में बताते हैं कि मन, बुद्धि, आत्मा और शरीर इन चारों का

मनुष्य में रहना आवश्यक है। इन चारों को अलग-अलग करके विचार नहीं किया जा सकता। राजनीतिज्ञ, चिंतक और विचारक के साथ ही वह कुशल संचारक और पत्रकार थे। अब तक उनके पत्रकार-व्यक्तित्व पर उतना प्रकाश नहीं डाला गया है, जितना कि आदर्श पत्रकारिता में उनका योगदान है।

आजादी के बाद जब देश को साम्यवादी-समाजवादी ढांचे की ओर ले जाया जा रहा था, तब दीनदयाल उपाध्याय ने सरकार को पश्चिम के अंधानुकरण से बचने की सलाह देते हुए भारत को अपनी संस्कृति के अनुरूप विकास का बुनियादी ढांचा तैयार करने का संदेश दिया था। उन्होंने पांचजन्य में लिखा था- 'आज देश में व्याप्त अभावों की पूर्ति के लिए हम सब व्यग्र हैं। अधिकाधिक परिश्रम आदि करने के नारे भी सभी लगाते हैं। परंतु नारों के अतिरिक्त वस्तुत: अपनी इच्छानुसार सुनहले स्वप्नों, योजनाओं तथा महत्वाकांक्षाओं के अनुकूल देश का चित्र निर्माण करने के लिए उचित परिश्रम और पुरुषार्थ करने को हममें से पिचानवे प्रतिशत लोग तैयार नहीं हैं। जिसके अभाव में यह सुंदर-सुंदर चित्र शेखचिल्ली के स्वप्नों के अतिरिक्त कुछ और नहीं।'

पत्रकारिता में नवाचारों के पक्षधर

पंडित दीनदयाल उपाध्याय पत्रकारिता में हमेशा नवाचारों के पक्षधर रहे। इसके साथ ही उन्होंने अपने जीवन काल में हर क्षेत्र में कई नए आयाम स्थापित किए और हर क्षेत्र में अपनी अहम भूमिका निभाई। वे एक कुशल संगठनकर्ता के साथ-साथ अच्छे पत्रकार और संचारक भी थे। पत्रों का संपादन, प्रकाशन, स्तंभ लेखन, पुस्तक लेखन उनकी रूचि का विषय था। जिसे उन्होंने अपने विचारों को प्रसारित करने के लिए प्रयोग किया। उन्होंने लिखने के साथ-साथ बोलकर भी एक प्रभावी संचारक की भूमिका का निर्वहन किया है। एक पत्रकार के तौर पर दीनदयाल उपाध्याय ने पत्रकारिता के क्षेत्र में नया आयाम स्थापित करते हुए यह बताया कि जीवन मूल्यों की जितनी जरूरत मनुष्य को है, उतनी ही मीडिया को भी है।

पंडित दीनदयाल उपाध्याय का व्यक्तित्त्व बहुआयामी था। वे समाज के विषयों में हस्तक्षेप करने के लिए कई तरीकों से समाज के बीच अपने विचारों को रखते थे। पत्रकार, सामाजिक विचारक, वक्ता, लेखक और हर भूमिका में समाज

को एक नई दिशा देने की कोशिश की। पंडित दीनदयाल उपाध्याय ने भारतीय राजनीति को एक वैकल्पिक विचार और दर्शन प्रदान किया।

पत्रकारिता का धर्म मानव कल्याण

पांचजन्य, राष्ट्रधर्म, स्वदेश आदि पत्रिकाओं को गति देने में पंडित दीनदयाल उपाध्याय ने महत्त्वपूर्ण भूमिका निभाई। इन पत्रों ने कुछ ही महीनों में लोगों के बीच अपनी अलग पहचान बना ली। इनमें प्रकाशित ज्वलंत लेखों ने जनसाधारण के अंर्तमन को हिलाकर रख दिया। सरल हृदय दीनदयाल जी ने इसका श्रेय अपने सहयोगियों को देते हुए कहा था, 'इस सफलता के पीछे किसी एक व्यक्ति का योगदान नहीं है, अपितु इसे प्राप्त करने के लिए प्रकाशन से जुड़े एक-एक व्यक्ति ने, चाहे वह किसी भी पद पर कार्य कर रहा हो, हवन-कुंड में जलने वाली समिधा के समान स्वयं को दग्ध किया है। उनके अमूल्य सहयोग, अथक परिश्रम और दृढ़ संकल्प का ही परिणाम है कि राष्ट्रधर्म प्रकाशन लिमिटेड से प्रकाशित होने वाले तीनों पत्र इतने बड़े पैमाने पर लोगों द्वारा स्वीकृत किए गए। 'दीनदयाल उपाध्याय द्वारा यहां टीम भावना को प्रदर्शित करते हुए सफलता का श्रेय इस कार्य में जुड़े हुए हर व्यक्ति को दिया, जिसमें उनका योगदान रहा। अपने सहयोगियों की हौंसला वृद्धि करने मे उनका यह कथन बहुत सहायक रहा। आदर्श पत्रकार होने के नाते कभी किसी के खिलाफ कटु शब्द का इस्तेमाल नहीं किया। शब्द की शालीनता और वाणी का संयम, यह पत्रकारिता के धर्म में यदि किसी ने निभाया तो वे पंडित दीनदयाल उपाध्याय थे। समाज का सही मार्गदर्शन किया जाए। वे सत्ता पक्ष की कमियों को उजागर अवश्य करते पर लिखते वक्त यह भी ध्यान रखते कि लिखते समय किसी का अनादर न करें या कटुता की कोई भावना उनके लेखन में न दिखे। वो पत्रकारिता को राजनेताओं के इर्द-गिर्द समेटने का भी विरोध करते थे। उनका मानना था कि समाचार पत्र-पत्रिकाओं में साहित्य, संस्कृति, धर्म से लेकर समाज के हर आयाम समाहित हो।

जनजन तक पहुंचे गौरवशाली इतिहास

भारत को आजाद हुए 75 वर्ष से ज्यादा हो गए हैं। दीनदयाल उपाध्याय ने आजादी के समय और उसके तुरंत बाद जिस दौर में पत्रकारिता, साहित्य और

राजनीति के जरिए समाज के जिस ताने-बाने को सामने रखा, वो आज भी प्रासंगिक है। दीनदयाल उपाध्याय नें पूंजीवाद और साम्यवाद दोनों विचारों के विकल्प के रूप में 'एकात्म मानवदर्शन' रखा था। इनके दर्शन में में समाजवाद, पूंजीवाद के बीच ऐसी राह का पक्ष है, जिसमें दोनों प्रणालियों के गुण तो मौजूद हों लेकिन उनके अतिरेक और अलगाववाद जैसी बातें न हों। भारतीय समाज की रचना को देखते हुए दीनदयाल उपाध्याय के इस सिद्धांत को आज के समाज में व्यावहारिक माना जा सकता है। भविष्य की महानता और परम वैभव का सपना ही ना जगे वरन् उस सपने को साकार करने का सामर्थ्य भी पैदा हो। लोकतांत्रिक पद्धति से समाज में ऐसा परिवर्तन आए जो कलुष, भ्रष्टाचार, कदाचार, अनाचार इस प्रकार की प्रवृति में संलग्न राजनीति करते हैं, ऐसी राजनीति का अंत हो। दीनदयाल उपाध्याय ने सत्ता के विरोध का रास्ता कभी नहीं छोड़ा लेकिन उनके विरोधी भी इस बात को महसूस करते थे कि जिस संतुलन और सौम्यता से दीनदयाल उपाध्याय आलोचना करते थे, वह उच्च कोटि की होने के साथ-साथ आत्म चिंतन करने को भी बाध्य करती थी।

अपने साहित्य के जरिए उन्होंने भारत के गौरवशाली इतिहास को भी दुनिया के सामने रखा साथ ही यह प्रयास किया कि इसका महत्व जन जन तक पहुंचे। उनकी सोच थी कि साहित्य के जरि राष्ट्रीय सरोकारों को महत्व दिया जाए। पंडित जी को पुस्तकों से बहुत लगाव था। उनका और पुस्तकों का साथ शरीर एवं आत्मा की तरह था। वे जहां भी जाते उनके पास कोई न कोई पुस्तक अवश्य रहती थी। दिन-भर व्यस्त रहने के बावजूद वे रात्रि को पुस्तक पढ़ने का समय निकाल ही लेते। यदि यह कहा जाए तो कोई अतिश्योक्ति नहीं होगी कि पुस्तक पढ़े बिना सो जाना उनके लिए भूखे-पेट सोने से अधिक कष्टदायक था। पुस्तकों के प्रति उनके इस लगाव का प्रारंभ उसी दिन हो गया था, जब उन्होंने प्राथमिक कक्षा में प्रवेश लिया था। वहां पुस्तकों के रूप में उन्हें एक ऐसा सच्चा मित्र मिला, जो जीवनपर्यंत उनके साथ रहा। देश की नीतियों और अर्थ जगत पर उनकी गहरी नजर थी। वे चाहते थे कि सत्ता पक्ष की हर नीति की मंजिल देश की अंतिम पंक्ति में खड़ा नागरिक हो। 'अंत्योदय' की यह सोच आज भी देश के नीति-नियंताओं के लिए प्रेरणादायी और प्रासगिक है।

वर्तमान पत्रकारिता की मौजूदा परिप्रेक्ष्य मे बात की जाए तो जिन आदर्शो और मूल्यों की बात पंडित दीनदयाल उपाध्याय किया करते थे वो आज लुप्त होते दिखाई देते हैं। आज की स्थिति में पत्रकारिता जगत 'मिशन' न होकर 'व्यवसाय' तक ही सीमित हो गया है। आज की पत्रकारिता 'राजनीति' की भेंट चढ़कर 'राजनेताओं' के इर्द-गिर्द घूमती हुई दिखाई देती है। पत्रकारिता का 'धर्म' समाज का सही मार्गदर्शन करना होता है परंतु वर्तमान समय में 'पीत पत्रकारिता' के रूप में व्यवसाय को आधार माना जा रहा जिससे कि खबर की 'अहमियत' तथा 'विश्वास' दोनों ही लुप्त हुए दिखाई देते हैं। विज्ञापनों के माध्यम से विज्ञापनदाता द्वारा मीडिया में धन के सहारे विज्ञापन को खबर या न्यूज की तरह प्रकाशित या प्रसारित करवाया जाता है। जो कि अपनी विश्वसनीयता को कहीं न कहीं खो देता है। समाज के जनजागरण में मीडिया बहुत महत्त्वपूर्ण भूमिका का निर्वहन करता है। परंतु यह बात भी आवश्यक हो जाती है कि मीडिया अपनी जिम्मेदारियों का बोध करते हुए इसे 'मिशन' के रूप में ले। पंडित जी एक राजनीतिज्ञ होने के नाते भी समाज से जुड़े रहने के लिए 'मीडिया' को एक अच्छा माध्यम मानते थे। परंतु उस माध्यम का सही उपयोग किया जाना चाहिए जिससे कि समाज का सही मार्गदर्शन किया जा सके।

व्यक्ति और समाज से बनती सामूहिक मेधा

दीनदयाल जी सामूहिक मन या सामूहिक मेधा को पूर्ण रूप से अस्वीकार नहीं करते हैं। समाज की चेतना व्यक्तियों को प्रभावित करती है। यह प्रभाव व्यक्तियों के कार्य में प्रकट होता है किन्तु विलियम मैकडॉगल के सामूहिक मन की भांति व्यक्तियों के मन का गणितीय योग सामूहिक मन के रूप में आपको स्वीकार नहीं । व्यक्ति का जैसे अपना व्यक्तित्व होता है, वैसे ही समाज का भी है। समाज का यह रूप उसको व्यक्तित्व से अलग करता है साथ ही व्यक्तियों के व्यवहारों को प्रभावित भी करता है। जो "चिति" की अवस्था है, समाज में वैसी ही आत्मा का रूप विराट को मानते हैं । दीनदयाल जी ने कहा था कि पाश्चात्य विद्वानों ने व्यक्ति और समाज के पारस्परिक संबंधों के आधार पर परस्पर विरोधी दो वाद प्रस्तुत किये । आज सारा संसार उन दो वादों के कारण दो अलग-अलग खेमों में बँटा हुआ दिखाई देता है। समाज व्यक्ति के योगक्षेम के लिए बना है इसलिए व्यक्ति की

स्वतंत्रता समाज का सर्वप्रमुख तत्व है। इन व्यक्तिवादी समाजों में प्रतिस्पर्धा, संघर्ष, तनावपूर्ण स्थितियां, प्रमुख रूप से मिलती है। व्यक्ति और समाज में दुराव होने के कारण ये परस्पर एक दूसरे को द्वेष की दृष्टि से देखते और संघर्षरत रहते एक अलग ही कृत्रिम स्थिति का निर्माण कर देते है। ऐसी अवस्था में व्यक्ति यदि बलवान बन गया तो उसके हाथों में आर्थिक, राजनैतिक आदि शक्तियां संग्रहित हो जायेगी। उसके सम्मुख अपना स्वार्थ ही प्रमुख रहेगा।

दूसरे खेमों में समाज को ही सबल सशक्त बनाने की योजना रखी गई है। सम्पूर्ण शक्तियां समाज के नाम पर केन्द्रित कर दी गई। इसमें व्यक्ति की सभी प्रकार की स्वतंत्रताओं का अपहरण होने लगता है। ऐसी स्थिति विषम हो जाती है। दोनों ही अवस्था में व्यक्ति के योगक्षेम की योग्य व्यवस्था नहीं है। इसमें समाज को केन्द्रीय सत्ता उत्पीड़न का मार्ग अपना लेती है। प्रति-क्रांति की समस्त सम्भावनाओं को नष्ट करने के लिये राज्य शासन दमन का जो रास्ता अपनाता है, वह उसे पुराने राजतन्त्र के रास्तों से भी कहीं अधिक बर्बर बना देता है। पूंजीवादी समाज में व्यक्ति ही व्यक्ति का शोषण करता है। समाजवादी समाज में समाज (अर्थात् राज्य) व्यक्ति का शोषण करने लगता है। छोटे-छोटे समूहों का या तो समापन हो जाता है अथवा वे बड़े समूहों तले दब जाते हैं। ये लघु समूह घुटन भरी स्थितियों का अनुभव करने लगते हैं। यह स्थिति सतत् संघर्ष का आह्वान करती है। संघर्ष शाश्वत माना जाने लगता है, किन्तु इसमें शान्ति, सौख्य और प्रगति के आनन्ददायी रूप का विसर्जन भी हो जाता है।

दीनदयाल जी का विचार है कि ये दोनों ही स्थितियाँ बनावटी हैं और व्यक्ति की सर्वांगिण उन्नति के लिये साधक नहीं हैं। दीनदयाल जी इस प्रकार की स्थिति को स्वीकार नहीं करते। उनके अनुसार "व्यक्ति और समाज अभिन्न और अविभाज्य हैं।" वे व्यक्ति के स्वार्थ और समाज के स्वार्थ को परस्परावलम्बी मानते थे। दोनों ही एक ही सिक्के के दो पहलुओं के समान हैं। व्यक्ति और समाज को इस कारण से अलग-अलग रूप में नहीं देखा जा सकता। वे कहते हैं कि- "भारतीय चिन्तन के अनुसार हम व्यक्ति की उपेक्षा नहीं करते और समाज के हितों की चिन्ता बराबर करते रहते हैं। समाज के हितों की चिन्ता करते हैं इसलिये समाजवादी हैं और व्यक्ति की उपेक्षा नहीं करते, इसलिये व्यक्तिवादी भी हैं। व्यक्ति को ही सर्वेसर्वा नहीं मानते इसलिये कहते हैं कि व्यक्तिवादी नहीं हैं। हम

समाज को भी ऐसा नहीं मानते कि वह व्यक्ति की समस्त स्वतंत्रताओं और विभिन्नताओं का अपहरण कर लें, समस्त मनुष्यों को किसी शिकंजे में कसकर मशीन का पुर्जा बनाकर इस्तेमाल करे। इसलिये हम समाजवादी नहीं। हमारी मान्यता है कि विना व्यष्टि के किसी समष्टि की कल्पना ही नहीं की जा सकती और बिना समष्टि के व्यष्टि का भी कोई मूल्य नहीं"

दीनदयाल जी के अनुसार समाज व्यक्ति के सर्वांगिण विकास की योग्य व्यवस्था करता है। जबकि व्यक्ति अपने कर्तव्य से समाज की समृद्धि और सबकी उन्नति की व्यवस्था करता है। पुरुषार्थ व्यवस्था को नवीन आयाम देते हुए दीनदयाल जी कहते हैं कि व्यक्ति और समाज को परस्पर एक सूत्र में बाँधे रखने वाली व्यवस्था पुरुषार्थ व्यवस्था ही है। धन, सम्पत्ति, शासन आदि के लिए अर्थ-पुरुषार्थ का उपभोग होता है। इसके लिये व्यक्ति का शरीर, भूमि, जन और उपभोग आवश्यक है। इसी प्रकार से मन की इच्छाएं राष्ट्र सुरक्षा, समृद्धि का उत्पादन, योग्य वितरण एवं समृद्धि का संरक्षण आदि अनेक प्रश्न सामने जाते हैं। इन सभी कार्यों को पूर्ण करने के लिए योग्य प्रकार की व्यवस्थाएं आवश्यक है। मानव के गुण और कर्म के अनुसार बनी वर्ण व्यवस्था इन आवश्यकताओं की पूति कर सकती है। इससे व्यक्ति के अन्दर की श्रेष्ठताओं का भी विकास होगा। व्यक्ति के विकसित होने की प्रक्रिया में समाज का भी विकास व्यवहारिक रूप से होगा। ऐसी अवस्था में समाज के विभिन्न अंग स्वतः विकसित होते जाएंगे। अंगों का यह विकास सह सामाजिक संस्थाओं के रूप में होगा। समाज रूपी विराट पुरुष के रूप में जब इन समस्त अवयवों का विकास हो जाएगा तो उनमें परस्पर अंग-अंगी भाव का विकास होगा। विभिन्न अंगों में किसी को श्रेष्ठ और किसी को नगण्य बताना श्रेयस्कर नहीं। इस प्रकार की व्यवस्था में प्रतिस्पर्धा, ईर्ष्या एवं संघर्ष के लिये स्थान नहीं रहेगा। चूंकि कोई अंग स्वयं अपने आप पूर्ण नहीं होता है, इस कारण उनमें परस्पर पूरकता का निर्माण होगा। परस्परानुकूलता से युक्त समाज व्यवस्था को ही दीनदयाल जी सामंजस्यपूर्ण समाज व्यवस्था की संज्ञा देते हैं। ये व्यवस्थायें आंतरिक और बाह्य होती हैं। इनमें विविधता का होना स्वाभाविक है।

विविधता का अर्थ भेद नहीं

व्यवस्था में श्रम के विभाजन एवं कार्य के विशेषीकरण के कारण विविधता के दर्शन होते हैं। दृष्टि दोष के कारण इन विविधताओं को भेद समझ लिया जाता है। भेदभाव को समाप्त करने का प्रयास होता है। सभी एक जैसे हों, यह प्रयत्न होता है। ऐसी अवस्था उत्पन्न न होने पर व्यवस्था को दोष दिया जाने लगता है, और उसको ही नष्ट करने का प्रयास प्रारम्भ हो जाता है। यह प्रयत्न रोग के स्थान पर रोगी को ही समाप्त करने जैसा है। विकृतियों को ठीक किया जा सकता है। ऊंचाई निचाई के भाव को सीमित किया जा सकता है, किन्तु यदि समाज में सभी एक ही कार्य करने लगें तो समाज के विविध काम नहीं हो पाएंगे।अतः विविधता अनिवार्य है, किन्तु यह विविधता भेद नहीं होती। भेद के आधार पर खड़ा हुआ संघर्ष भी शाश्वत नहीं होता। व्यवस्था को सुचारु रूप से चलाने के लिए अपेक्षित सहकार्य और योग्य प्रवृत्ति की आवश्यकता है । विविधता को भेद मानना गलत होगा। व्यवस्था यदि सुगठित रहे तो समाज में व्याप्त यह विविधता, सौष्ठव और सौन्दर्य को वृद्धि करने वाली साबित होगी ।

अध्ययनशील थे साहित्यकार दीनदयाल जी

दीनदयाल जी एक ऐसे अध्ययनशील राजनेता थे जो दिन में अधिकांश समय पढ़ने-लिखने में व्यतीत करते थे। समय मिलते ही वह राजनीतिक, सामाजिक एवं आर्थिक विषयों का गहन अध्ययन किया करते थे। इन विषयों पर गंभीर चिंतन-मनन करने के पश्चात अपने परिणाम निकालते थे। पश्चिमी देशों के चिंतन का पूर्व के दर्शन के साथ तालमेल बिठाने के बाद उसे भारत में कैसे व्यवहार में लाया जाए इसकी योजना बनाते थे। उनकी लेखनी बहुआयामी थी। साहित्य उनकी वाणी और लेखनी में विराजमान था। उन्होंने राजनैतिक एवं आर्थिक विषयों पर गंभीर लेखन करते हुए पत्रकारिता और संपादन में नए आयाम स्थापित किए। पांचजन्य, राष्ट्रधर्म और स्वदेश जैसी पत्र-पत्रिकाओं में उनके लिखे गए संपादकीय दिशा-बोधक निबंधों के उत्तम उदाहरण हैं। सफल पत्रकार होने के साथ-साथ वे उच्च कोटि के निबंधकार भी थे। समय-समय पर उन्होंने अपनी लेखनी के माध्यम से लोगों को जागरूक किया। उन्होंने भारत के गौरवशाली इतिहास और मानवीय मूल्यों के संरक्षण के लिए साहित्य रचना की।

ऐतिहासिक पात्रों के ललित साहित्य के द्वारा उन्होंने राष्ट्रीय स्वयंसेवक संघ की विचारधारा को आगे बढ़ाने के लिए दो महत्वपूर्ण रचनाओं-सम्राट चंद्रगुप्त और जगद्‌गुरु शंकराचार्य की रचना की। कभी-कभार वह कविता भी लिखते थे।

सहृदय व्यक्तित्व होने के कारण उनका साहित्य लेखन राष्ट्रीय सरोकारों की स्पष्ट व्याख्या करने में सक्षम दिखाई देता है। दीनदयाल जी जब कभी भी, किसी छोटी अथवा बड़ी, समस्या पर विचार करते थे, अपने ऊपर तत्कालीन परिस्थितियों को हावी नहीं होने देते थे। उनकी कोशिश रहती थी कि उनके विचार एकांगी दृष्टिकोण वाले न रह जाए। किसी भी समस्या पर लिखते समय वाह उसके हर पक्ष को पूरी तरह से जाँच लेने का प्रयास करते थे। भारतीय संस्कृति उनके विचारों में गहराई तक रची-बसी थी। वास्तव में उनका लक्ष्य पत्रकार अथवा साहित्यकार बनना नहीं था। उनका मूल उद्देश्य भारत को एक वैभवशाली और तेजस्वी राष्ट्र के रूप में विश्व रंगमंच पर खड़ा करना था। इसके लिए देश को अपनी सांस्कृतिक विरासत के बारे में अधिक-से-अधिक जानकारी देना उन्हें अनिवार्य लगता था। अपनी संस्कृति को समझकर देश-भक्ति की भावना से लोग उसे अपने जीवन में अपनाएँ और विश्व में उसका प्रचार-प्रसार करें यह उनका ध्येय था।

साहित्य और पत्रकारिता उनके इस महान लक्ष्य की प्राप्ति में सहायक मात्र ही थे। यह सत्य है कि यदि दीनदयाल जी साहित्य के किसी एक पक्ष को पूरी तरह से अपना लेते तो वे देश के एक महान साहित्यकार होते। वस्तुतः दीनदयाल जी अपनी प्रकृति से साहित्यधर्मी ही थे। उस समय देश की तत्कालीन परिस्थितियों ने उन्हें सक्रिय राजनीति के साथ जोड़ दिया। भले ही वह साहित्य और राजनीति जैसे दो विपरीत ध्रुवों का प्रतिनिधित्व करते रहे, परंतु उन्होंने इन दोनों क्षेत्रों में पूरी ईमानदारी के साथ ताल-मेल बिठाने की कोशिश की। आज के हालात में, समाज के सामने आने वाली समस्यायों का समाधान खोजने का उन्होंने हर संभव प्रयास किया। राजनीति के माध्यम से उस समाधान को व्यवहार में कैसे लाया जाए इसकी कल्पना भी समाज के सामने रखी।

राजनीति में बहुत अधिक व्यस्त रहने के कारण उन्हें विचार करके साहित्य लिखने का बहुत कम समय प्राप्त होता था। फलतः उन्हें जब भी जहाँ भी समय मिलता उनकी लेखनी साहित्य रचना में जुट जाती। प्रायः वह पैसेंजर गाड़ी की

प्रथम श्रेणी में यात्रा करना पसंद करते थे। क्योंकि ऐसी यात्राओं में मिलने वाले समय का अधिक से अधिक उपयोग वह लेखन कार्य के लिए करते थे। दीनदयाल जी के लेखन कार्य में रुचि लेने का एक कारण उनके सहयोगी नानाजी देशमुख के अनुसार यह था कि "संघ की कार्यशैली ऐसी थी कि दीनदयाल जैसे आदमी की प्रतिभा का तुरंत आकलन संभव नहीं था। सन् 1942 के बाद बाबा साहब आपटे ने प्रचारकों में पढ़ने-लिखने, पुस्तकें सुझाने, पुस्तकालयों में जाने आदि का आग्रह प्रारंभ किया। सन् 1942 के राष्ट्रीय घटनाक्रम ने शाखाओं में संख्या को बहुत प्रभावित किया था। डॉ. हेडगेवार की जीवनी का मराठी से हिंदी में अनुवाद भी उन्होंने रेल यात्रा करते हुए ही किया था। इस ग्रंथ पर अपना अनुवादक के रूप में नाम छापने के लिए उन्होंने अनुमति नहीं दी। इस संदर्भ में उन्होंने मात्र इतना ही कहा कि "उस महापुरुष के चरणों में मेरा यह छोटा-सा उपहार है।" स्पष्ट है कि एक साहित्यकार के तौर पर अपनी पहचान बनाने में उनकी तनिक भी रूचि नहीं थी।

राष्ट्र प्रेम से ओतप्रोत उपन्यासकार

साहित्य के क्षेत्र में दीनदयाल जी का अपना एक अलग स्थान है। उनके विचारों में इतनी अधिक स्पष्टता थी कि उन्हें अपने लेखन को बार-बार संशोधित नहीं करना पड़ता था। सन् 1946 में उन्होंने सम्राट चंद्रगुप्त की जीवनी पर आधारित एक पुस्तक को एक ही रात्रि में पूरा लिख दिया था। प्रातः उठते ही कुछ क्षणों में उसकी भूमिका पूरी कर दी। विशेष बात यह है कि इस पुस्तक में एक भी शब्द बदलने की आवश्यकता नहीं पड़ी। सम्राट चंद्रगुप्त उपन्यास उनकी साहित्यिक क्षमता और अध्यवसाय का परिचायक है।

यह पुस्तक इतनी अधिक प्रसिद्ध हुई कि देश की अनेक भाषाओं में इसका अनुवाद हुआ और दीनदयाल जी एक सफल साहित्यकार के रूप में पहचाने जाने लगे। सन् 1947 में उन्होंने जगद्गुरु शंकराचार्य की रचना की। उक्त दोनों पुस्तकें उनकी प्रमुख चरित्र कृतियाँ हैं। स्वाभाविक रूप से यह जानने की जिज्ञासा होती है कि भारतीय इतिहास के अनेकानेक महत्वपूर्ण पात्र होते हुए भी उन्होंने चंद्रगुप्त मौर्य और जगद्गुरु शंकराचार्य का ही चुनाव क्यों किया? संभवतः ये दोनों चरित्र इसलिए उनकी पसंद बने, क्योंकि दोनों ही अप्रतिम शक्ति का प्रतीक थे। भले ही

एक का क्षेत्र राज्य और पराक्रम रहा हो और दूसरे का ज्ञान और धर्म। इनमें से एक ने आदर्श छात्र धर्म का निर्वाह किया तो दूसरे ने आचार्य धर्म का। इस प्रकार इन दोनों रचनाओं के माध्यम से दीनदयाल जी ने देश को सांस्कृतिक एकता की मजबूत रस्सी में बाँधने का प्रयास किया।

प्रसिद्ध चिंतक श्री लक्ष्मीमल्ल सिंघवी ने इस संदर्भ में लिखा है कि पुरानी और नई रोशनी को जोड़ने का उपक्रम है-ये दोनों पुस्तकें। इन दोनों चरित्रों की ध्येय निष्ठा ही नहीं, इनकी जीवन दृष्टि, जीवन दर्शन, इन दोनों पुस्तकों में बड़े सुंदर प्रकार से बताया गया है। दीनदयाल जी शब्दों और विचारों का अपव्यय नहीं करते थे। इन दोनों पुस्तकों में उन्होंने उन बातों का बारीकी से वर्णन किया है जिनसे देश का चरित्र उजागर होता है। इनके माध्यम से उन्होंने अपने अतीत को आत्मसात करके हमारे सामने प्रस्तुत किया है। एक दार्शनिक होने के साथ-साथ वह संस्कृति के इतिहासवेत्ता थे।

इस बाल-किशोरोपयोगी उपन्यास में उन्होंने अपने मनोगत विचारों का प्रतिपादन करने के लिए दो प्रमुख पात्रों चंद्रगुप्त और चाणक्य का चुनाव किया है। सम्राट चंद्रगुप्त उपन्यास का सृजन उन्होंने पाठकों में चंद्रगुप्त जैसी वीरता जगाने, देश को एक संगठित शक्ति के रूप में खड़ा करने के लक्ष्य को ध्यान में रखते हुए किया था।

सम्राट चंद्रगुप्त की भूमिका में उन्होंने ऐतिहासिक तथ्यों से मतभिन्नता की बात साफ की है। इस उपन्यास के माध्यम से वे क्या कहना चाहते हैं इसके लिए स्वयं दीनदयाल जी ने लिखा है कि जिनके लिए यह पुस्तक लिखी गई है उन्हें सब प्रकार के ऐतिहासिक तथ्यों के वन में भ्रमण कराने की आवश्यकता नहीं है। उन्हें इतना जानना पर्याप्त है कि यूरोपियन विद्वानों द्वारा प्रयत्नपूर्वक तथा उनका अंधानुकरण करने वाले भारतीय विद्वानों द्वारा अनजाने में फैलाए हुए अंधकार को नष्ट करने वाले ऐतिहासिक शोध के सूर्यप्रकाश में देखी गई ये सत्य घटनाएँ हैं।" उनका मत था कि भूत के आधार पर वर्तमान का विचारकर भावी की दिशा निश्चित करने का प्रयास नहीं हुआ।

भारतीय जनसंघ के पूर्व अध्यक्ष श्री बच्छराज व्यास के अनुसार, "दीनदयाल जी ने 'सम्राट चंद्रगुप्त' उपन्यास में अपने इतिहास के उस गौरवमय काल का ऐसी सशक्तता, सहजता जऔर सिद्धहस्तता के साथ आलेखन किया है कि विख्यात

साहित्यकारों ने भी उनकी कलम की भूरि-भूरि प्रशंसा की।" डॉ महेश चंद्र शर्मा का मत है कि ""सम्राट चंद्रगुप्त' विशिष्ट विचारधारा से आप्लावित एक किशोरोपयोगी ऐतिहासिक उपन्यास विधा में रचित उत्तम साहित्यिक कृति है। यदि दीनदयाल उपाध्याय ने उसे एक बैठक में लिख डाला तो यह उनकी विलक्षण साहित्यिक व बौद्धिक क्षमता का परिचायक है।"

दीनदयाल जी की दूसरी औपन्यासिक रचना में पात्र एवं घटनाएँ पुरानी हैं, परंतु भाव, विचार और परिवेश नया है। यह कृति युवाओं को प्रेरित करने, उनमें देश के सांस्कृतिक गौरव का गर्व उत्पन्न करने तथा अपना जीवन समर्पित करने की आकांक्षा पैदा करने के उद्देश्य को ध्यान में रखकर लिखी गई थी।

श्री हृदय नारायण दीक्षित मानते हैं कि दीनदयाल जी ने जगद्गुरु शंकराचार्य की जीवनी लिखकर एक अत्यंत महत्वपूर्ण काम किया है। भारत राष्ट्र की सत्य सनातन साधना और उसकी एकात्मकता के शक्तिशाली उद्बोधक जगद्गुरु शंकराचार्य के जीवन के आदर्शों को शब्दों में ढालने का काम आसान नहीं था। उनकी यह रचना सांस्कृतिक अध्येताओं के मध्य बहुत लोकप्रिय हुई। कई भाषाओं में उसका अनुवाद हुआ। दीनदयाल जी जगद्गुरु शंकराचार्य के माध्यम से भारतीय तत्व दर्शन की विशेषताओं को उजागर करना चाहते थे। भारत पर हो रहे ईसाई साम्राज्यवादियों के पश्चिमी सभ्यता के हमले की जड़ों पर प्रहार करने का कार्य दीनदयाल जी कर रहे थे। वह चाहते थे कि हमारे इतिहास और परंपराओं में जो हमारा है, उसे युग के अनुसार और जो बाहर का है उसे देश के अनुकूल बनाकर हमें देश को आगे बढ़ाना है।

आलोचकों की नज़र में उनका दूसरा उपन्यास जगद्गुरु शंकराचार्य पहले उपन्यास से अधिक संश्लिष्ट, अधिक सारगर्भित है। भाषा और भाव दोनों ही स्तरों पर अधिक रमणीय, पठनीय और रसात्मक है। काव्यात्मकता ने इस उपन्यास की सुंदरता को कई गुणा बढ़ा दिया है। वास्तव में उनके लेखन की यह विशेषता रही है कि वे बीच-बीच में अपनी निष्कर्षों पर भी टिप्पणी करते थे। इस प्रकार वे अपना मत भी साफ और स्पष्ट बताते चलते थे। दीनदयाल जी भारतीय संस्कृति तथा राजनीति के प्रकांड पंडित थे। इन विषयों पर उनके विचार आज भी प्रासंगिक तथा भारतीय परिवेश के अनुरूप हैं।

अंतिम व्यक्ति पर नज़र समाज की अंतिम पंक्ति में खड़ा व्यक्ति उनके लिए सबसे अधिक महत्वपूर्ण था। इसलिए उन्होंने 'एकात्म मानवदर्शन' से देश को सही दिशा दिखाई। पंचवर्षीय योजनाओं को जिस गलत रूप में ढाला गया, दीनदयाल जी उसके विरोधी थे। उनका मत था कि "वस्तुतः भारत का 'प्लानिंग कमीशन' मात्र 'कमीशन' के लिए ही तो प्लानिंग करता है।" इसके लिए अंग्रेजी भाषा में 'द टू प्लांस' पुस्तक की रचना करके विदेश से आयातित प्रचलित अर्थ नीतियों का खोखलापन देश के सामने उजागर कर दिया। इसी प्रकार 'भारतीय अर्थ नीति दशा और दिशा' की रचना करके भारत की प्रकृति के अनुकूल नई अर्थ नीति का स्वरूप प्रस्तुत किया। उन्होंने सहकारी खेती का विरोध भारतीय आर्थिक विचार को सामने रखकर ही किया।

उस समय के साहित्यकारों की ही भाँति उनका पढ़ने-लिखने का शौक निराला था। कोई अच्छी पुस्तक हाथ लग गई कि उसे अनेक व्यस्त कार्यक्रमों के बीच पूरी कर डालते थे। किसी भी विषय पर लेखनी चलाने से पहले वे उसका गहराई से अध्ययन करते थे। इस संदर्भ में संघ के सरसंघचालक रहे प्रो. राजेंद्र सिंह (रज्जू भैया) ने एक स्थान पर लिखा है कि- "जब वे फाईव इयर प्लान पर लिख रहे थे तो मैंने एक दिन पूछा, "दीनदयाल जी, अर्थशास्त्र तो आपका विषय रहा नहीं, इस पर आप कैसे लिख सकेंगे?" तब उन्होंने बताया कि जनसंघ में आने और इस विषय की महत्ता समझने के बाद उसकी कोई पाँच सौ पुस्तकें पढ़ी होंगी और ये भी साधारण कोर्स की पुस्तकों से लेकर विशेष शोध तक की।"

विचारों में स्पष्टता

दीनदयाल जी ने सन् 1952 में 'अखंड भारत क्यों?' सन् 1958 में "भारतीय अर्थनीतिः विकास की दिशा,' सन् 1960 में 'द टू प्लांसः प्रॉमिसिस, परफॉर्मेंस, प्रोसपेक्टस,' की रचना की। इनमें उन्होंने भारतीय अस्मिता के साथ-साथ देश में बनाई जा रही पंचवर्षीय योजना की दुर्बलताओं की ओर लोगों का ध्यान आकर्षित करने का प्रयास किया। उनका कहना था कि हमारी योजना में सबसे बड़ी गलती है, उसके द्वारा भारत की परिस्थितियों पर विचार न किया जाना। योजना में न तो भारत के साधनों पर विचार किया गया और न ही आवश्यकताओं पर। वह रूस और यूरोप के औद्योगीकरण की नकल भर बनकर रह गई।

योजनाओं का पूरा ज़ोर धन प्राप्ति के स्रोत ढूँढ़ने और उसके व्यय की मात्र के अनुसार सफलता को आंकने में लग गया। मानवीय विकास के लक्ष्य की अपेक्षा भौतिक लक्ष्य पर ही सारा ध्यान केंद्रित कर दिया गया।

उन्होंने सन् 1960 में 'राष्ट्रीय जीवन की समस्याएँ,' 'राष्ट्र चिंतन', 'इनटेग्रिल ह्यूमनिस्म' और 'राष्ट्र जीवन की दिशा' इत्यादि पुस्तकों की रचना की। इन रचनाओं के माध्यम से उन्होंने अर्थशास्त्रियों तक को हतप्रभ कर दिया। भारत की अर्थनीति पर संपूर्ण प्रचलित आर्थिक, राजनीतिक प्रणालियों को चुनौती देते हुए उन्होंने यह प्रमाणित कर दिया कि भारत में श्रमिकों को उकसाने वाला 'द दास कैपिटल' और 'द थ्योरी ऑफ सरप्लस वैल्यू' का कार्ल मार्क्स का अधकचरा आर्थिक नियम सफल नहीं हो सकता। 'भारतीय अर्थनीति विकास की एक दिशा' में दीनदयाल जी ने स्पष्ट किया कि भारत की अर्थनीति एकांगी नहीं हो सकती। वे कार्ल मार्क्स की वर्ग-संघर्ष की कल्पना को ही बेकार मानते थे। अपने साहित्य लेखन में उन्होंने बार-बार यह मत व्यक्त किया है कि केवल मानव ही नहीं विश्व का हर कण एक-दूसरे पर निर्भर होता है। इनमें परस्पर संघर्ष की अपेक्षा समन्वय ही आवश्यक है। वे मानते थे कि समाजवादी अर्थव्यवस्था के नाम पर सरकारी अर्थव्यवस्था भी भारत के लिए उपयोगी सिद्ध नहीं हो सकती। उन्होंने अर्थनीति के नियमन में भी समग्रता के दर्शन करने की वकालत की।

दीनदयाल जी का मानना था कि विश्व में प्रचलित पूँजीवादी तथा साम्यवादी दोनों ही पद्धतियाँ भारतीय संदर्भ में सफल नहीं हो सकतीं। भारत में अर्थनीति के बारे में जो कुछ भी पढ़ाया अथवा बताया जाता है वह मुख्यतः पश्चिम से आयातित है। उसमें मौलिकता का अभाव है। उन्होंने अपने आर्थिक चिंतन में मानवीय समस्याओं का भारतीय परिस्थितियों के साथ समन्वय करने का सुझाव दिया। वे मानते थे कि यदि कोई अर्थ नीति किसी देश अथवा क्षेत्र में सफल हो जाती है तो उसका यह अर्थ नहीं लगाया जाना चाहिए कि वह नीति विश्वभर के लिए उपयोगी है।

समाजवादी करारोपण के नियमों की भी दीनदयाल जी ने निष्पक्ष समीक्षा की। इसके लिए उन्होंने 'टैक्स या लूट' की रचना करके इस प्रणाली की आलोचना की। कर प्रणाली को अदूरदर्शी और एकांगी ढंग से लागू करने पर देश गरीब ही होगा। इसके लिए उत्तम तरीका वही है जिसका महाभारत के शांति पर्व

में उल्लेख किया गया है। महाभारत में कहा गया है कि जो राजा मोहवश प्रजा से शास्त्र विरूद्ध अधिक 'कर' लेकर उसे कष्ट पहुँचाता है, वह अपने ही हाथों अपना नाश करता है। जैसे दूध के लोभ में गाय का थन काट लेने वाले को दूध प्राप्त नहीं होता। अन्यायपूर्वक प्रजा को चूसने वाले राष्ट्र की उन्नति नहीं होती। जैसे माली वृक्षों को सींच-सींचकर उनका विकास करता है वैसे ही सरकार द्वारा प्रजा को उन्नतिशील बनाना चाहिए। जिस प्रकार बछड़ा अपनी क्षुधा को शांत करने के लिए माँ के स्तन दबाता है और अपनी आवश्यकता भर दूध पी लेता है, परंतु उसके स्तन को काटकर घायल नहीं करता। जिस प्रकार भँवरा फूल से थोड़ा-सा रस लेकर उड़ जाता है मगर फूल को चोट नहीं पहुँचाता। इसी तरह 'कर' भी राष्ट्रीय हित में वसूल किए जाने चाहिए जिनसे करदाता को चोट नहीं लगने पाए। अपनी पुस्तकों में जगह-जगह पर उन्होंने अपनी इन मान्यताओं को प्रस्थापित किया है।

इनके अतिरिक्त दीनदयाल जी ने एकात्म मानवदर्शन, लोकमान्य तिलक की राजनीति, जनसंघ : सिद्धांत एवं नीति, जीवन का ध्येय, राष्ट्रीय आत्मानुभूति, हमारा कश्मीर, अखंड भारत, भारतीय राष्ट्रीय धारा का पुण्य प्रवाह, भारतीय संविधान पर एक दृष्टि, इनको भी आजादी चाहिए, आदि की रचना की।

अमेरिकी अनाज पी.एल. 480, पॉलिटिकल डॉयरी, बेकारी की समस्या और उसका हल एवं विश्वासघात आदि रचनाओं के माध्यम से समाज को जागृत करने का अभियान चलाया। इन रचनाओं ने बुद्धिजीवी समाज को इन समस्याओं पर गंभीरता से विचार करने के लिए बाध्य कर दिया। अर्थनीति पर लिखे गए उनके लेख आर्थिक विषयों के आंकड़ों पर उनकी मजबूत पकड़ के परिचायक हैं।

दीनदयाल जी ने जीवन भर एकात्ममानव दर्शन की साधना की। उस दर्शन को अपने साहित्य एवं भाषणों के माध्यम से लोगों के सामने रखा। उन्होंने बताया कि वह दर्शन और कुछ न होकर भारत की कथा ही है। भारत का आत्मकथ्य है, भारत की संवेदना है, भारत का इतिहास है, भारत उससे स्पंदित होता है।

सहज सरल भाषा के हिमायती

जनसंघ जैसे महत्वपूर्ण राजनीतिक दल का नेतृत्व अपने हाथ में लेने के बाद उनका जन साधारण से अधिक मिलना-जुलना होने लगा था। न जाने वह दिनभर

कितनी तरह के लोगों के संपर्क में आते थे। इन लोगों की सोच, पसंद और भावनाएँ अलग- अलग तरह की होती थीं। जन साधारण के साथ सहजता से संवाद स्थापित करने के लिए उन्हें आम बोलचाल की भाषा का प्रयोग करना उचित लगता था। इसलिए उन्होंने अपनी साहित्यिक भाषा की अपेक्षा जन साधारण के समझ में आने वाली सरल भाषा को अपनाना प्रारंभ कर दिया। दीनदयाल जी अपनी बात सीधे-सीधे दूर-दराज गाँवों में रहने वाले आम ग्रामीणों तक पहुँचाना चाहते थे। इसके लिए उन्हें संवाददाता सम्मेलन आयोजित करना जरूरी नहीं लगता था। ग्रामीण जनता तक पहुँचने के लिए वह अपना मूल समाचार अथवा वक्तव्य हिंदी में ही लिखते थे। उन्हें अंग्रेजी अथवा अंग्रेजी पत्रकारिता से कोई वैर नहीं था, परंतु वह चाहते थे कि मुख्य रूप से भारतीय भाषाओं पर अधिक-से-अधिक ध्यान दिया जाए।

आजादी के बाद भाषा का विवाद सिर उठाने लगा था। प्रधानमंत्री पंडित जवाहरलाल नेहरू अंग्रेजी भाषा के पक्षपाती थे। वह हिंदी और अन्य भारतीय भाषाओं को उनका उचित स्थान देने में असहजता महसूस करने लगे थे। उन भाषाओं का उपहास भी उड़ाने लगे थे। इसके विपरीत दीनदयाल जी की नज़र में हिंदी सहित भारतीय भाषाएँ आजादी की लड़ाई का प्राण तत्व रही थी। नेहरू जी का अंग्रेजी के प्रति पक्षपात उनके लिए पीड़ादायक था। इसलिए भारतीय भाषाओं को प्रतिष्ठित करना दीनदयाल जी ने अपना लक्ष्य बनाया। उनको भाषा में भी राष्ट्रहित अपेक्षित था। इसके लिए उन्हें किसी वर्ग के नाराज होने की कोई परवाह नहीं थी। भाषा के प्रति वे प्रारंभ से ही बहुत सजग रहते थे। इस संदर्भ में आचार्य गिरिराज किशोर ने लिखा है-"पंडित जी उन दिनों राष्ट्रीय स्वयंसेवक संघ, उत्तर प्रदेश के सहप्रांत प्रचारक थे। मैनपुरी में उनका आगमन हुआ। डॉ. पुरंग नगर कार्यवाह थे। कार्यक्रम विषयक कुछ आवश्यक जानकारी प्राप्त करने के लिए उन्होंने अपने चिकित्सालय से मुझे एक पत्र भेजा, जो अंग्रेजी में लिखा था। उस पत्र का उत्तर, मैं भी अंग्रेजी में लिखकर उनके कंपाउंडर को देने लगा। तभी पंडित जी ने मुझसे पत्र देखने के लिए माँगा तथा पत्र को हाथ में लेकर मुस्कुराते हुए फाड़ डाला और कहा, "अरे भई, डॉक्टर भी हिंदी जानते हैं और तुम भी, फिर अपनी भाषा का प्रयोग क्यों नहीं करते। अंग्रेजी क्यों प्रयोग करते हो।" इस वाक्य में कितनी बड़ी शिक्षा तथा कितना बड़ा स्वभाषा का प्रेम छिपा था।" इसी तरह

एक बार उन्होंने हरियाणा प्रदेश जनसंघ के कार्यालय का उद्घाटन इसलिए करने से इंकार कर दिया था कि कार्यालय की सीढ़ियों पर अंग्रेजी में 'वे टू जनसंघ ऑफिस' लिखा हुआ था।

जो शब्द अंग्रेजी से सहज रूप में भारतीय भाषाओं में आ गए थे अथवा उनमें रच-बस गए थे उन्हें बाहर निकल फेंकना उनका उद्देश्य नहीं था। हाँ वे यह अवश्य चाहते थे कि विधि शास्त्र, विज्ञान एवं अन्य तकनीकी विषयों के लिए हिंदी में नए-नए शब्दों का निर्माण किया जाए। पंडित नेहरू और उनकी सरकार के शिक्षा मंत्री मौलाना अबुल कलाम आजाद संस्कृतनिष्ठ हिंदी से शत्रुता का भाव रखते थे। वे लोग जान-बूझकर उर्दूनिष्ठ हिंदी, जिसे वे हिंदुस्तानी कहते थे, को बढ़ावा देते थे और सप्रयास उनका प्रयोग करते थे। दीनदयाल जी ने इस संबंध में लिखा है, "हिंदुस्तानी न तो सरल भाषा है, न सामान्य मनुष्य द्वारा समझी जाने वाली भाषा है। गाँधी जी ने मुसलमानों को प्रसन्न करने के लिए हिंदी और उर्दू का मिश्रण करके हिंदुस्तानी नामक कृत्रिम भाषा का निर्माण किया। पं. नेहरू की हिंदी विंध्याचल पर्वत के पार किसी को समझ नहीं आती और मौलाना आजाद की हिंदी उत्तर प्रदेश में भी नहीं समझी जाती।" संक्षेप में कहा जाए तो यह गाँधी जी की राजनीतिक चाल ही थी जिसे उन्होंने बेबाक तरीके से जनता के सामने रखा था।

दीनदयाल जी ने समय की आवश्यकता के अनुसार सामाजिक, आर्थिक, सांस्कृतिक और राजनीतिक लगभग हर विषय पर अपनी लेखनी चलाई है, परंतु आर्थिक विषयों को लेकर किया गया उनका लेखन अधिक प्रखर दिखाई देता है। संभवतः इसका प्रमुख कारण उनका आम लोगों के साथ दिन-प्रतिदिन का संवाद रहा होगा। उनके पास ऐसे व्यावहारिक अनुभवों का भंडार था जो यह सिद्ध करता था कि मानव जीवन के संचालन में आर्थिक कारण कितनी महत्वपूर्ण भूमिका निभाते हैं। सामग्री भाषा के संबंध में दीनदयाल जी के मन में कोई ग्रंथि नहीं थी। उनका मत था कि जिसकी जो भाषा हो उसे उसके विकास में योगदान करना चाहिए। इसीलिए जब कुछ लोगों ने पंजाब के गैर सिखों को अपनी भाषा हिंदी लिखवाने का आग्रह करना शुरू किया तो दीनदयाल जी ने उसे पसंद नहीं किया। उनका कहना था कि जो लोग जन्म से पंजाबी बोलते हैं अर्थात जिनकी मातृभाषा

पंजाबी है उन्हें वही लिखवानी भी चाहिए। प्रांत के विभाजन की राजनीति में फँसकर किसी दूसरी भाषा का मोह नहीं करना चाहिए।

एक बार दीनदयाल जी का मद्रास में उस समय आना हुआ जब वहाँ पर हिंदी विरोधी लहर चल रही थी। बहुत से जनसंघ के नेता अंग्रेजी के खिलाफ थे। इन नेताओं की इच्छा थी कि पार्टी को अंग्रेजी विरोधी रुख अपनाना चाहिए। कुछ का तो यह भी कहना था कि दूसरी क्षेत्रीय भाषाओं की कीमत पर भी हिंदी की हिमायत करनी चाहिए। हालाँकि वे मानते थे कि जब तक अंग्रेजी कायम रहेगी भारत की अन्य कोई भी भाषा फल-फूल नहीं सकती। दीनदयाल जी का कहना था कि पार्टी को रचनात्मक दृष्टिकोण लेकर चलना चाहिए। उनका कहना था कि हमें पूरे राष्ट्र को एकजुट रखकर चलना होगा और भाषायी आधार पर देश को विभाजन से बचाना होगा। दीनदयाल जी की बातों को ध्यान में रखते हुए त्रि-सूत्रीय फार्मूला स्वीकार कर लिया गया।

दीनदयाल जी का कहना था कि जो लोग अपने प्रांतों से बाहर जाकर अन्य प्रांतों में बस गए हैं। वहाँ व्यापार इत्यादि करने लगे हैं उन्हें वहाँ की स्थानीय भाषा अच्छी तरह से सीखनी चाहिए। एक बार दीनदयाल जी असम के दौरे पर थे। श्री देवदास आपटे, श्री मानमल नाहर और श्री विजय कृष्ण नाहर उनके साथ थे। गुवाहाटी में उत्तर भारतीयों की एक बैठक में उन्होंने लोगों से पूछा कि यहाँ पर आप का व्यापार इत्यादि भली-भाँति जम गया है, परंतु क्या आप यहाँ के स्थानीय लोगों में अपने प्रति विश्वास पैदा कर पाए हैं। क्या आप उनके साथ ही नहीं आपस की बातचीत में भी स्थानीय भाषा का प्रयोग करते हैं। अधिकांश लोगों ने कहा कि वे अपना कार्य-व्यवहार हिंदी में ही करते हैं तो दीनदयाल जी उखड़ गए, बोले, "जहाँ रहते हो वहीं के होकर रहो। आप लोगों को अधिक-से-अधिक असमिया भाषा का प्रयोग करना चाहिए। यदि ऐसा नहीं करोगे तो एक दिन पछताना होगा और स्थानीय लोग आपके विरोध में खड़े होने लगेंगे।" बाद में यह बात पूरी तरह से सच सिद्ध हुई और भूमि पुत्र जैसे आंदोलनों को हवा मिलने लगी।

3

दीनदयाल जी की पुस्तकें: ऐतिहासिक दस्तावेज

अपने मौलिक विचारों, धारदार तर्कों और विश्लेषण की अद्भुत शैली के कारण आधुनिक भारत के चाणक्य माने जाने वाले पंडित दीनदयाल उपाध्याय का नाम भारतीय राजनीति में बड़े ही सम्मान से लिया जाता है। उन्होंने अपने विचारों को पुस्तकों और लेखों के जरिए सबसे निचले पायदान पर खड़े लोगों तक पहुंचाया और उनकी आवाज भी बने। वह एक ऐसे प्रभावशाली नेता थे जिन्हें पक्ष विपक्ष दोनों ही तरफ से आदर की दृष्टि से देखा जाता था। उन्होंने अपनी लेखनी के माध्यम से राजनीति के नये मापदंडों का सृजन किया और नया पथ प्रशस्त किया। दीनदयाल उपाध्याय ने ना सिर्फ अपनी नेतृत्व क्षमता के बल पर बल्कि अपनी धारदार लेखनी और मौलिक विचार प्रवाह से समाज चेतना की नई अलख भी जगाई।

वे एक महान देशभक्त, कुशल संगठनकर्ता, प्रखर विचारक, दूरदर्शी, राजनीतिज्ञ और प्रबुद्ध साहित्यकार थे। वे सादा जीवन उच्च विचार की जीती जागती प्रतिमा थे। पं. उपाध्याय की जीवन यात्रा का तथ्यात्मक वर्णन उनकी लिखी हुई तमाम पुस्तकों में दर्ज हैं। उन्होंने 1947 से 1968 तक विभिन्न लेखों व पुस्तकों का प्रकाशन ही नहीं किया बल्कि दर्जनों लेखकों को समाज में स्थापित करने का कार्य भी किया। जब उपाध्याय जी की जिम्मेदारियां बढ़ी तो पढने-लिखने का समय भी कम मिलता था और उन्हें देशभर में यात्राएँ भी करनी पड़ती थी। वे उन यात्राओं में ही पढ़ने-लिखने का समय निकाल लेते थे। वे पढ़ने-लिखने के लिए रेल के सफर का बहुत ज्यादा उपयोग करते थे। पठन-पाठन की उनकी लगन के कारण ही आज भी उनको एक प्रखर विचारक के रूप में जाना जाता है। पं. दीनदयाल उपाध्याय शिक्षा, ज्ञान एवं चिन्तन प्रक्रिया को बहुत ही महत्त्वपूर्ण मानते थे। इसीलिए स्वाध्याय से प्राप्त ज्ञान को उन्होंने उपयुक्त और

स्थायी माना है। वे एक स्थान पर लिखते है कि स्वाध्याय के लिए आवश्यक है कि आपके पास ज्ञान प्राप्ति के लिए पुस्तकें हों तभी व्यक्ति चतुर्विद पुरुषार्थ की शक्ति प्राप्त कर सकता है।

दीनदयाल जी द्वारा लिखी गई सैंकड़ों पुस्तकों में उनके मौलिक विचार पढ़ने और जानने को मिलते है। इन्हीं पुस्तकों में देश, समाज, अर्थ, शिक्षा, रक्षा, विदेश नीति, परिवार, रोजगार, कृषि, राजनीति, शुचिता, धर्म सहित हजारों विषयों पर उनके विचार और विचारधारा समाहित है। इन्हीं में से कुछ प्रमुख विचारों को विश्लेषण के साथ संक्षिप्त में प्रस्तुत किया गया है।

साहित्य साधक पंडित दीनदयाल

भारत में लेखनी का सहारा लेकर अपनी विचारधारा और नीतियों को जन-जन तक पहुँचाने वाले राष्ट्र पुरूषों में पंडित दीनदयाल जी अग्रणी पंक्ति में रहे। पंडित जी का लेखन निरंतर भारत की अस्मिता और जीवन मूल्यों को वाणी प्रदान करता रहा। भारतीय संस्कृति के शाश्वत मूल्यों पर प्रकाश डालना और उनके आलोक में आज की समस्याओं का समाधान खोजना उनका प्रमुख उद्देश्य था। दीनदयाल जी की स्मरण शक्ति, धारणा शक्ति तथा विश्लेषण शक्ति अलौकिक थी। विभिन्न पत्रिकाओं में लिखे गये विद्धतापूर्ण सारगर्भित लेख इसके स्वयं प्रमाण हैं। पंडितजी ने राष्ट्रीय स्वयंसेवक संघ के संस्थापक डॉ. हेडगेवार के मराठी 'जीवन चरित्र' का हिन्दी अनुवाद कर अपने विस्तृत भाषा ज्ञान का परिचय दिया। पंडित दीनदयाल जी के प्रसिद्ध मौलिक ग्रन्थों में राष्ट्रजीवन की दिशा, एकात्म मानवदर्शन, लोकमान्य तिलक की राजनीति, जनसंघ सिद्धान्त और नीति, जीवन का ध्येय, राष्ट्रीय आत्मानुभूति, हमारा कश्मीर, अखण्ड भारत, शंकराचार्य, सम्राट चन्द्रगुप्त, भारतीय राष्ट्रधारा का पुण्य प्रवाह (बुद्ध से शंकराचार्य तक) आदि हैं। इसके अतिरिक्त भारतीय संविधान पर एक दृष्टि, इनको भी आजादी चाहिए, टैक्स या लूट आदि उनकी प्रसिद्ध आलेखबद्ध रचनाएं हैं। भारतीय अर्थनीति विकास और दिशा नामक ग्रन्थ पंडित दीनदयाल जी की अर्थव्यवस्था सम्बन्धी चिन्तनपरक महत्वपूर्ण ग्रन्थ हैं।

चंद्रगुप्त पर लिखी गई पुस्तक भारत में अत्यंत लोकप्रिय हुई। इसमें दीनदयालजी ने ऐतिहासिक तथ्यों में विभिन्नता होने की बात को स्पष्ट किया है।

उनके अनुसार, "कुछ घटनाओं का वर्णन पाश्चात्य विद्वानों द्वारा लिखे गए इतिहास से मेल नहीं खाता है। लेकिन यह वर्णन कल्पना के आधार पर न होते हुए प्राचीन ग्रंथों तथा भारतीय विद्वानों द्वारा की गई आधुनिक खोजों पर आधारित है। यूरोपीयन विद्वानों द्वारा प्रयत्नपूर्वक तथा उनका अंधानुकरण करनेवाले भारतीयों द्वारा अनजाने में फैलाए गए अंधकार को नष्ट करनेवाले ऐतिहासिक शोध के सूर्य-प्रकाश में देखी हुई ये सत्य घटनाएँ हैं।"

'जगद्गुरु शंकराचार्य' पुस्तक में प्रकाशकीय भूमिका में लिखे गए ये शब्द विचारणीय हैं- "पं. दीनदयाल उपाध्याय की सशक्त लेखनी से निःसृत यह पावन चरित्र हमें केवल एक महान् संत-पुरुष का ही दर्शन नहीं कराता है, अपितु महान् हिंदू धर्म को युगानुकूल प्रतिष्ठापित कर हिंदू राष्ट्र को नवचेतना प्रदान करनेवाले एक महान् संगठक का जीवन-आदर्श भी प्रस्तुत करता है।"

कितनी विचित्र बात है कि उन्होंने जिन महानायकों को चुना, उनमें से एक राष्ट्र निर्माता थे, तो दूसरे समाज-सुधारक। स्वयं पं. दीनदयाल ने भी इन्हीं दो मार्गों का अनुसरण करते हुए जीवन के समस्त सुखों का त्याग कर दिया था।

इसके अतिरिक्त दीनदयालजी ने 'टैक्स अथवा लूट', 'अखंड भारत और मुस्लिम समस्या', 'हमारा कश्मीर', 'विश्वासघात', 'एकात्म मानवदर्शन' आदि जन-साधारण से संबंधित लघु पुस्तकें भी लिखीं। आर्थिक क्षेत्र में अंग्रेजी में लिखित उनकी पुस्तकें 'द टू प्लांस-प्रॉमिसेस, परफॉर्मेंस एंड प्रॉसपेक्ट्स' सराहनीय हैं। ' भारतीय अर्थनीति : विकास की एक दिशा' एक अन्य महत्त्वपूर्ण पुस्तक है। इसमें उन्होंने अर्थ-चिंतन, भारतीय संस्कृति में अर्थ, आधारभूत लक्ष्य प्राथमिकताएँ, कृषि, उद्योग, मनुष्य और मशीन, पूँजी और प्रबंधन, माल, माँग और औद्योगिक प्राथमिकताएँ, छोटे-बड़े उद्योग, यातायात और व्यापार तथा समाज-सेवा पर अपने बहुमूल्य विचार प्रकट किए। 'राष्ट्र-चिंतन' तथा 'राष्ट्र-जीवन की दिशा' राष्ट्र, समाज, राजनीति, धर्मनीति तथा संस्कृति पर समय-समय पर लिखे उनके लेखों एवं भाषणों के संग्रह हैं।

भारतीय समाज - दशा और दिशा

दीनदयाल जी एक विचारक के रूप में देश की तमाम विषयों पर अपना मत व्यक्त करते रहते थे। उन्हीं के विचार आज भारत के लिए महत्त्वपूर्ण हो गये है ।

आज भी उनके विचारों को याद किया जाता है ताकि उनके विचारों की रोशनी में देश का नवनिर्माण हो सके। जनसंघ के मुम्बई अधिवेशन में पंडित दीनदयाल जी ने जनसंघ के सिद्धांत और नीति विषय पर अपने विचार प्रकट किये थे। जिसके आधार पर हम कह सकते है कि उनके विचारों को आज भी समाज में ले जाना जरूरी है। उनका मानना था कि आजादी यदि समाज के अंतिम पायदान पर खड़े व्यक्ति तक नहीं पहुंचती तो ऐसी आजादी का क्या फायदा। यही कारण है कि उन्होंने देश की दशा और दिशा पर अपने मत प्रकट किए। दीनदयाल जी ने कहा था कि जब तक अंग्रेजों का हमारे देश पर साम्राज्य था देश में चले सभी आंदोलनों एवं राजनीति का लक्ष्य स्वराज्य प्राप्त करना ही था। स्वराज्य मिल जाने के बाद हमारा स्वरूप क्या होगा, हम किस दिशा की ओर चलेंगे, आदि विषयों का किसी ने कोई विचार नहीं किया था। परंतु इस विषय का जितनी गंभीरता से अध्ययन होना आवश्यक था वह नहीं हुआ। इसका एक कारण था सबके सामने एक ही बात थी कि पहले अंग्रेजों को यहाँ से भगा दें। उसके बाद अपने घर की रचना कैसी हो यह सोचते रहेंगे। संभवतः देश के स्वाधीन होते ही अब देश के मार्गदर्शन की दिशा क्या हो इसका विचार हमारे सम्मुख आना चाहिए था। किंतु यह जरूरी है कि हम 'हमारी राष्ट्रीय पहचान' के बारे में सोचते हैं, जिसमें बिना आजादी' का कोई अर्थ नहीं है। आश्चर्य की बात यह है कि इस प्रश्न का गंभीरता से विचार उतना नहीं हुआ, जितना कि होना चाहिए था। वर्ष 1967 में जनसंघ का चौदहवाँ अधिवेशन कालीकट में हुआ। वहाँ पं. दीनदयाल जी को एक और बड़ी जिम्मेदारी सौंपी गई। उन्हें जनसंघ का अध्यक्ष बना दिया गया। हम देखते है कि उनके अन्दर सिर्फ और सिर्फ नींव का पत्थर ही बने रहने की आकांक्षा थी न कि कोई महत्त्वाकांक्षा। दीनदयाल जी ने स्वयं को सामाजिक सरोकारों की बदौलत ही संगठनात्मक कार्यं में लगाया और देखते ही देखते संगठन स्तर पर जनसंघ बहुत मजबूत होकर सबके सामने आ गया।

दीनदयाल जी के बारे में 'जनसंघ आइडियोलॉजी एंड आर्गनाइजेशन इन पार्टी बिहेवियर' शीर्षक से अपने सुदीर्घ अंग्रेजी निबंध में वाल्टर के. एंडरसन ने लिखा है- "पंडित दीनदयाल उपाध्याय जी के 1967 में जनसंघ का अध्यक्ष पद स्वीकार करने का यही अर्थ था कि दल की संगठनात्मक नींव डालने का काम पूरा हो गया है और राष्ट्रीय स्तर पर एक प्रबल प्रतिस्पर्धी के नाते सत्ता की

प्रतियोगिता में उतरने का उसका संकल्प है।" पं. दीनदयाल उपाध्याय जी के बारे में राष्ट्रीय स्वयंसेवक संघ के सरसंघचालक गुरुजी गोलवलकर ने उनके राजनीतिक कार्यं के विषय में एक बार कहा था कि बिल्कुल नींव के पत्थर से प्रारम्भ कर जनसंघ के कार्य को इतना नाम और इतना रूप देने का श्रेय यदि किसी एक व्यक्ति को देना हो तो वह दीनदयाल जी को ही देना होगा। इस प्रकार दीनदयाल जी ने राजनीति के क्षेत्र में भी अपनी भूमिका को पूर्ण रूप से निभाया।

स्वतन्त्रता का पहला सोपान- आत्मनिर्भरता

पुस्तक **समाज विज्ञान को देन** में आत्म निर्भर का अर्थ पंडित जी यह नहीं मान लेते थे कि वह अपनी सामग्री स्वयं उत्पादित कर संसार से अछूता रह जाए, अलग पड़ जाए। वरन् आत्म निर्भरता की उनकी अवधारणा यह थी कि अन्य कोई राष्ट्र अपने देश को डिक्टेट न कर सके। समानता के आधार पर अपना देश लेन-देन का व्यापार दूसरे राष्ट्रों से कर सके। यह तभी सम्भव है जब कि देश स्वतन्त्र भी हो स्वावलम्बी भी हो। भारत को ध्यान में रखते हुए आर्थिक व्यवस्था प्रजातंत्री ढांचे को बनाये रखे।

आर्थिक दृष्टि से वह उनका कहना था कि हमारे संविधान को स्वीकार करने के बाद भारत में प्रजातंत्रीय ढांचे को अपने श्रेष्ठ राजनैतिक मूल्यों के रूप में स्वीकार किया है। यदि अर्थ-व्यवस्था इस प्रकार की हो जाए जो इस राजनैतिक ढांचे को ही अस्त व्यस्त कर दे तो वह हमें अपेक्षित नहीं है। उनका मत है कि रोटी और चुनाव दोनों ही चाहिए।

भारत के सांस्कृतिक मूल्यों को ध्वस्त करने वाली अर्थ-व्यवस्था दीनदयाल जी को मान्य नहीं है। केन्द्रीकरण करने वाली प्रवृत्ति, सांस्कृतिक मूल्यों, प्रजातांत्रिक ढांचे और अन्ततोगत्वा स्वतन्त्रता का विनाश कर सकती है। अतः उनके मत में आर्थिक विकेन्द्रीकरण आवश्यक है।

राष्ट्र का अर्थ एक जीवंत इकाई

"राष्ट्र और राज्य" नामक लेख में पंडित जी ने राष्ट्र को निम्न शब्दों में व्यक्त करने का प्रयत्न किया - "राष्ट्र एक जीवमान इकाई है। वर्षों, शताब्दियों के लम्बे कालखण्ड में इसका विकास होता है। किसी निश्चित भूभाग में निवास करने वाला

मानव- समुदाय जब उस भूमि के साथ तादात्म्य का अनुभव करने लगता है, जीवन के विशिष्ट गुणों को आचरित करता हुआ समान परम्पराओं और आकाँक्षाओं से युक्त होता है, सुख-दुःख की समान स्मृतियों और शत्रु-मित्र की समान अनुभूतियों को प्राप्त कर परस्पर हित संबंधों में जुड़ा होता है, संगठित होकर अपने श्रेष्ठ जीवन- मूल्यों की स्थापना के लिये सचेष्ट होता है और इस परम्परा का निर्वाह करने वाले तथा उसे अधिकाधिक तेजस्वी बनाने के लिए महान् तप, त्याग, परिश्रम करने वाले महापुरुषों की श्रृंखला का निर्माण होता है, तब पृथ्वी के अन्य मानव समुदायों से भिन्न एक सांस्कृतिक जीवन प्रकट होता है। इस भावात्मक स्वरूप को ही राष्ट्र कहा जाता है।"

पंडित जी ने राष्ट्र को एक जीवंत इकाई माना है। उनके लिए राष्ट्र एक निश्चित भूभाग पर बसने वाला जन-समुदाय मात्र नहीं होता, वरन् जब जन-समुदाय का तादात्म्य उस भूभाग के साथ होने लगता है तो जो वृत्ति विकसित होती है वही राष्ट्र के प्रति प्रेम और समर्पण का विकास करता है।

दीनदयाल जी का समाजशास्त्रीय चिन्तन

दीनदयाल जी के समाजशास्त्रीय चिन्तन को तीन प्रमुख भागों में बाँटा जा सकता है। पहला समाज चिंतन दूसरा सामंजस्यपूर्ण समाज व्यवस्था और तीसरा एकात्म मानवदर्शन।

समाज चितन में उनका योग अनूठा है। पाश्चात्य विद्वानों ने समाज को व्यक्तियों का समूह माना है। व्यक्ति जागरूक होकर परस्पर संविदा कर समाज के निर्माण का काम करते हैं। इस प्रकार से समाज व्यक्तियों के जागरूक प्रयत्नों का संविदात्मक फल माना गया है। सामाजिक समझौता के सिद्धांत के अनुसार व्यक्ति के पारस्परिक समझौते से बना समाज कृत्रिम है। मनुष्य समाज से पृथक अस्तित्व रखता है और वह समाज से पूर्व भी मानव था। इस धारणा को स्वीकार करना अब कठिन है।

कतिपय पाश्चात्य विचारकों ने समाज को एक जैविक सादृश्यता का रूप प्रदान करने का प्रयत्न किया है। प्लेटो, हीगल, हरबर्ट स्पेंसर, विलियम मैकडॉगल आदि विद्वानों ने लगभग इसी प्रकार के मिलते-जुलते विचारों को प्रकट किया है। दुर्खीम ने भी समूह मन या सामूहिक मेधा के रूप में समाज को देखा है।

ओसवाल्ड स्पेंगलर ने तो समाज के जन्म, काल, तरुण, वृद्ध और मृत्यु अवस्था का भी वर्णन किया है। समाज को अवयव या यंत्र के रूप में इस प्रकार के वर्णन करने से, व्यक्ति का व्यक्तित्व नकार दिया गया है। स्वतन्त्रता, समता आदि की बात ऐसे यांत्रिक रूप में समाज के लिए करना योग्य नहीं होगा।

दीनदयाल जी इन दोनों ही प्रकार की बातों से बचना चाहते थे। उनका यह मत था कि व्यक्तियों के कारण से ही समाज निर्मित होता है किन्तु व्यक्तियों के एकत्रीकरण मात्र से ही समाज नहीं बनता। समाज को वे कृत्रिम नहीं मानते, न केवल निर्जीव यंत्र के रूप में ही वे समाज को देखते हैं। समाज स्वयंभू होता है। उसकी अपनी एक अस्मिता है। प्रत्येक समाज की अपनी प्रकृति है। अपना एक व्यक्तित्व है। यह व्यक्तित्व नैसगिक है।

पाश्चात्य जगत् का इतिहास प्रतिक्रियाओं का इतिहास बन बैठा है। रोमन राज्य के विरुद्ध विद्रोह हुआ तो राष्ट्रों का उदय हुआ। राष्ट्र और अन्तर्राष्ट्रीयता के बन्धुभाव में झगड़े होने लगे। इसकी प्रतिक्रिया यह हुई कि धर्म को अफीम माना जाने लगा और राष्ट्रीयता मानवता को बांधने वाली संकुचित सीमा मानी जाने के कारण त्याज्य बन बैठी। प्रजातंत्र और साम्यवाद इसी प्रतिक्रिया के रूप में जन्मे और पल्लवित हुए हैं। परिणाम स्वरूप अपरिवारवाद् की कल्पना सामने आई। परिवार के स्थान पर कम्यून और व्यक्तियों के स्थान पर संस्थाओं से कार्य प्रारम्भ कराने की योजनाएं बनीं। केन्द्र सशक्त होने लगे और राज्य ने उन्हीं अधिकारों को ओढ़ लिया जिससे कि मानव ने बचने के लिये राज्य से रक्षा चाही थी। पाश्चात्य जगत् यहां पर दिग्भ्रमित सा खड़ा है।

एकात्म मानवदर्शन के रूप में इसका निदान दीनदयाल जी ने प्रस्तुत किया है। पंडित जी के अनुसार एक इकाई से दूसरी इकाई स्वतः विकसित होती है। ये दोनों परस्पर विरोधी नहीं हैं वरन् एक के उद्भव से ही दूसरे का विकास होता है। व्यक्ति से परिवार, परिवार से ग्राम, ग्राम से समुदाय, समुदाय से राष्ट्र, राष्ट्र से विश्व बन्धुत्व और विश्व बन्धुत्व से भी आगे बढ़कर मानवेत्तर सृष्टि के साथ एकात्म भाव के विकास की बात दीनदयालजी के एकात्म मानवदर्शन में मिलती है। इसको दत्तोपंत ठेंगड़ी ने अखंड मंडलाकार व्यवस्था कहा उन्होंने संकेन्द्री व्यवस्था और अखंड मंडलाकार व्यवस्था में भेद बताते हुए लिखा है कि-

"यह रचना संकेन्द्री है इसमें व्यक्ति या मानव केन्द्र बिन्दु है। अब उससे सम्बन्ध न रखते हुए अन्य छोटे परिवार, समुदाय, राष्ट्र और मानवता के हैं। यह एक दूसरे को आवृत्त अवश्य करते हैं, पर एक दूसरे से अलग हैं, और एक दूसरे से निर्गमित नहीं होते।"

इसके स्थान पर विकास की जो प्रक्रिया है उसे कुंडलित, सर्पित या उत्तरोत्तर वृद्धि करने वाली प्रक्रिया के रूप में देखा जाता है। इसका मूल बिन्दु भी व्यक्ति है। किंतु व्यक्ति का संबंध व्यक्ति से रहते हुए भी एक दूसरी सृष्टि इसी से संबंधित है और इसी से विकसित है। यह परिवार के रूप में विकसित होती है। जो आगे समुदाय, राष्ट्र, मानवता आदि के रूपों में विकसित होती है। यह विकास की संभावनाओं को प्रकट करती है। संकेन्द्री व्यवस्था में असम्बद्धता है। इसमें वृत्त एक दूसरे को आवृत्त अवश्य करते हैं किन्तु वे एकांतिक हैं। जबकि अखंडमंडलाकार व्यवस्था में पहली इकाई से ही स्वाभाविक रूप से दूसरी इकाई का उद्भव एवम् जन्म होता है। यह क्रम निरंतर चलता रहता है। इसी उत्तरोत्तर वृद्धि को अखण्ड मण्डलाकार व्यवस्था की संज्ञा दी जाती है।

इस व्यवस्था से स्पष्ट होता है कि व्यक्ति और परिवार, परिवार और समुदाय, समुदाय और राष्ट्र, राष्ट्र और मानवता आदि के हितों में परस्पर न विरोध है और न असंगति है। यदि असंगति दिखाई देती है तो यह विकृति है। ये सभी एक दूसरे को आवृत्त करने वाली इकाइयाँ एक दूसरे का निषेध नहीं करतीं वरन् विश्व नागरिकता से भी ऊपर उठकर 'सर्वभूतहिते रता' की भूमिका पर ले आती हैं। आत्म चेतना का यह विकास-क्रम इकाइयों के विकास की कहानी है, जो अराजकता उत्पन्न नहीं करती, मूल्यहीनता के उद्भव के लिये इस विकास क्रम में कोई स्थान छूटता ही नहीं। अतः ये परस्पर सम्बद्ध हैं। और 'सर्व खिल्विदम् ब्रह्म' तक ले जाने वाली व्यवस्था है। इकाइयों में पारस्परिक संघर्षों की भूमिका को अस्वीकार करते हुए वे समन्वयात्मक समाज-व्यवस्था को ही प्रमुख स्थान देते रहे हैं। इसमें लौकिक और अलौकिक जीवन मूल्यों की एक सार्वलौकिक व्यवस्था की योजना है।

भारतीय मनीषियों ने भौतिक लाभ और सामाजिक प्रतिष्ठा दोनों को ही व्युतक्रमानुपात में संजोया हैं। प्रेरणा के ये दो रूप मानव को कार्य करने के लिये प्रोत्साहित करते हैं। यदि सामाजिक प्रतिष्ठा अधिक चाहिये तो भौतिक लाभ और

समृद्धता उतने अंशों में कम मिलेगी। भारतीय चिंतकों ने धनी एवम् सम्पन्न व्यक्ति को प्रतिष्ठित नहीं किया है। जीवन मूल्यों के इन संदर्भों की विवेचना बार-बार कई संदर्भों में दीनदयाल जी ने की है।

पश्चिम के विचारों का स्थानीय हितों से सामंजस्य

पश्चिम के विचारों के बारे में दीनदयाल उपाध्याय ने मुखर तरीके से अपने राजनीतिक विचार रखे। हॉब्स, लॉक तथा रूसो द्वारा प्रतिपादित सामाजिक समझौते का सिद्धान्त, समाजोत्पत्ति का नहीं वरन् राज्योत्पत्ति का ही सिद्धान्त है। इस सिद्धान्त को सामाजिक समझौते का सिद्धान्त कहते अवश्य हैं लेकिन यह वस्तुतः 'राज्य स्थापना के लिए समाज द्वारा किए गए समझौते का सिद्धान्त है।' द्वितीयतः पश्चिम के 'सामाजिक समझौता सिद्धान्त के प्रतिपादकों ने इस सिद्धान्ते को 'राजा की ईश्वरीय सत्ता' के खिलाफ ही प्रतिपादित किया था। अतः यह उल्टी बात नहीं वरन् सीधी बात हुई कि पश्चिम के ये विचारक भी प्राचीन भारतीय कल्पना के 'समझौता सिद्धान्त की सत्यता का साक्षात्कार कर सके। अतः इस समझौता सिद्धान्त के प्रतिपादकों को उपालंभ देने के बजाय उनका साधुवाद करना चाहिए कि उन्होंने पश्चिम की एक गलत अवधारणा को ठीक करने का प्रयास किया। उन्होंने भारतीयता के मंडन के साथ-साथ पश्चिम के खंडन की प्रवृत्ति को भी सहज भाव से प्रस्तुत किया है।

राज्य का नया विचार-धर्मराज्य

दीनदयाल जी ने 'धर्म' की अवधारणा के संदर्भ में धर्मराज्य, धर्मनिरपेक्ष राज्य तथा 'थियोक्रेटिक स्टेट' के विषय में विस्तार से चर्चा की थी । प्रथम समाज की 'राज्यविहीन धर्मव्यवस्था' तथा द्वितीय, समाज की 'धर्मराज्य व्यवस्था।' समाज में 'राज्यविहीन धर्मव्यवस्था' का तात्पर्य है, समाज स्वेच्छा से नियमों का पालन करता है। नियमों के पालन के लिए किसी बाहरी सत्ता की जरूरत नहीं होती। समाज की शिक्षा व संस्कार-व्यवस्था इतनी सबल होती है कि सामान्य परिवार एवं पंचायत-व्यवस्था से उसका काम सहज ही चलता रहता है। नियमों के उल्लंघन की प्रवृत्ति नहीं होती। सहज रूप से 'नियमों 'के पालन की इस व्यवस्था को 'राज्यविहीन धर्मव्यवस्था' कहा जा सकता है। यह व्यवस्था इतनी

अनौपचारिक होती है कि 'धर्म' के नियमन की किसी औपचारिक व्यवस्था का भी विधान नहीं रहता। सुखी वैयक्तिक व सामाजिक जीवन के नियमों को ढूँढने का प्रयत्न ना करते हुए अपने ही दृष्टिकोण का आग्रह करते जाएँ तो 'वादे वादे जायते तत्वबोध: 'की उक्ति चरितार्थ होती है। वाल्टेयर ने जब कहा कि 'मैं तुम्हारी बात सत्य नहीं मानता लेकिन अपनी बात कहने के तुम्हारे अधिकार के लिए मैं पूरी शक्ति से लडूंगा '-तो उसने मनुष्य के केवल 'कंठशोषा' के अधिकार को ही स्वीकार किया। दीनदयाल जी का स्पष्ट मत था कि "राजनीति के लिए राष्ट्रीयता नहीं, राष्ट्रीयता के पोषण के लिए राजनीति होना चाहिए।" इसी आधार पर वे सुराज्य से स्वराज्य को अधिक महत्व देते थे। राष्ट्र के जो अंग हैं उनके द्वारा राज्य चले, यह राज्य राष्ट्रीय हित में चले और स्वावलम्बी हो, यह तीन बातें स्वराज्य के लिए उन्होंने आवश्यक मानी हैं। इसके लिए वे कहा करते थे कि-

"राष्ट्रीय समाज राज्य से बढ़कर राष्ट्र की आराधना करें। सच्चा सामर्थ्य राज्य में नहीं, राष्ट्र में ही निहित है। इसलिए जो राष्ट्र के प्रेमी हैं, वे राजनीति के ऊपर राष्ट्र-भाव की आराधना करते हैं। राष्ट्र ही एकमेव सत्य है। इस सत्य की उपासना करना सांस्कृतिक कार्य कहलाता है। राजनीतिक कार्य भी तभी सफल हो सकते हैं. जब इस प्रकार के प्रखर राष्ट्र भाव से युक्त सांस्कृतिक कार्य की शक्ति उसके पीछे सदैव विद्यमान रहे।"

प्रजातंत्र के कट्टर हिमायती दीनदयाल

दीनदयाल जी के समय में ही साझे मोर्चे की राजनीति राष्ट्रीय फलक पर आ चुकी थी अतः उसका मूल्यांकन करते हुए उन्होंने कहा था कि सत्ता प्राप्ति के लिए लोकतंत्र का अवसरवादी उपयोग हमारे प्रजातंत्र के लिए एक बड़ी चुनौती है। संयुक्त मोर्चे भी अपने देश में बनाए जाते रहे है, जिन समझौतों व संयुक्त मोर्चा का आधार यही रहा करता है कि विभिन्न राजनीतिक दल पृथक-पृथक रूप से लड़कर सत्तावादी लोग आदर्श व नीति को तात्कालिक परिणामों के भय से त्याग देते हैं। उनकी व्यवहार नीति के नाम पर अवसरवाद पनपता है। जिस 'अवसरवाद' के बारे में दीनदयाल उपाध्याय ने चेताया था, उसका जब भयानक दौर आज आधुनिक भारत की राजनीति में देखा जा सकता है। दीनदयाल जी लोकतांत्रिक प्रणाली के अध्ययन से से हमें यही महसूस होता है की वे प्रजातंत्र में

विश्वास करने वाले थे और जीवन भर उन्होंने अपने इस सिद्धांत के लिए लोगों से आव्हान करते रहे। भारत के राजनीतिक दल अभी अपनी गहरी जड़ें जनता में जमा नहीं सके हैं। यही कारण है कि आज भी पुराने राजे-महाराजाओं, नवाबों और जागीरदारों को अपने-अपने दल में घसीटने का प्रयत्न किया जाता है। हम इस बात को स्वीकार करते हैं कि इस पुराने वर्ग को भी देश के राजनीतिक क्षेत्र में सक्रिय बनाना चाहिए परंतु उनको टिकट देने का आधार तो राजवंश में उनका जन्म न होकर, उनकी योग्यता ही होना चाहिए। उच्च राजनीतिक चिंतन दीनदयाल जी के बारे में हम यही कह सकते है यदि उनको जानना और समझना हो तो उस समय की अंतर्राष्ट्रीय राजनीति को समझना जरूरी है। तभी हम उनके राजनीतिक विचारों को गहराई से समझ सकते है।

साम्यवाद और एकात्म मानवदर्शन में अन्तर

साम्यवादी और एकात्म मानववादी व्यवस्था दोनों ही विश्व राज्य के निर्माण की बात कहते हैं। किन्तु दोनों के विश्व राज्य की कल्पना में पर्याप्त अंतर है। साम्यवादियों के विश्व राज्य की कल्पना में एक केन्द्र प्रमुख रहेगा। शेष सभी छोटी छोटी इकाइयां (राष्ट्र या राज्य) इस केन्द्र में विलीन हो जायेंगी। न राज्य रहेगा और न भौगोलिक सीमाएँ मानवता को टुकड़ों में बांट सकेंगी। किन्तु एकात्म मानवदर्शन ने राष्ट्र को अस्वीकार नहीं किया है। छोटी इकाइयाँ बड़ी इकाइयों में विलीन नहीं होंगी, प्रत्येक राष्ट्र अपनी चिति के अनुसार अपना विकास करेगा।

समस्याएं सुलझाने में समाज चिंतन जरूरी

पंडित जी का मानना था कि सामाजिक चिंतन के अभाव में तमाम सामाजिक समस्याओं को सुलझाना बहुत कठिन काम है। इसके लिए निरंतर प्रयास करने की जरूरत है, तभी हम समाज की सामाजिक समस्याओं पर अपना ध्यान केन्द्रित कर सकते है। आधुनिक बनाम प्राचीन समाज आधुनिक भारत की सही-सही तस्वीर प्रस्तुत करने के लिए प्राचीन भारत का अध्ययन भी बहुत जरूरी होता है। दीनदयाल जी का अपना एक मत था कि समाज को देखने के कई विचार समाज में मौजूद है। लेकिन वे समूहों में बिखरे पड़े है जिन्हें शामिल करना पड़ेगा। दूसरी ओर ऐसे लोग है जो कि इन सभी का खंडन भी करते है

और इस संबंध में किसी पर भी विचार करने के लिए तैयार नहीं हैं। दीनदयाल जी इस विषय में सोचते है कि ये दोनों विचारधाराएँ गलत है एवं आंशिक सत्य का प्रतिनिधित्व करती है परन्तु यह भी हमारे लिए उचित नहीं होगा कि हम इन्हें बिल्कुल ही बाहर निकाल दें। जो हजारों वर्ष पूर्व छोड़ गए समय की वकालत करते हैं वे यह भूल जाते है कि यह वांछनीय हो अथवा न हो परन्तु निश्चित रूप से यह असंभव है। समय की प्रवृत्ति को वापिस नहीं लाया जा सकता है। दीनदयाल जी सामाजिक जीवन की विसंगतियों को अच्छी तरह से समझते थे उन्होंने एक स्थान पर कहा था कि पूर्व के लिए हजारों वर्षं में हमने जो अपनाया क्या यह हम पर दवाब था? हम अब इसे इच्छानुसार अस्वीकार कर सकते हैं। इसके अतिरिक्त हम वास्तविकता का अहसास थोड़े समय के लिए के लिए नहीं कर सकते है। हम अपने जीवन में सदैव कर्म प्रधान नहीं रह सकते है चाहे हमारे लिए कितनी ही नई चुनौतियों की स्थिति क्यों न हों। हमें अपने जीवन के पुनः निर्माण के लिए नई स्थितियों की आवश्यकता के अनुसार प्रयास करना है। इसलिए हमें अपनी आंखों पर यह परदा नहीं डालना होगा कि यह एक हजार वर्षं पहले घटित हुआ है दीनदयाल जी का मानना था कि हमें प्राचीन और आधुनिक सभी स्थितियों पर विचार विमर्श करना पड़ेगा। प्रगति का आधार पश्चिम नहीं जब तक आप किसी भी समाज का तुलनात्मक अध्ययन नहीं करते तो आप समग्रता से कोई भी राय समाज को दे नहीं सकते है। इसीलिए दीनदयाल जी ने न सिर्फ प्राचीन भारत का अध्ययन किया बल्कि विदेशी सभ्यताओं का भी अध्ययन किया था। सामान्यता जो लोग भारतीय समाज की प्रगति का आधार पश्चिम की विचारधाराओं को बनाना पसंद करते है, वे भूल जाते हैं की ये सभी विचारधाराएँ कुछ विशेष स्थितियों में एवं नियत समय में ही उभरी हैं। ये अनिवार्य रूप से सर्वव्यापी नहीं हैं। वे इस विशेष लोगों की सीमाओं से मुक्त नहीं हो सकती हैं एवं उनकी संस्कृति इन वादों को जन्म देती हैं। इसके अतिरिक्त इनके कुछ उपाय पहले ही पुराने हो गये हैं। हमारे देश के सम्मुख समस्याओं के लिए मार्क्सवाद की याचिका वैज्ञानिक एवं व्यावहारिक दृष्टिकोण की प्रतिक्रिया के बराबर होगी। यह हैरानी की बात है कि जो मृतक परम्पराओं को हटाने के द्वारा समाज में सुधार लाना चाहते हैं वे अपने आपको कुछ पुरानी विदेशी परम्पराओं में झोंकना चाहते हैं। प्रत्येक देश की अपनी ऐतिहासिक, सामाजिक तथा आर्थिक स्थिति होती है एवं देश के नेता

समय समय पर इसकी पृष्ठभूमि पर विचार करते हुए लोगों की समस्याओं के निराकरण के संबंध में निर्णय लेना पड़ेगा। यह तथ्य परक कथन है कि हमारे देश के नेताओं द्वारा लोगों की समस्याओं को दूर करने के लिए किए गए निराकरण सभी पर लागू होते हैं। यह आसान उदाहरण सभी के लिए पर्याप्त होगा जबकि सभी मानवों में समान रूप से जैविक आधार की गतिविधि पाई जाती है तथा एक दवाई यदि इंग्लैंड में सहायक हो सकती है तो यह अनिवार्य नहीं है कि भारत में भी सहायक हो।

बीमारियाँ मौसम, पानी, खाने की आदतों एवं आनुवंशिकता पर बहुत ज्यादा निर्भरता रहती है। हालांकि आन्तरिक लक्षण स्पष्ट रूप से समान हो सकते है फिर भी यह आवश्यक नहीं है कि समान दवाई सभी व्यक्तियों को रोग मुक्त करें। वे व्यक्ति जिन्होंने सभी दवाइयों के लिए शोधन-कार्य किया है वे डॉक्टरों की अपेक्षा में इलाज के लिए नीम-हकीम कहे जा सकते हैं। इसलिए आयुर्वेद में कहा गया है कि प्रत्येक स्थान पर बीमारी के इलाज के लिए एक उचित स्थान की तलाश की जानी चाहिए। इसलिए यह सम्भव और न ही हितकारी होगा कि हमारे देश में मूल रूप में विदेशी वादों को अंगीकार किया जाए। दूसरी ओर यह आवश्यक नहीं है कि अन्यत्र रूप में फैले सभी विचार एवं सिद्धांत स्थान एवं समय के अनुरूप स्थानीय हो। किसी भी विशेष स्थान एवं सामाजिक वातावरण में मानव का प्रत्युत्तर कई मामलों के परस्पर संबंध रखता है एवं अन्य समयों पर अन्यत्र रूप से अन्य मानव द्वारा प्रयोग किया जाता है। इसलिए अन्य समाजों के भूत अथवा वर्तमान में किए गए विकास से अपेक्षा रखना ठीक नहीं है। सत्य जो भी हो इन विकासों के अंतर्दृष्टि को स्वीकार नहीं करना चाहिए एवं शेष को ईमानदारी से उपेक्षित करना चाहिए। अन्य समाज के विवेक का समावेश करते हुए यह उचित होगा कि हम उनकी गलतियों अथवा विकृतियों पर ध्यान न दे। उनके विवेक को हमें विशेष परिस्थितियों में अंगीकार किया जाना चाहिए। संक्षिप्त रूप में हमें उनके पूरे समाज के ज्ञान, प्राप्तियाँ, आन्तरिक सिद्धांतों एवं सत्य को अंगीकार करना चाहिए। दीनदयाल जी भारत को एक विशेष संरचना वाला देश मानते है इसीलिए यहां पर बदलाव लाने के लिए भारतीय पद्धति का आविष्कार करना पड़ेगा तभी हम विदेशी को अपने अनुसार अंगीकृत कर सकते है। भारतीय सामाजिक संरचना का आकर्षण दुनिया में भारत की सामाजिक संरचना सबसे जटिल मानी

जाती है क्योंकि देखा गया है कि सभी विचारधाराएं भारत में आकर दम तोड़ देती है। आज मानवता सन्देह के चौराहे पर खड़ी है एवं भविष्य की प्रगति के लिए सही रास्ते के निर्णय को लेने के असमर्थ है। पश्चिम विश्वास के साथ कहने की स्थिति में नहीं है कि उसके पास एक सही रास्ता है। वह अपने आप ही रास्तों की तलाश में है। इसलिए जब तक हम किसी भी प्रकार के परिवर्तन नहीं कर सकते है यह भारत के लिए भी लागू होता है। पश्चिम में प्रमुख रूप में समूहों में जीवन की सोच की प्रवृति में एवं कार्यं में एक दूसरे के साथ के लिए किए जाने वाले प्रयासों में भ्रान्तियाँ है। हम स्वीकार करते है कि जीवन में विविधताएँ हैं परन्तु हम सदैव एकता की खोज प्रमुखता से करते हैं। यह प्रयास पूर्णतया वैज्ञानिक होता है।

वास्तव में समाज की अपनी अलग आत्मा है, उसका अपना जीवन है, यह व्यक्ति की तरह सार्वभौमिक है। व्यक्ति और समाज के बारे में दीनदयाल जी कभी भी इस दृष्टिकोण को स्वीकार नहीं किया कि समाज एक मध्यस्थ संस्था है। इसका अपना जीवन है। इसका अपना शरीर, मस्तिष्क, बुद्धि तथा आत्मा है। कुछ पाश्चात्य मनोवैज्ञानिक इस सत्य को अब स्वीकार करने लगे हैं। समाज की मानसिकता समाज निर्माण की प्रक्रिया में बहुत से अवयवों का योगदान होता है जिसे समझना बहुत जरूरी होता है लेकिन भारत की सामाजिक संरचना को समझने के लिए हमें अपने देश की आन्तरिक शक्तियों को पहचानना भी जरूरी है। दीनदयालजी ने मनोविज्ञान के अधिकतर सिद्धांतों की भी व्याख्या अपने तरीके से की जो आज भी बहुत जरूरी मानी जाती है। मैकडॉगल ने मनोविज्ञान की नई शाखा को जन्म दिया जिसे उन्होंने "ग्रुप माइंड" की संज्ञा दी। उन्होंने स्वीकार किया कि इस समूह का अपना मस्तिष्क, अपना अलग मनोविज्ञान तथा चिंतन और कार्य के इसके अपने तरीके हैं। समूह की भावनाएं भी हैं। ये भावनाएं व्यक्तिगत भावना के पूर्ण रूप से समान नहीं है। सामूहिक भावनाएं व्यक्तिगत भावना का गणितीय रूप से योग करने का नाम नहीं है, न ही सामूहिक शक्ति व्यक्तिगत शक्तियों का योगदान है। समूह की शक्ति व्यक्तिगत भावना से एकदम अलग हैं। अतः कई बार ऐसा अनुभव होता है कि कमजोर होने पर भी एक व्यक्ति समाज का नायक बन जाता है। व्यक्ति और समाज के विषय पर गंभीर चर्चा करते हुए दीनदयाल जी कहते है कि कई बार एक व्यक्ति अपनी आलोचना तो बर्दाश्त कर लेता है लेकिन समाज की बेइज्जती उसके बर्दाश्त के बाहर होती है। हो

सकता है एक आदमी अपनी व्यक्तिगत बेइज्जती को बर्दाशत कर जाए अथवा भूल जाए लेकिन वह आदमी समाज को भला-बुरा कहने वाले को क्षमा न कर पाए।

सामाजिक समस्याओं पर दीनदयाल जी का मंतव्य

दीनदयाल जी भारत की सामाजिक समस्याओं के प्रति बहुत ही ज्यादा सचेत थे। उनका अपना अध्ययन था कि बिना सामाजिक समस्याओं की पहचान के आप नये समाज का निर्माण नहीं कर सकते है। भारत में एक ही संस्कृति रह सकती है एक से अधिक संस्कृतियों का नारा देश के टुकड़े-टुकड़े करके हमारे जीवन का विनाश कर देगा। अतः द्विसंस्कृतिवाद, कांग्रेस का प्रच्छन्न द्विसंस्कृतिवाद तथा साम्यवादियों का बहुसंस्कृतिवाद नहीं चल सकता। आज तक एक-संस्कृतिवाद को संप्रदायवाद कहकर ठुकराया गया किंतु अब कई विरोधी भी अपनी गलती समझकर इसी एक-संस्कृतिवाद को अपना रहे हैं। इसी भावना और विचार से भारत की एकता तथा अखंडता बनी रह सकती है तथा तभी हम अपनी संपूर्ण समस्याओं को सुलझा सकते हैं। देश आजाद हो चुका था लेकिन देश की तमाम समस्या अभी भी बनी हुई है इसीलिए देश भक्ति का जज्बा हर समय लोगों के पास रहना चाहिए तभी वह समाज को आगे ले जाया जा सकता है। दीनदयाल जी का स्पष्ट मनाना था कि मनुष्य की अनेक जन्मजात प्रवृत्तियों के समान वह देशभक्ति की भावना को भी स्वभाव से ही प्राप्त करता है।

भारत की आत्मा हमारा सांस्कृतिक दृष्टिकोण

पं. दीनदयाल जी ने देखा की भारत का एक वर्ग पश्चिम की और देख रहा है भारत में सिर्फ उसको कमियां ही कमियां नजर आ रही है ऐसे कठिन समय में उन्होंने आपने अध्ययन से सबको सचेत कर दिया की भारत ने विश्व को बहुत कुछ दिया है बस उसको दुनिया तक पहुंचने की आवश्यकता है। हमने देखा है कि भारत की आत्मा को समझना है तो उसे राजनीति अथवा अर्थनीति के चश्मे से न देखकर सांस्कृतिक दृष्टिकोण से ही देखना होगा। भारतीयता की अभिव्यक्ति राजनीति के द्वारा न होकर उसकी संस्कृति के द्वारा ही होगी। विश्व को भी यदि

हम कुछ सिखा सकते हैं तो उसे अपनी सांस्कृतिक सहिष्णुता एवं कर्तव्य प्रधान जीवन की भावना की ही शिक्षा दे सकते हैं, राजनीति अथवा अर्थ नीति की नहीं।

प्रगति का आधार- एक राष्ट्र ,एक संस्कृति

दीनदयाल जी का मानना था कि आज मानव समाज अपने प्रयासों से कई पायदान आगे बढ़ गया हैं। राष्ट्रीय स्वयंसेवक संघ तथा कांग्रेस में पुरुषोत्तमदास टंडन जैसे व्यक्ति इसी एक-संस्कृतिवाद के पोषक हैं। यह तरीका भी सामाजिक समस्याओं को समझने का प्रयास हो सकता है। एक राष्ट्र ,एक संस्कृति को लेकर दीनदयाल जी का अपना मत है कि देश कोई वस्तु नहीं है जिसे अलग-अलग तरह से देखा जाये। देश की सामाजिक समस्याओं में से एक यह भी है कि हम देश को एक राष्ट्र के रूप में नहीं देखते। देश की एकता को कायम रखने के लिए कम से कम उन सार्थक मुद्दों की जरूरत होती है जिसके आधार हम कह सके कि हां देश की एकता इस प्रकार कायम की जा सकती है। इस विषय पर कई मत मतान्तर है, किन्तु दीनदयाल जी का अपना स्पष्ट मत है कि केवल एक-संस्कृतिवादी लोग ही ऐसे हैं जिनके समक्ष और कोई ध्येय नहीं है तथा जैसा कि हमने देखा, संस्कृति ही भारत की आत्मा होने के कारण वे भारतीयता की रक्षा एवं विकास कर सकते हैं। शेष सब तो पश्चिम का अनुकरण करके या तो पूँजीवाद अथवा रूस की तरह आर्थिक प्रजातंत्र तथा राजनीतिक पूँजीवादी का निर्माण करना चाहते हैं। अतः उनमें सब प्रकार की सद्भावना होते हुए भी इस बात की संभावना कम नहीं है कि उनके द्वारा भी भारतीय आत्मा का तथा भारतीयत्व का विनाश हो जाए। अतः आज की प्रमुख आवश्यकता यह है कि एक-संस्कृतिवादियों के साथ पूर्ण सहयोग किया जाए। तभी हम गौरव और वैभव से खड़े हो सकेंगे तथा भारत-विभाजन जैसी भावी दुर्घटनाओं को रोक सकेंगे।

देश हित में काम करे राजनीतिक दल

दीनदयाल जी का मत है कि एक अच्छी पार्टी केवल व्यक्तियों का एक संग्रह नहीं है, लेकिन सत्ता पर कब्जा करने के लिए अपनी इच्छा से अलग एक विशिष्ट उद्देश्यपूर्ण अस्तित्व के साथ एक निगमित निकाय है। राजनीतिक सत्ता के लिए एक साधन के बजाय एक ऐसी पार्टी के सदस्यों के लिए एक अंत होना चाहिए।

पार्टी के रैंक और प्रोफाइल में एक कारण के प्रति समर्पण होना चाहिए। भक्ति समर्पण और अनुशासन की ओर जाता है। अनुशासन लागू करना पार्टी की आंतरिक शक्ति है। अनुशासन धर्म एक समाज के लिए क्या एक पार्टी के लिए है। दीनदयाल जी राजनीतिक दलों के बारे में भी अपनी स्पष्ट राय रखते हुए कहते है कि विभिन्न राजनीतिक दलों को खुद के लिए एक दर्शन विकसित करने के लिए कोशिश करते हैं। व्यक्तियों के कुछ स्वार्थ के लिए एक साथ शामिल समूहों से होना नहीं है। यह एक वाणिज्यिक उपक्रम या एक संयुक्त स्टॉक कंपनी से कुछ अलग होना चाहिए। यह पार्टी के दर्शन पार्टी के घोषणा पत्र के पन्नों तक ही सीमित नहीं रखा है। सदस्यों को यह समझने के लिए और कार्रवाई में अनुवाद करने के लिए खुद को समर्पित करना चाहिए। अनुशासन के विषय में दीनदयाल का विचार सदा दूसरों से अलग रहा है । लोकतंत्र का सार, स्वशासन के लिए एक की भावना, और क्षमता है। दलों के समुदाय में स्वशासन के लिए एक इच्छा पैदा करने की उम्मीद कैसे कर सकते हैं। समुदाय की गारंटी और व्यक्तिगत खुशी से सामान्य इच्छा को प्रस्तुत करने के लिए यह, दूसरे हाथ पर भी वांछनीय है। एक पार्टी में सबसे अच्छा कार्य व्यक्तिगत स्वतंत्रता और सामाजिक जिम्मेदारी को संतुलित किया जा सकता है और एक मिसाल कायम कर सकते हैं। दलों में अपने सदस्यों के लिए आचार संहिता निर्धरित करने के लिए और इसे सख्ती से पालन करने के लिए यह आवश्यक है। दीनदयाल जी का स्पष्ट मानना था कि जो राजनीतिक दल या पार्टी भारत में जनता का ख्याल नहीं रखती या उसके एजेंडे में नहीं आती ऐसे में उसके अनुयाई पार्टी के हित के लिए ही काम करते नजर आयेंगे इसीलिए भारत के प्रत्येक जागरूक प्रतिनिधि को पार्टी से उपर उठकर काम करना चाहिए दल सच्चे अर्थों में देश की जनता के साथ न्याय कर सकते है।

दीनदयाल जी के विचार आज भी भारतीय राजनीति के लिए एक आदर्श वाक्य ही नहीं है बल्कि उनके अनुभव से निकले सिद्धांत है जिसे लागू करने के लिए हमें सदैव प्रयत्नशील रहना पड़ेगा, तभी हम उनको सच्ची श्रद्धांजलि दे सकते है।

समाजपरक आर्थिक विवेचन

सन् 1958 के जनसंघ के सातवें बेंगलोर अधिवेशन में 'समाजवाद' तथा 'पूँजीवाद' पर तीव्र प्रहार किए गए लेकिन उपाध्याय का संपूर्ण आर्थिक विवेचन समाजपरक एवं समतावादी है। वे संपत्ति पर व्यक्ति का समाज निरपेक्ष अधिकार स्वीकार नहीं करते। मुनाफावादी कर्मप्रेरणा तथा यांत्रिक उद्योगवाद के भी वे प्रबल विरोधी हैं। 'समाजवाद' का वे कई कारणों से विरोध करते है। वे कहते है कि समाजवाद सत्ता व वित्त का राज्य में केंद्रीकरण करता है। समाजवाद सर्वग्रासी राज्य का हिमायती है। समाजवाद लोकतंत्र विरोधी तानाशाही शासन का पोषक है। समाजवाद वर्ग संघर्षवादी, भौतिकवादी व अमानवीय दर्शन है। समाजवाद भारतीयता के प्रतिकूल विदेशी विचार है। इस विरोध के बावजूद उनके प्रतिपादन में समाजवाद के प्रति एक भावनात्मक लगाव है। वे समाजवादी प्रवृत्ति, समाजवादी दृष्टिकोण तथा समाजवादी आर्थिक राजनीतिक व्यवस्था, इस प्रकार समाजवाद की त्रि-आयामी व्याख्या करते हैं। समाजवादी प्रवृत्ति को वे आवश्यक बताते हैं, समाजवादी दृष्टि जो समतावादी है उसे वांछनीय मानते हैं लेकिन 'समाजवादी राज्य-व्यवस्था' का प्रबल विरोध करते हैं। पूँजीवादी व समाजवादी अर्थव्यवस्था को मूलतः समान प्रवृत्ति की घोषित करते हैं। कार्ल मार्क्स की वैज्ञानिक समाजवाद की व्याख्या से वे असहमत हैं। मार्क्स के भावात्मक रूप से प्रशंसक है लेकिन तर्क में उसका शिष्यत्व स्वीकार नहीं करते। इस संदर्भ में उपाध्याय के ये शब्द उल्लेखनीय हैं, "बुभुक्षितों के प्रति हार्दिक सहानुभूति और समाज में उन्हें समान स्तर और सम्मानपूर्ण स्थान प्राप्त करा देने की इच्छा, आज भी प्रत्येक समाजवादी को प्रेरणा देती है। उनकी सद्इच्छा सराहनीय है। इस दुःख से परिपूर्ण विश्व में असमानता, अन्याय, दुःख, कष्ट, उत्पीड़न, प्रताड़ित, दासत्व, शोषणऔर अभाव को देखकर कोई भी व्यक्ति जिसे मानवीय अंतःकरण प्राप्त है, समाजवादी वृत्ति अपनाए बिना नहीं रह सकता। परंतु समाजवाद यहीं तक सीमित नहीं है। यह ठीक है कि वह एक दुखपूर्ण स्थिति का अंत चाहता है। उसने स्थिति का विश्लेषण किया है, रोग का निदान किया और उसके लिये औषधि की योजना भी की है। यहाँ पर उन्हें मार्क्स का शिष्यत्व स्वीकार करना पड़ता है। उसने अपने समकालीन समाजवादी विचारों को एकत्रित कर एक ऐसी विस्तृत विचार सारणी प्रस्तुत की जो आगे आने वाली पीढी में नहीं आया अतः

लोगों ने उन्हें प्रचलित 'समाजवादी 'खेमे के विरोधी अर्थात 'पूँजीवादी 'खेमे में धकेल दिया। आज के तकनीकी युग में उद्योगवाद के विरोधी को आधुनिकीकरण का विरोधी भी माना जाता है। यही कारण है कि हमें दीनदयाल जी के विचार लोगों तक ठीक प्रकार से पहुंचने पड़ेंगे । दीनदयाल जी कहते है कि हम व्यक्तिवादी हैं,समाज के लिए खड़े हो जाओ। हमें समाज के लिए परवाह है क्योंकि हम उसी अर्थ में काम कर रहे है जैसे 'समाजवादी' कर रहे हैं।हमने अलग-अलग व्यक्तिवादी व्यवस्था की अनदेखी की है। हमें सर्वोच्च होने का व्यक्तिगत विचार नहीं है क्योंकि यह हमें व्यक्तिवादी कार्य नहीं कर रहे हैं।

दीनदयालजी की राजनीति और आन्दोलन

दीनदयाल जी ने संगठनों को साधन माना, साध्य नहीं लेकिन साधनों की सुडौलता के बारे में वे बहुत सावधान थे। अतः जब उन्होंने अपने साध्य को प्राप्त करने के लिए राष्ट्रीय स्वयंसेवक संघ तथा जनसंघ को साधन के नाते चुन लिया तो फिर संघ तथा जनसंघ के संगठन को साध्य के अनुकूल साधन बनाने के निमित्त ही उन्होंने आजीवन साधना की। साधनों के बारे में गंभीरता से ध्यान न देने के कारण अनेक सामाजिक व राजनीतिक कार्यकर्ताओं का जीवन ऐसा बन जाता है कि वे साध्य के आग्रही उपासक होने के नशे में संगठन या साधनभूत सामाजिक संस्थाओं को साध्य प्राप्ति के लिए अयोग्य घोषित कर नित्य संस्थाएँ तथा मंच बदलते रहते हैं। दीनदयाल उपाध्याय अपने साधनभूत संगठनों, राष्ट्रीय स्वयंसेवक संघ तथा जनसंघ के एकनिष्ठ साधक थे। सांगठनिक अभिनिवेश तथा दलवाद के विरोधी होते हुए भी वे संगठन को व्यावहारिक क्रिया का अनिवार्य साधन मानते थे। जीवन भर उन्होंने विभिन्न संस्थाओं व व्यक्तियों को ध्येयवादी बनाते हुए जनसंघ तथा संघ से जोड़ने का प्रयत्न किया। इस प्रयास के फलस्वरूप एक ऐसा समीकरण बन गया कि व्यक्ति दीनदयाल, संगठन राष्ट्रीय स्वयंसेवक संघ तथा जनसंघ एवं राष्ट्रीय पुनर्निर्माण का साध्य एकाकार हो गए। इन्हीं संगठनों के माध्यम से उन्होंने राष्ट्रीय पुनर्निर्माण में अपना योगदान दिया। देश की भौगोलिक अखंडता तथा सांस्कृतिक राष्ट्रवाद की दृष्टि से उसकी धारणा अन्य दलों से भिन्न थी। अतः जनसंघ ने अपनी स्थापना के प्रथम दिन से ही अखंड भारत को अपना प्रिय उद्घोष बनाया था। वैसे तो संप्रदाय के आधार पर

द्विराष्ट्रवाद तथा भारत के विभाजन को किसी ने भी स्वीकारा नहीं था लेकिन सिद्धांत न स्वीकारते हुए भी व्यवहार में भारत-विभाजन को न टाला जा सकने वाला तथ्य मानकर अंग्रेजों द्वारा प्रस्तुत, मुस्लिम लीग के नेतृत्व में पाकिस्तान राज्य के निर्माण के प्रस्ताव को सभी ने स्वीकार कर लिया था। जनसंघ ने इसको स्वीकार नहीं किया। आजाद हिंदुस्तान में अखंड भारत की आवाज बुलंद करने वाला मुखर स्वर दीनदयाल उपाध्याय थे, वे उसके व्याख्याता थे।

साहित्यिक आन्दोलन -अखंड भारत

सामाजिक एवं राजनीतिक आन्दोलनों में से उनका एक प्रमुख साहित्यिक आन्दोलन था- अखंड भारत। दीनदयाल जी के अनुसार 'अखंड भारत' देश की भौगोलिक एकता का ही परिचायक नहीं अपितु जीवन के भारतीय दृष्टिकोण का द्योतक है जो अनेकता में एकता का दर्शन करता है। अतः हमारे लिए अखंड भारत कोई राजनीतिक नारा नहीं है। बल्कि यह तो हमारे संपूर्ण जीवन दर्शन का मूलाधार है।

एकात्मक बनाम संघात्मक संविधान

हमारा संविधान दुनिया का सबसे बड़ा संविधान माना जाता है लेकिन दीनदयाल जी ने अपने संविधान से संबंधित लेखों से जाहिर कर दिया कि वे संविधान के प्रति बहुत ज्यादा जागरूक थे। दीनदयाल जी भारतीय संविधान की संघात्मक संविधान रचना के विरुद्ध तथा एकात्मक संविधान के पक्ष में थे। संघात्मक व एकात्मक शासन व्यवस्थाएँ वस्तुतः शासन की संरचनात्मक विविधताओं की परिचायक हैं लेकिन दीनदयाल जी ने संघात्मक रचना का विरोध किया और एकात्मक संविधान का समर्थन किया और कहा कि- 'भारत विविध इकाइयों का संघ है 'अथवा एक भारत की विविध इकाइयाँ अंगभूत है। इस सवाल ने यह भावात्मक आयाम ग्रहण कर लिया था कि भारत एक राष्ट्र है या भारत एक बहुराष्ट्रीय समुदाय। भारतीय संघात्मक संविधान के निर्माण में संरचनात्मक चिंतन की तुलना में यह भावात्मक मुद्दा अधिक प्रबल बन गया था। अंग्रेज तथा साम्यवादी विचारक भारत को एक बहुराष्ट्रीय समुदाय घोषित करते

थे। भारतीय संघवाद में यह 'बहुराष्ट्रीय' भाव अंतर्निहित था। अतः दीनदयाल संघवाद के उग्र विरोधी बन गए।

दीनदयाल जी ने संविधान सभा में कहा कि "हम यह अनुभव करते हैं कि सभी लोगों को संगठित करने के लिए एक शक्तिशाली केंद्र की आवश्यकता है लेकिन कुछ निर्देशों के कारण चाहे वे वास्तविक हों या काल्पनिक, हमें एक ऐसे केंद्र से संतोष करना है जिसको केवल तीन विषय दिए गए हैं, जिन्हें कि मंत्रिमंडल ने हमारे सामने रखा है। इस प्रकार हम प्रांतीय स्वशासन के सिद्धांत को अपनाकर काम कर रहे हैं। उन्होंने कहा कि एक 'बहुराष्ट्रीय राज्य' का निर्माण किया जाए जिसमें 'विभिन्न संस्कृतियों' को अपने विकास का पर्याप्त अवसर मिले।" दीनदयाल जी ने कहा कि "यदि भारत के वर्तमान संविधान का विचार राष्ट्र की धारणा के मानदंड से करें तो हमें पता चलेगा कि उसमें संशोधन की आवश्यकता है। हमारा एक राष्ट्र है, हम एक जन हैं, इसलिए हमने भाषा, प्रांत, जाति, मजहब आदि के आधार पर मूलभूत अधिकारों में किसी भी भेदभाव को स्वीकार नहीं किया। अलग-अलग प्रांत होते हुए भी अमेरिका की भाति यहाँ राज्य और संघ की अलग-अलग नागरिकता नहीं है। हम सब भारत के नागरिक हैं। इसी प्रकार हमने राज्यों को संघ से निकल जाने का अधिकार नहीं दिया। इतना ही नहीं, इन राज्यों की सीमाएँ और नाम क्या हो, यह निर्णय संसद ही कर सकती है, राज्यों के विधानमंडल नहीं। ये सब ठीक प्रावधान हैं। इतना होने पर भी हमने अपने संविधान को संघात्मक बनाया है। संघात्मक में इकाइयों की निजी सत्ता और प्रभुता होती है। वे एक समझौते के अनुसार अपने अधिकार केंद्र व संघ को सौंप देती है। हो सकता है कि वे इकाइयाँ अपने संपूर्ण अधिकार केंद्र को सौंप दें और इस तरह संघ अधिकार संपन्ने हो सकता है किंतु उसके सभी अधिकार उसे मिले हुए तथा सौंपे हुए रहते हैं। ऐसा कोई अधिकार नहीं जो उसका अपना ही हो। इस विचार से संविधान भारत के प्रांत की सत्ता को मूलभूत मानता है और केंद्र को राज्यों का समूह मात्र। यह सत्य के विपरीत है। भारत की एकता और अखंडता की धारणा का विरोधी है। इसमें भारतमाता की जीवनमान चैतन्यमयी कल्पना नहीं। दीनदयाल जी ने संविधान के प्रथम अनुच्छेद का उदाहरण देते हुए कहा कि "इंडिया अर्थात भारत राज्यों का संघ होगा।" अर्थात बिहार-माता, बंग-माता, पंजाब-माता, कन्नड़-माता, तमिल-माता आदि माताओं को मिलाकर

'भारत-माता' बनेगी। यह हास्यास्पद कल्पना है। हमने प्रांतों की कल्पना भारत-माता के अंग के रूप में की है, अलग-अलग माताओं के रूप में नहीं। अतः हमारा संविधान संघात्मक न होकर एकात्मक होना चाहिए।" 'बहुराष्ट्रीय' संघात्मक संविधान के निर्माण के लिए मूलभूत राज्य इकाई के निर्माण का आधार भाषा को बनाया जाना भी उपाध्याय को स्वीकार न था।

आर्थिक मुद्दों पर बेबाक राय

दीनदयाल जी को उनकी आर्थिक मुद्दों पर पकड़ के कारण उनको एक अर्थशास्त्री के रूप में भी जाना जाता है साथ ही उन्हें समकालीन भारत का चाणक्य भी कहा जाता है। उन्होंने अपने समय में न सिर्फ राजनीतिक प्रतिपादन किया बल्कि आर्थिक नीतियों की व्याख्या एवं विश्लेषण भी बड़े पैमाने पर किया। उन्होंने कहा कि कुछ आर्थिक क्षेत्रों में कई संस्थाएं सृजित की गईं। हमारी आर्थिक ताकत है कि इच्छाएं जीवन में हों और उन इच्छाओं की पूर्ति के लिए हर संभव प्रयास किए जाएं। सामान्यतया होता यही है कि इच्छा के अनुरूप ही व्यक्ति उत्पादन करता है। लेकिन स्थिति अब बदल चुकी है। लोग अब उत्पादन के अनुरूप उसका प्रयोग करते हैं। पाश्चात्य आर्थिक आंदोलन मांग के अनुरूप उसका उत्पादन करने के बजाए तो बाजार अनुसंधान के जरिए मांग के सृजन के लिए प्रयास किए जाते हैं। पहले उत्पादन माँग के अनुसार होता था जबकि आज माँग उत्पादन के अनुसार है। यही पाश्चात्य आर्थिक आंदोलन की प्रमुख पहचान है। चाय का ही हम उदाहरण लें। चाय का उत्पादन इसीलिए है क्योंकि लोग चाहते हैं और उसे मांगते हैं। अब उसका उत्पादन वृहद स्तर पर है और लोगों के वह मुँह लग चुकी है और सामान्य उपयोग की वस्तु बन गई है। इतना ही नहीं आज वह हमारे जीवन का अंग बन गया है। इसी तरह वनस्पति घी का उदाहरण लें तो हम पाएंगे कि कोई भी इसे प्रयोग में नहीं लाना चाहता था। पहले इसका उत्पादन हुआ फिर हमें बताया गया कि इसका प्रयोग करें। यदि उत्पादित माल का उपयोग नहीं किया गया तो स्वाभाविक रूप से उसमें संकुचन हुआ। 1930-32 के वाकये को कौन नहीं जानता। जब माल था लेकिन उसकी मांग नहीं थी। अतः फैक्ट्रियों को बंद करना पड़ा। दिवालियापन तथा बेरोजगारी चारों तरफ देखी गई। इस प्रकार अब यह अत्यंत आवश्यक है कि जो कुछ भी उत्पादित हो रहा है उसका

उपयोग किया जाए। 'स्वदेशी' की सकारात्मक सामग्री को हमारी अर्थव्यवस्था के पुनर्निर्माण की आधारशिला के रूप में इस्तेमाल किया जाना चाहिए।" पश्चिमी अर्थशास्त्र पर निर्भरता के बारे में दीनदयाल जी ने लिखा कि जीवन की विभिन्न परिस्थितियों की तुलना में हमारे आर्थिक विकास के रास्ते कम है हमें अपने नए रास्ते बनाने होंगे साथ ही पश्चिम के पारम्परिक रास्ते से भी अलग होना पड़ेगा।

कृषि उत्पादन और कृषक स्वामित्व

दीनदयाल मानते थे कि 'सहकारी खेती' की कल्पना खेतिहर किसान को भूमि से वंचित करने वाली है। अतः हमारे लक्ष्यों के प्रतिकूल है। 'कृषक स्वामित्व' के आधार पर बनी भूमि व्यवस्था प्रजातंत्र के सिद्धांतों के अनुकूल है तथा आर्थिक दृष्टि से फलदायी है। दीनदयाल जी ने लिखा है कि भूमि की प्राप्ति की अधिकतम मर्यादा निश्चित कर देनी चाहिए। खेतिहरों को जोतने के अधिकार का स्वामित्व देकर उन्हें निश्चित मूल्य पर जमीन को खरीदने की सुविधा देनी चाहिए। जमीन खरीदने के उत्सुक 'व्यक्तियों को सहकारी और अन्य बैंकों से रुपया उधार देने की व्यवस्था की जाए। जमीन के मूल्य को किश्तों में चुकाने की व्यवस्था हो। संपूर्ण गाँव में पुनर्नियोजन की स्कीम बनाकर चकबंदी का कार्य शुरू किया जाए। विक्रय आदि के लिए सहकारी समितियाँ स्थापित की जाएँ। उपाध्याय मानते हैं कि किसान के स्वामित्व के आधार पर खेती का पुनर्नियोजन ही व्यावहारिक व हमारी मानसिक रचना के अनुकूल है। "जापान एवं अन्य देशों में इससे अच्छा परिणाम निकला है। पोलैंड को सहकारिता कृषि के प्रयोग में असफलता प्राप्त करने के बाद फिर से इसी पद्धति का सहारा लेना पड़ा।" ग्राम पंचायतें हमारे प्राचीन संगठित ग्रामदर्शन की प्रतीक होनी चाहिए। दीनदयाल जी ने लिखा है कि खाद्यान्न-व्यवसाय का राष्ट्रीयकरण के बारे में कांग्रेस के प्रस्ताव में सहकारी खेती, उत्पादन एवं वितरण पर नियंत्रण तथा इसके लिए खाद्यान्न-व्यवसाय के राष्ट्रीयकरण का सुझाव दिया गया था। उपाध्याय इसे अव्यावहारिक मानते थे। दीनदयाल जी ने लिखा है कि गल्ले के थोक व्यापारियों को तुरंत लाइसेंस देने चाहिए। काफी संख्या में सस्ते गल्ले की दुकानें सभी नगरों तथा अभावग्रस्त क्षेत्रों में खोलनी चाहिए। इस काम में पुराने थोक और परचून व्यापारियों की सेवाएँ ही

काम में ली जाएँ। नए तथा अनुभवहीन लोगों को काम में लगाकर अव्यवस्था पैदा नहीं करनी चाहिए।

प्रत्येक स्तर पर गल्ले के वितरण की व्यवस्था की देखरेख करने के लिए सर्वदलीय समितियाँ बननी चाहिए। जनसंघ की 'सहकारी-खेती नीति 'की आलोचना करते हुए कांग्रेस के मुखपत्र' इकनामिक रिव्यू ने 1 अप्रैल, 1959 के अंक में जनसंघ को 'पूँजीपतियों का समर्थक' 'अस्पष्टता का अभ्यासी' एवं 'पुरातनवादी दृष्टिकोण 'वाला दल निरूपित किया। उसका उत्तर देते हुए उन्होंने लिखा- "सहकारी कृषि के कार्यक्रमों की सफलता अंततः मानसिक वातावरण पर निर्भर करती है, न कि उसके प्रबंध के आयोजन पर। यह वातावरण दूसरे व्यक्तियों के दृष्टिकोण को समझने और अधिक जानकारी की दृष्टि से उसे मान लेने पर ही सुधरेगा, न कि अपने ही गलत विचारों पर अड़े रहने से।" उपाध्याय ने इस बात पर दुःख प्रकट किया कि मुखपत्र ने जनसंघ द्वारा की गई आर्थिक पर्यवेक्षण नीतिगत आलोचना व रचनात्मक सुझावों से अपनी असहमति के तर्क प्रस्तुत करने की बजाय दलीय आलोचना एवं असभ्य भाषा का उपयोग किया गया। सहकारी खेती के संदर्भ में देश के आर्थिक राजनीतिक वर्ग का दृष्टिपात उपाध्याय द्वारा की गई आलोचनाओं के अनुकूल था।

मनुष्य पर हावी ना हो यांत्रीकरण

उपाध्याय मनुष्य तत्त्व पर मशीन के हावी हो जाने के विरोधी रहे। उत्पादन के केंद्रीकरण की प्रकृति वाले मशीनीकरण के वे विरोधी थे लेकिन मानव श्रम को सुगम करने वाले तथा 'अपरमात्रिक' उत्पादन देने वाले सहयोगी यंत्र के वे समर्थक हैं। उनका मत हैं- "जहाँ एक ओर मशीन के मित्र हैं तो दूसरी ओर कट्टर दुश्मन भी हैं। एक, मशीन के अभिनवीकरण के अभाव को ही भारत की गरीबी का कारण मानकर चलते हैं तो दूसरे, अभिनवीकरण और यंत्रीकरण को ही देश के विनाश के लिए जिम्मेदार मानते हैं। वास्तव में मशीन न तो मनुष्य की शत्रु है न ही मित्र। वह एक साधन है तथा उसकी उपादेयता समाज की अनेक शक्तियों की क्रिया-प्रतिक्रिया पर निर्भर करती है। "मशीनीकरण के संदर्भ में पश्चिम की नकल नहीं करनी चाहिए। उपाध्याय इसके लिए तर्क प्रस्तुत करते हैं, "पश्चिम से जो मशीनें हमें मिलती हैं, वे उन देशों द्वारा पिछली कई शताब्दियों में विकसित

उनका मानकीकरण करके वे आज बाजार में बेच रहे हैं। हम उन्हें खरीदते हैं किंतु यह भूल जाते हैं कि वे एक लंबे आर्थिक विकास का कारण नहीं, उसके परिणामस्वरूप हैं। "उपाध्याय यंत्रारोपण के बजाय यंत्रों के स्वदेशानुकूल विकास के हिमायती थे। हमें छोटे व कुटीर उद्योगों के संचालन एवं अपने शिल्पियों तथा कारीगरों के सहयोग के लिए अधिकतम सुलभ यंत्र चाहिए। पूँजीपतियों को उत्पादन का एकाधिकारी बनाने वाले यंत्र हमारी अर्थव्यवस्था के शत्रु हैं। दीनदयाल कहते हैं, "हमारी मशीन हमारी आर्थिक आवश्यकताओं के अनुकूल ही नहीं अपितु हमारे सांस्कृतिक एवं राजनीतिक जीवन मूल्यों के अनुकूल भी होनी चाहिए। "इस प्रकार उपाध्याय न तो मशीन के भक्त थे न विरोधी। वे मशीन को समाज एवं अर्थव्यवस्था पर हावी नहीं होने देना चाहते। जब समाज एवं अर्थव्यवस्था पर मशीन हावी हो जाती है तो उसमें 'केंद्रीकरण' का दोष आता है। 'केंद्रीकरण' से पूँजीवाद व समाजवाद की दोषपूर्ण क्रिया-प्रतिक्रियाएँ होती हैं। अतः एक तनावपूर्ण असहज प्रक्रिया से विवेकपूर्वक बचने के लिए वे पुरजोर आग्रह करते हैं कि हमें विकेंद्रित अर्थव्यवस्था, कुटीर उद्योग व स्व-विकसित लघु मशीन के संयोजन की दिशा में प्रवृत्त होना चाहिए।

अर्थव्यवस्था का विकेंद्रीकरण

विकेंद्रित अर्थव्यवस्था के लिए विकेंद्रित राजनीतिक व्यवस्था भी जरूरी है। इसके लिए उपाध्याय स्वावलंबी समर्थ ग्राम पंचायतों व जनपद-व्यवस्था के पक्षधर थे। हमारी अर्थव्यवस्था का आधार हमारे ग्राम तथा जनपद होने चाहिए। ग्रामों को उजाड़ने वाले आर्थिक नियोजन अंततः भारत को उजाड़ने वाले सिद्ध होंगे। शहर व ग्रामों का विषम विकास हमारी राष्ट्रीय अखंडता के लिए भी घातक होगा। संसाधनों व सत्ता के केंद्रीकरण के कारण हम पूँजीवाद व उसके प्रतिक्रियात्मक दुष्चक्र से बच नहीं सकते। अतः आर्थिक लोकतंत्र की स्थापना के लिए विकेंद्रित अर्थव्यवस्था ही भारतीय परिस्थितियों में हमारे लिए उपादेय हैं। अतः उपाध्याय कहते हैं- आर्थिक चिंतनः आदर्श अर्थव्यवस्था उपाध्याय द्वारा प्रस्तुत आर्थिक विचारों से आदर्श अर्थव्यवस्था के कुछ अभिधारणात्मक तत्त्व उभरकर सामने आते हैं जिनको निम्न प्रकार सूचीबद्ध किया जा सकता है- अर्थ-संस्कृति, आदि। उन्होंने कहा कि हमारी अर्थव्यवस्था का उद्देश्य होना चाहिए-

प्रत्येक व्यक्ति को न्यूनतम जीवन स्तर की आश्वस्ति तथा राष्ट्र के सुरक्षा सामर्थ्य की व्यवस्था। इस स्तर के उपरांत उत्तरोत्तर समृद्धि जिससे व्यक्ति और राष्ट्र को वे साधन उपलब्ध हो सकें जिनसे वे अपनी 'चिति' के आधार पर विश्व की प्रगति में योगदान कर सकें। उपर्युक्त लक्ष्यों की सिद्धि के लिए प्रत्येक व्यक्ति को साभिप्राय आजीविका का अवसर देना तथा प्रकृति के साधनों को मितव्ययिता के साथ उपयोग करना। राष्ट्र के उत्पादक-उत्पादनों का विचार कर अनुकूल प्रौद्योगिकी का विकास करना। यह व्यवस्था 'मानव' की अवहेलना न कर, उसके विकास में साधक हो तथा समाज के सांस्कृतिक व अन्य जीवनमूल्यों की रक्षा करे। यह लक्ष्मणरेखा है, जिसका अतिक्रमण अर्थरचना को किसी भी परिस्थिति में नहीं करना चाहिए। विभिन्न उद्योगों में राज्य, व्यक्ति तथा अन्य संस्थाओं के स्वामित्व का निर्णय व्यावहारिक आधार पर हो।' उपर्युक्त प्रकार की अर्थव्यवस्था के नियमन में मुख्य बाधा तो राजनीतिक इच्छाशक्ति का अभाव, आर्थिक विचारों का समाजवाद एवं पूँजीवाद संबंधी पाश्चात्य अवधरणाओं का भ्रम है। लेकिन उपाध्याय मानते हैं कि स्वदेशी निहित स्वार्थ भी इसमें एक बहुत बड़ी बाधा है- "भारत में ऐसे लोग बड़ी संख्या में हैं जिनके हित पाश्चात्य अर्थव्यवस्था एवं उत्पादन प्रणाली से जुड़े हुए हैं। पिछले सौ वर्षं में जिस अर्थव्यवस्था का भारत में विकास हुआ है, उसने भारत और पश्चिम के औद्योगिक देशों की व्यवस्था को एक दूसरे का पूरक बनाया है। इसमें भारत के हितों का संरक्षण नहीं हुआ, बल्कि उनका बराबर शोषण ही होता रहा। इस शोषण की क्रिया में पाश्चात्य आर्थिक हितों ने भारत के कुछ वर्गं को भी अपने अभिकर्ता के रूप में साझीदार बनाया है। प्रारंभ में व्यापारी व कमीशन एजेंट के रूप में और बाद में कुछ अंशों में उद्योगपति स्वतंत्र अथवा साझीदार के रूप में इनके हित संबंधि विदेशी आर्थिक हितों के साथ बँध गए। इस वर्ग का देश के आर्थिक जीवन पर प्रभुत्व रहा है। आज भी, संख्या तथा देश की राष्ट्रीय आय में उनका योगदान कम होते हुए भी, वे समाज और देश के जीवन पर भारी प्रभाव रखते हैं। इस वर्ग की आकांक्षाएँ विदेशी प्रतिद्वंद्वियों का स्थान ग्रहण करना चाहते हैं। पाश्चात्य अर्थशास्त्र के भारतीय विद्वानों से उनका सहज ही संयोग मेल बैठ जाता है। भारत के सभी समाचार-पत्र, विशेषकर अंग्रेजी, उनके प्रभाव क्षेत्र में हैं। सब मिलकर जाने या अनजाने में ऐसा मायाजाल रच देते हैं कि साधारणजन उसमें से निकल ही नहीं पाता। चमत्कारिक

परिणामाकांक्षी राजनेताओं का भी इस मायाजाल से सामंजस्य हो जाता है। इस संदर्भ में उपाध्याय कहते हैं- 'विदेशी सहायता, विदेशी विशेषज्ञों की सम्मतियाँ तथा विदेशी जीवन का चित्ताकर्षक स्वरूप तथा थोड़ी अवधि में कुछ कर दिखाने की राजनीतिक आवश्यकताओं ने उन राजनेताओं को जनजीवन से दूर हटाकर उसकी समस्याओं का यथार्थ आकलन करने में अक्षम बना दिया है। "उपाध्याय आग्रहपूर्वक प्रतिपादित करते हैं कि "भारत के 'स्व' का साक्षात्कार किए बिना हम अपनी समस्याओं को सुलझा नहीं पाएँगे।"

राष्ट्र का स्वरूप चिति

राष्ट्र के बाह्य स्वरूप में देश के दर्शन होते हैं। निश्चित भूमि और उस पर बसने वाला जन-समुदाय दोनों मिलकर देश का निर्माण करते हैं। मातृभूमि की कल्पना का आदि स्रोत यह ही है, उसकी भावगत विशेषताएँ भी होती हैं। यह राष्ट्र की आत्मा है। किन्तु राष्ट्र का केवल यह स्थूल शरीर है। इनको ही पंडित दीनदयाल जी ने चिति कहा है। 'चिति' की यह अवधारणा जहां दीनदयाल जी को राजनैतिक चितन के क्षेत्र में रूसो और हीगेल के समकक्ष ला देती है, वहाँ उनकी यह देन समाजशास्त्र के क्षेत्र में दुर्खीम, गिडिंग्स और मैकडूगल के चिन्तनों की आगे की कड़ी प्रतीत होती है। डॉ. गोविंद प्रसाद शर्मा ने लिखा है कि-

"दीनदयाल जी द्वारा प्रतिपादित चिति का सिद्धान्त राज-दर्शन को उनकी महान देन है। यह सिद्धान्त उन्हें राजनैतिक चिन्तन के क्षेत्र में हीगेल और रूसो की श्रेणी में ला देता है।"

हीगल सृष्टि के क्रिया-कलापों में विश्वात्मा के दर्शन करता है। रूसो राज्य को सामान्य इच्छा के रूप में चलता हुआ देखता है। दुर्खीम ने सामूहिक प्रतिनिधान (कलैक्टिव रिप्रिजेन्टेशन) की अवधारणा को प्रतिपादित किया है तो बर्गल ने मूल्यों के उद्विकास में समाज की आत्मा के दर्शन किये हैं। लेवी भूल 'मिस्टीकल परसेप्शन' के रूप में समाज की आत्मा का विवरण प्रस्तुत करता है। ग्राहम वाल्ज ने महान् समाज के अवयवों का अध्ययन करते हुए तीन प्रकार के संगठन की चर्चा की है। चिन्तक संगठन, इच्छा संगठन और आनन्द के संगठन की बात कहकर वह चुप हो चुका है। गिडिग्स ने कॉन्शसनेस ऑफ काइण्ड के माध्यम से

समाज की चेतना को समझने का प्रयत्न किया है। प्रोफेसर मैकडॉगल इन समस्त चिन्तकों के आधार पर सामूहिक मेधा (ग्रुप माइण्ड) की बात कह सके हैं।

पाश्चात्य समाजशास्त्रियों ने भी प्रकारान्तर से समूह के अन्दर एक विशेष प्रकार के तत्वों की कल्पना की है। इन तत्वों की व्याख्या भिन्न-भिन्न रूप से वे कर रहे हैं। प्रत्येक संगठित समाज एक चैतन्ययुक्त जीवमान सत्ता है। पं. दीनदयाल जी लिखते हैं कि "व्यक्ति की आत्मा के समान ही राष्ट्र की भी आत्मा होती है। इसी कारण राष्ट्र की एकात्मकता फूटती है। इस आत्मा को हमारे शास्त्रकारों ने चिति कहा है।"

चिति राष्ट्र की मूल प्रकृति होती है। राज्य एवम् समाज के विभिन्न आदर्शों का निर्धारण चिति के द्वारा होता है। राजनैतिक, सामाजिक, आर्थिक लक्ष्यों को समझने के लिये भी राष्ट्र की अस्मिता को समझना आवश्यक होता है। यह राष्ट्रीय अस्मिता, राष्ट्रों की विभिन्नता एवम् उसके द्वारा सम्पादित कार्यों की व्याख्या करता है। अलग-अलग राष्ट्रों की अलग-अलग चिति होती है। उसकी प्रकृति और भावगत विशेषताएँ भी अलग-अलग होती हैं। यह भावगत विशेषताएँ दीर्घकालीन समान अनुभवों के परिणामस्वरूप विकसित होती हैं। इनका स्वतः जन्म होता है। ये कृत्रिम नहीं होतीं, वरन् पैदा होती हैं। चैतन्यता का यह प्रमुख लक्षण है। इन भावगत विशेषताओं का जन्म, उद्भव एवं विकास समाज के लंबे काल-खण्ड में शनैः शनैः होता है, जो कभी पुष्ट होता है और कभी लुप्त-सा होने लगता है। जब चिति पुष्ट होती है तो राष्ट्र में चैतन्य जाग्रत होता है और जब वह लुप्त-सी होने लगती है, तो राष्ट्र में अनास्था और अव्यवस्था का प्रभाव बढ़ जाता है, अतः यह चिति ही राष्ट्र की जीवनदायिनी शक्ति है। इसे ही राष्ट्र की आत्मा भी कह सकते हैं।

चिति केन्द्रीय भावगत विशेषताओं या राष्ट्रीय अस्मिता के कारण पृथक से पहचाना जा सकता है। कोई भी राष्ट्र दूसरे राष्ट्र से केवल जनसंख्या और भू-भाग के कारण ही अलग नहीं होता वरन् उनकी चिति भी अलग-अलग होती है, जिसके कारण वे एक-दूसरे से भिन्न होते हैं। उचित अनुचित के मापदण्ड, सुख-दुःख के आधार और आदर्श की कसौटियाँ - इसी चिति द्वारा निर्धारित होती हैं। दीनदयालजी के अनुसार चिति प राष्ट्रीयत्व का द्योतक है। यही चिति जनसमूह के देश-विशेष पर निवास के कारण उसके साहित्य, धर्म और संस्कृति में व्यक्त

होती है। चिति की एकता ही समान परम्परा, इतिहास और सभ्यता का निर्माण करती है। दीनदयाल जी धर्म, सभ्यता, संस्कृति आदि को चिति का व्यक्त परिणाम मानते हैं। अंग अंगीभाव के अनुसार वे मानते हैं कि इस चिति के प्राबल्य के साथ ही राष्ट्र की एकता बढ़ती है। उसके अंग पुष्ट होते हैं और राष्ट्र बलवान होता है। अंगों के केवल एकत्रीकरण से जीवन प्रारम्भ नहीं होता, उसके लिये आत्मा की उपस्थिति आवश्यक है। जो तत्व राष्ट्र की चिति के अनुकूल हैं और उसके लिये आवश्यक हैं वे उक्त आत्मा को ग्राह्य हैं । किंतु जो तत्व राष्ट्र की चिति के प्रतिकूल हैं, वे उसे अग्राह्य हैं। बाह्य तत्व चिति में आते हैं। वे उसे जीवन देते हैं, दीनदयाल जी राष्ट्रों के अभ्युत्थान और पतन का भी प्रमुख कारण चिति को ही मानते हैं। चिति के कारण ही राष्ट्र जन्म लेता है, फलता-फूलता है, और उसके अभाव में मृत्यु को भी प्राप्त होता है। पराधीनता में देश की चिति पराधीन होती है। एक देश दूसरे से अपने को परतंत्र मानता है।

विराट की अवधारणा

दीनदयाल जी ने चिति के साथ-साथ विराट की भी अवधारणा प्रतिपादित की। राष्ट्र की वह कर्मशक्ति, जो चिति से जाग्रत एवम् संगठित होती है, दीनदयाल जी उसे विराट कहते रहे हैं। इसको उन्होंने प्राण की संज्ञा दी है, प्राण से ही आत्मा शरीर में वास करती है। प्राण से ही इन्द्रियां चैतन्य युक्त होती हैं। दीनदयाल जी का मत है कि राष्ट्र में भी विराट के सबल होने पर ही उसके भिन्न-भिन्न अवयव अर्थात् संस्थाएँ सक्षम और समर्थ होती हैं। विराट के आधार पर ही प्रजातंत्र सफल होता है और राज्य बलशाली बनता है।

4

दीनदयाल जी का सान्निध्य- पारस पत्थर

दीनदयाल उपाध्याय के सान्निध्य में जो भी रहा उसका व्यक्तित्व निखर गया। यह अतिशयोक्ति नहीं है कि कई लोगों ने पंडित जी को पारस पत्थर की संज्ञा दी। जो भी उनके सम्पर्क में आया वह स्वर्ण आभा सा दीप्त हो गया। ऐसे ही देश के प्रमुख राजनेताओं, विचारकों और पत्रकारों के अनुभवों को यहां साझा कर रहे है।

इसके साथ ही उन विचारकों, शिक्षकों, जनप्रतिनिधियों और पत्रकारों के मंतव्य भी संक्षेप में उल्लेखित कर रहे है जिनकी मुलाकात तो दीनदयाल जी से नहीं हुई लेकिन उनके पत्रकार और लेखकीय रूप को लेखों और शोधकार्य के माध्यम से आत्मसात करने का अवसर मिला।

मध्य प्रदेश साहित्य अकादमी के पूर्व निदेशक डॉ देवेंद्र दीपक दीनदयाल जी की पत्रकारीय भाषा दृष्टि का विश्लेषण करते हुए लिखते हैं कि -अन्य प्राणियों की तुलना में मनुष्य की श्रेष्ठता का एक बिन्दु यह भी है कि वह एक विचारशील प्राणी है। विचारणा का एक पक्ष आत्म-विचार से सम्बन्धित है, तो दूसरा विचार-विनिमय से। भाषा ही इन दोनों का माध्यम है। भाषा विचार-विनिमय का ही माध्यम नहीं है, वह विचार का साधन भी है। इस दृष्टि से पं. दीनदयाल उपाध्याय की भाषा-दृष्टि उदार, व्यावहारिक और राष्ट्र-सापेक्ष थी। उनका - भाषा-चिन्तन राष्ट्र की आवश्यकताओं पर आधारित था।दीनदयाल जी की मान्यता है कि देश के सभी लोग अपने काम अपनी भाषा से सम्पन्न करें। ऐसा क्यों किया जाये ? इसके पीछे दीनदयाल जी के दो तर्क हैं- पहला तर्क यह कि अपनी भाषा अ में कार्य करने से राष्ट्रीय गौरव की प्रतीति होती है। दीनदयाल जी का स्पष्ट कथन है- "देश के काम-काज के लिए अपनी ही भाषाओं का प्रयोग व्यावहारिक और राष्ट्रीय स्वाभिमान, दोनों ही दृष्टियों से आवश्यक है।" इस दृष्टि से दीनदयाल जी

और गांधी जी के विचारों में अद्भुत समानता है। गांधी जी ने कहा है- 'देशी भाषा का अनादर आत्महत्या है।' साहित्य मनीषी 'अज्ञेय' ने अपनी पुस्तक 'अद्यतन' में लिखा है- "किसी भी समाज को अनिवार्यतः अपनी भाषा में ही जीना होगा, नहीं तो उसकी अस्मिता तो - कुण्ठित होगी ही और उसमें आत्म-बहिष्कार या अजनबीयत प्रकट होंगे ही।"

दीनदयाल जी अंग्रेजी के अन्ध-विरोधी नहीं थे। अंग्रेजी पर उनका अच्छा अधिकार था। एम.ए. अंग्रेजी की प्रथम वर्ष की परीक्षा उन्होंने प्रथम श्रेणी में उत्तीर्ण की थी। ममेरी बहन की बीमारी और मृत्यु के कारण वह एम.ए. द्वितीय वर्ष की परीक्षा में नहीं बैठ पाये; लेकिन अंग्रेजी अन्य भारतीय भाषाओं पर अपना वर्चस्व स्थापित करे और उनके प्रयोग और विकास में बाधक बने, यह दीनदयाल जी को स्वीकार नहीं था। उन्होंने लिखा है, "अंग्रेजी का प्रभुत्व निर्बाध बना रहे तथा हिन्दी के प्रयोग की भी छूट न हो, यह बर्दाश्त नहीं किया जा सकता।" अंग्रेजी विजेता की भाषा थी और भारतीय भाषाएँ विजितों की थीं। अंग्रेजी और अंग्रेजीपरस्त लोगों ने भारतीय भाषाओं के विकास के मार्ग को कभी प्रशस्त नहीं होने दिया। केवल अंग्रेजी-भक्ति के कारण अपनी भाषाओं की उपेक्षा स्पष्टतः हमारी मानसिक दासता का प्रमाण है।

पूर्व राज्यपाल और काशी विद्यापीठ के कुलपति रहे डॉक्टर संपूर्णानंद ने दीनदयाल जी के बारे में लिखा है कि हम इनके लेखों को हम तीन विभागों में रख सकते हैं: पहली श्रेणी के लेख मुख्यतः राजनीतिक लेख हैं, जो मुख्यतया अखबारी तर्क-वितर्क की दृष्टि से लिखे गए हैं। इन लेखों में निहित बातों का अपने- आप में कोई महत्त्व नहीं है। एक प्रकार से, वे केवल उसी अवसर के लिए उद्दिष्ट थे, जिस समय वे लिखे गए। वे घात-प्रतिघात की भावना से, जो राजनीतिक संघर्षों, विशेषकर चुनाव-संघर्षों का वैशिष्ट्य है, इससे ओतप्रोत हैं। वे भविष्य में उपयोगी सिद्ध हो सकते हैं, मैं समझता हूँ कि इस संग्रह में उनके सम्मिलित किए जाने का यही औचित्य है। ताकि इनसे बाद के युग के पाठकों को वही मनोवैज्ञानिक उत्तेजना मिल सकेगी, जो उन पुराने दिनों में भाग लेनेवालों के मनों में उद्भूत हुई थी। किसी प्रकार के मनोवैज्ञानिक आधार के बिना उन दोनों की घटनाएं पढ़ने में नीरस लग सकती है।किसी प्रकार के मनोवैज्ञानिक आधार के बिना उन दिनों की घटनाएँ पढ़ने में नीरस लग सकती हैं।

दूसरी श्रेणी में उन लेखों का समावेश है, जो पहली श्रेणी के लेखों से घनिष्ठ रूप से संबंधित हैं, परंतु उनसे विस्तृत, गंभीर चिंतनयुक्त एवं काफी विचारोत्तेजक हैं। ऐसे लेख ऐसे किसी के लिए भी अमूल्य सिद्ध होंगे, जो (मान लीजिए) एक दशक, शताब्दी या उसके बाद उन दिनों के इतिहास का अध्ययन करना चाहेंगे। उन्हें ऐसे लेखों से न केवल यह समझने में सहायता मिलेगी कि क्या हुआ और ऐसा क्यों हुआ, बल्कि उन्हें इसके बारे में भी समुचित कल्पना आ सकेगी कि कुछ विशेष व्यक्ति और नारे जन-मन को आकर्षित करने में क्यों सक्षम हो सके ? वह यह भी समझ सकेंगे कि विभिन्न दलों द्वारा जारी किए गए वक्तव्यों में तर्क का कौन सा 'रोल' रहा ? संक्षेप में, इन लेखों में वे सब मसाले विद्यमान हैं, जिनके बिना निकट अतीत का कोई भी इतिहास सुसंबद्ध और ग्राह्य नहीं हो सकेगा। सबसे बड़ी बात यह है कि हम सब ने अपनी-अपनी बुद्धि के अनुसा निकट अतीत के रूप-निर्धारण में हाथ बँटाया है। हम सब ने उसके उप रूप-निर्माण में और उससे उस वर्तमान का विकास करने में, जिसमें हम रहते हैं, अपना योगदान किया है, भले ही वह योगदान तुच्छतम क्यों न हो। तीसरी श्रेणी के उन लेखों की भी चर्चा करना आवश्यक है, जिनकी संख्या दुर्भाग्य से बहुत कम है। इस श्रेणी के लेख वर्तमान समय की सीमा से बहुत आगे पहुँचे हुए हैं, यद्यपि वे अस्थायी रूप से उत्पन्न परिस्थितियों के आधार पर लिखे गए थे। मुझे आश्चर्य होता है कि क्या स्वयं उपाध्यायजी ने उनको अनुभव किया था, या क्या उनका अनुभव करने के लिए उनके पास समय था। दीनदयाल जी की पुस्तक पॉलिटिकल डायरी का लोकार्पण 17 मई 1968 को मुंबई में राष्ट्रीय स्वयंसेवक संघ के द्वितीय सरसंघसंचालक माधव सदाशिव गोलवलकर गुरुजी के हाथों हुआ था। इस अवसर पर दीनदयाल जी के पत्रकार कर्म को रेखांकित करते हुए गोलवलकर जी ने कहा था- "यहाँ आते समय पूरी पुस्तक पढ़ ली। पुस्तक में अनेक विषय तो तात्कालिक ही हैं, परंतु हमारे दीनदयालजी की एक विशेषता यह थी कि तात्कालिक विषय को भी एक स्थायी सैद्धांतिक अधिष्ठान देकर वे लिखा करते थे, बोला करते थे। केवल तात्कालिक बात कहकर उसे छोड देना उनका स्वभाव नहीं था। कई वर्षों तक निकट सहकारी के नाते मैं उन्हें जानता रहा हूँ। मुझे पता है कि वे मूलगामी विचारों के अभ्यासक थे। तात्कालिक समस्या पर बोलते या

लिखते समय भी, उसके पीछे कोई-न-कोई चिरंतन सिद्धांत है, इसका विचार कर उसके अधिष्ठान पर ही वे शब्दप्रयोग किया करते।

भारतीय मजदूर संघ के संस्थापक, संघ के वरिष्ठ प्रचारक दत्तोपंत ठेंगड़ी ने लिखा है कि पत्रकार के नाते आदरणीय पंडितजी का योगदान अनुकरणीय था। वे पत्रकार थे, किंतु कार्ल मार्क्स ने जिस श्रेणी को जर्नलिस्टिक थिंकर कहा है, उस श्रेणी में आप नहीं थे। उनकी पत्रकारिता केवल समकालीन परिस्थितियों में ही उपयुक्त हो, ऐसी नहीं थी। उनकी पत्रकारिता तो सुदूर भविष्य तक उपयोगी रहने वाली पत्रकारिता थी। विशेषतः आज की परिस्थितियों में उनके मार्गदर्शन की अतीव आवश्यकता थी।

एकात्म मानवदर्शन के वरिष्ठ अध्येता और पत्रकारिता और दीनदयाल उपाध्याय पुस्तक के संपादक डॉ. महेश चंद्र शर्मा ने 'व्रती पत्रकार थे दीनदयालजी' शीर्षक से प्रकाशित अपने आलेख में लिखा कि- दीनदयालजी के पत्रकारी रूप पर प्रकाशन करने की योजना बनी, तब यह सवाल उभरा था कि क्या उनके व्यक्तित्व को इस प्रकार खंड- खंड करके देखना उचित है। यह सवाल अनुचित भी नहीं था। इसका जवाब यह होना चाहिए कि किसी व्यक्तित्व को खंड-खंड करके नहीं, समग्रता में ही देखना चाहिए। चूँकि समग्र को देखने के लिए उसके विविध आयामों को रेखांकित करने की आवश्यकता होती है, इसलिए यह किसी भी प्रकार से समग्रता का विखंडन नहीं, वरन् समग्रता का समुचित प्रकार से आकलन करने की योजना है। यह विभिन्न शीर्षकों में उनके जीवन को देखने का प्रयत्न है, इसलिए 'पत्रकारिता और दीनदयाल उपाध्याय' विषय का प्रकाशन हो रहा है। मुद्दा यह है कि जिन्होंने समग्रता से समाज को देखा, सृष्टि को देखा, संपूर्ण ब्रह्मांड को देखा, उस समग्र दृष्टि से उन्होंने पत्रकारिता को कैसा देखा, इसको हम जान सकें। कुछ जानकारियाँ इतिहास की हैं। किस तरह से 'राष्ट्रधर्म' शुरू हुआ, पांचजन्य शुरू हुआ, दैनिक 'स्वदेश' शुरू हुआ। इन पत्रिकाओं को चलाने में दीनदयालजी की भूमिका निर्णायक थी, भले ही वे औपचारिक रूप से इनके संपादक नहीं थे। लेकिन इन पत्रों के वे सबकुछ थे, वे लिखते भी थे। उनके कुछ संपादकीय तो हस्ताक्षरित भी थे। बाद में 'ऑर्गेनाइजर' और ' पांचजन्य ' में उनके दो स्तंभ छपने लगे। पांचजन्य में पराशर के नाम से 'विचारवीथी' और 'ऑर्गेनाइजर' में 'पॉलिटिकल डायरी'। बाद में 'पॉलिटिकल डायरी' जब पुस्तक के

रूप में छपी तो प्रकाशित पुस्तक की भूमिका कांग्रेस के विख्यात नेता डॉ. संपूर्णानंद ने लिखी। उन्होंने अच्छा विवेचन किया। उन्होंने लिखा है, "कुछ लेख ऐसे हैं जो तात्कालिक संदर्भों के हैं, कुछ लेख ऐसे हैं जो कुछ दूर तक जानेवाले हैं और कुछ लेख ऐसे हैं जो कालजयी हैं।" मतदाता अपना मत किसको दे, दल कैसा हो, प्रत्याशी कैसा हो, स्वयं मतदाता कैसा हो, इन संदर्भ में उनके आलेखों को डॉ. संपूर्णानंद ने कालजयी कहा है। उनके संपादकीय आलेखों, स्तंभों, इन सबको देखकर दीनदयालजी के बारे में जो चित्र उभरता है, वह यह कि उनका पत्रकार प्रोफेशनल नहीं है, वह व्रती है, मिशनरी है। हाल ही में एक सुखद तथ्य ध्यान में आया है कि 'हिंदुस्थान' समाचार की 15वीं वर्षगाँठ पर उन्होंने एक लेख लिखा और उसमें एक ऐसे शब्द का प्रयोग है, जो आज तक मैं सोचता था कि इसको क्या कहा जाए ? आजकल जब पत्रकार किसी से साक्षात्कार करता है तो वह साक्षात्कार कम तथा कई बार थानेदार की तरह 'इंटेरोगेट' ज्यादा करता है। समाचार वह ऐसे देता है, जैसे हम किसी की चुगली करते हैं।

उनके संपादकीयों, आलेखों एवं स्तंभ-लेखों के विषयवस्तु एवं विवेचना के प्रकारों का वर्णन भी यहाँ किया जा सकता है। इनमें उनकी चिंतन शैली विद्वत्ता एवं अध्ययन क्षमता तो परिलक्षित हैं ही, पत्रकारीय दायित्व-बोध एवं शालीनता भी उनकी रेखांकनीय विशेषता हैं। सामाजिक सरोकारों से पथभ्रष्ट पत्रकारिता बहुत खतरनाक हो सकती है। आज प्रोफेशनलिज्म के नाम पर पत्रकारों द्वारा पत्रकारिता के साथ जो व्यवहार हो रहा है, वह चिंता उत्पन्न करनेवाला है। ऐसे समय में दीनदयालजी द्वारा पत्रकारिता के संदर्भ में किया गया मार्गदर्शन एक समुचित पाथेय है, क्या हम इस पाथेय को ग्रहण कर सकेंगे ? यही हमारे आज का यक्ष प्रश्न है।

पांचजन्य के पूर्व संपादक देवेंद्र स्वरूप लिखते हैं- "दीनदयालजी का पत्रकार रूप क्या था ? कभी किसी पत्र के संपादक की जगह उनका नाम नहीं छपा, कभी किसी कार्यालय में उनके लिए कुर्सी नहीं लगी, पत्रकारिता के किसी विद्यालय से उन्होंने कभी कोई डिप्लोमा या डिग्री नहीं ली। किसी पत्र के प्रतिनिधि के रूप में उन्होंने कभी सरकारी मान्यता नहीं पाई। कभी किसी समाचार-पत्र से लेखन का कोई पारिश्रमिक नहीं ग्रहण किया। किंतु, फिर भी पत्रकारों का एक समूह उन्हें अपने प्रेरणा-पुरुष, मार्गदर्शक गुरु के रूप में देखता

है। अपनी बौद्धिक अभिरुचि के कारण उन्हें 'राष्ट्रधर्म' और 'पांचजन्य' बहुत प्रिय थे, अपने लगते थे। वे छपें और सब जगह पहुँच जाएँ, इसकी उनको चिंता रहती थी। वह आर्थिक अभावों का युग था, साधन बहुत सीमित थे, इसलिए आवश्यकतानुसार दीनदयालजी लिखने से लेकर कंपोजिंग और मशीन चलाने तक में जुट जाते थे। उनके लिए पत्रकारिता व्यवसाय नहीं, मिशन थी। विचारधारा संप्रेषण और प्रसार का माध्यम थी। पद या प्रतिष्ठा का उनके लिए कोई महत्त्व नहीं था। उनकी पत्रकारिता के वास्तविक स्वरूप का प्रत्यक्ष अनुभव मुझे सन् 1951 के अंत में लखनऊ आने पर उनके समिति में रहने और उनके कामकाज को देखने के दौरान हुआ।

वरिष्ठ पत्रकार दीनानाथ मिश्र दीनदयाल जी की पत्रकारिता को नजदीक से देखते हुए टिप्पणी करते हैं कि प्रधानमंत्री अटल बिहारी वाजपेयी और उपप्रधानमंत्री लालकृष्ण आडवाणी के पत्रकारीय जीवन के पीछे भी किसी-न-किसी तरह दीनदयालजी की प्रेरणा ही थी। अटलजी तो अर्से तक दीनदयालजी के साथ ही अपनी विविध पत्रकारीय भूमिका निभाते रहे। जब लालकृष्ण आडवाणी 'ऑर्गेनाइजर' के साथ पत्रकार के रूप में जुड़े तब उन्होंने दीनदयालजी पर नियमित रूप से लिखने का आग्रह बढ़ा दिया, विशेष रूप से तब, जब उनके पास संपादन की जिम्मेदारी आई।

दैनिक तरूण भारत के सह संपादक रहे लल्लन प्रसाद व्यास उपाध्याय जी को 'ऋषि-परंपरा के पत्रकार मनीषी' बताते हुए लिखते हैं - 'स्वातंत्र्योत्तर भारतीय राजनीति में पंडित दीनदयाल उपाध्याय की भूमिका पर जब विचार करता हूँ तो मुझे अपने देश की परंपरागत राजनीति में राम का स्मरण होता है। आज देश और समाज में, विशेष रूप से राजनीति में, चतुर्दिक् फैलती हुई रावणी वृत्ति को देखकर राम और भी अधिक याद आते हैं। और उसके साथ याद आती है दीनदयालजी जैसी कुछ गिनी-चुनी विभूतियों की, जिन्होंने आजादी के बाद आदर्श भारतीय समाज की संरचना में अपनी अनन्य भूमिका अदा की थी। उन्होंने जो एकात्म मानवदर्शन का आधारभूत भारतीय चिंतन प्रस्तुत किया, वह सदैव के लिए उनकी प्रासंगिकता बनाए रखने में समर्थ है। दीनदयालजी ने 'पांचजन्य', 'राष्ट्रधर्म' आदि के माध्यम से हिंदी पत्रकारिता की जो सेवा की और सादगी, सेवा और त्याग का जो आदर्श प्रस्तुत किया, वह सदैव श्रद्धा और

सम्मान से स्मरण किया जाता रहेगा। मैंने लेखक के नाते तो उन्हें निकट से देखा, किंतु पत्रकार के रूप में देख पाता, ऐसा सौभाग्य नहीं मिला। उनके पत्रकार जीवन से जुड़े उक्त मानवीय गुणों की चर्चा तो मैंने खूब सुनी और पढ़ी, जिसका प्रभाव प्रत्यक्ष या परोक्ष रूप से मेरे पत्रकार जीवन पर भी पड़ा। मैं समझता हूँ कि उन्होंने अपने परंपरागत जीवन में पत्रकारिता के जो आदर्श मापदंड उपस्थित किए, उसी ने उनकी अंतर्निहित प्रतिभा और चेतना को ऊर्ध्वगामी बनाया, इस समय तक कि वे समकालीन भारतीय जीवन की प्रमुख भारतीयतावादी संस्था 'भारतीय जनसंघ' के अध्यक्ष बने। उनका मूल स्वभाव अध्यात्म प्रेरित सांस्कृतिक मूल्यों से जुड़ा था, किंतु जब वे व्यापक आग्रह-अनुरोध से भारतीय राजनीति में आए तो वहाँ भी थोड़े ही समय में नित नई ऊँचाइयों को प्राप्त किया और भारतीय राजनीति में एक आदर्श राजपुरुष की महत्ता अर्जित की।'

दीनदयाल शोध संस्थान् के प्रधान संचिव व पांचजन्य के संपादक रहे यादव राव देशमुख पर उपाध्याय जी का गहरा प्रभाव था वह उनके साथ के अनुभव को साझा करते हुए लिखते हैं सन् 1959 में मुझे 'पांचजन्य' के संपादक का दायित्व सौंपा गया। मैंने तिब्बत व चीन के संबंध में नेहरू सरकार की नीतियों से क्षुब्ध होकर पहले अंक में ही संपादकीय लिखा और उसका शीर्षक दिया 'गजस्तत्र न हन्यते'। उसे पढ़ने के बाद दीनदयालजी ने सहज भाव से कहा, "भाई, तुम्हारा अग्रलेख बहुत अच्छा रहा। लेकिन उसका शीर्षक तुमने शायद बहुत सोचकर नहीं लिखा। पंडित नेहरू से हमारा वैचारिक मतभेद होना स्वाभाविक है, पर यह भी याद रखना चाहिए कि वे हमारे देश के प्रधानमंत्री हैं। उनकी आलोचना करते समय हल्के शब्दों का प्रयोग करना तो उचित नहीं होगा।" कितना सार्थक और स्पष्ट दिशा-निर्देश था उनका।

उपाध्याय जी हमेशा यह कहते थे कि समाचारों को तोड़ें-मरोड़ें नहीं बल्कि तथ्यों के साथ प्रस्तुत करें। उनके द्वारा दिए गए एक वक्तव्य का अंग्र के एक प्रमुख दैनिक ने संदर्भ रहित रूप में प्रकाशित करते हुए उसका मखौल उड़ाने का प्रयास किया। उसके बाद जब संबंधित पत्रकार से उनकी भेंट हुई तो उन्होंने अपने स्वभावानुसार आत्मीयतापूर्ण शब्दों में कहा, "भाई, मैं यह तो नहीं मान सकता कि अपने उस वक्तव्य का संदर्भ काटकर समाचार भेजा होगा। पर अपने समाचार संपादक से इतना आग्रह जरूर करना चाहिए कि किसी समाचार को संदर्भ रहित

रूप में तोड़-मरोड़कर छापकर पाठकों को भ्रमित करना कहाँ तक ठीक है? बात को अपने पाठकों के सामने सही रूप में प्रकाशित करना और यदि उससे असहमति हो तो उसे भी अलग से स्पष्ट रूप से प्रकाशित करना पत्रकार का दायित्व है। उनके साथ बातचीत के दौरान अनेक बार समाचार-पत्र और पत्रकारों से संबंधित विषय उभरते थे। एक बार मैंने उनसे पूछा कि "सामान्यतः इस देश के अंग्रेजी समाचार-पत्र भारतीयता के प्रश्न पर विरोधी रुख क्यों अपनाते हैं, जबकि हिंदी और भाषायी पत्रों का रुख सदैव सकारात्मक रहता है ?" उनका उत्तर था, "अंग्रेजी के प्रायः सभी बड़े अखबार अंग्रेजों द्वारा चलाए गए थे। स्वाधीनता प्राप्ति के बाद यद्यपि उनका स्वामित्व तो भारतीयों के हाथ में आ गया, पर उनमें कार्यरत संपादक एवं पत्रकार वर्ग तो उसी भावभूमि से अभिभूत था। अंग्रेजों का समर्थन तो उन्होंने छोड़ दिया, पर अंग्रेजियत का नहीं। वे इस देश की संस्कृति, सभ्यता, परंपरा से वैचारिक रूप से कटे-कटे ही रहे। इसमें कुछ अपवाद जरूर थे। सर्वसाधारण अंग्रेजी समाचार-पत्र का पत्रकार उच्च शिक्षा प्राप्त व्यक्ति 'अंग्रेजियत' सवार रहती थी। यदि पंडित दीनदयाल उपाध्याय को राजनीति नहीं ले जाती तो निश्चय ही वह सफल लेखक व पत्रकार होते हैं राजनीति के उलझन भरी वातावरण में कार्य करते हुए भी समाचार और पत्रकारिता के संबंध में उनके विचार कितने स्पष्ट थे उनके साथ काम करने के दौरान मैं स्पष्ट अनुभव किया।

वरिष्ठ पत्रकार नंदकिशोर त्रिखा दीनदयाल जी के बारे में लिखते हैं कि दीनदयालजी का पत्रकारीय लेखन अक्षरशः इस आदर्श पर खरा उतरता है। गीता के इस आदेश का उन्होंने जीवन-पर्यंत पालन किया। सत्य और केवल सत्य लिखना; कटुसत्य को भी प्रिय रूप में लिखना और कथन यदि सत्य और प्रिय दोनों हो, पर अनिष्टकारी हो तो उसे न लिखना- यह उनकी पत्रकारिता का आदर्श था। उनके लेखों में इस बात का आग्रह रहता था कि एक भी ऐसा शब्द प्रयुक्त न हो जाए, जो लोकहित के प्रतिकूल प्रभाव करता हो। अपने ही लेखों में नहीं, बल्कि जिस किसी ने भी इस प्रकार से लिखा हो, उन सबके लेखों में भी वे अगर ऐसे शब्द देखते थे, तो उन्हें निःसंकोच टोक देते थे। यह जो वाणी का कठोर तप है, कोई तपस्वी ही उस पर चल सकता है। पत्रकार के रूप में दीनदयालजी ऐसे ही तपस्वी थे। विद्वानों की भी। जनसंघ के नेता के रूप में उन्होंने देश के विभिन्न प्रदेशों में आर्थिक सच्चाइयों को जमीनी स्तर पर गहराई से देखा-समझा। देश की

आर्थिक स्थिति पर उनका अध्ययन धुर नीचे तक की वास्तविकताओं पर आधारित था, केवल पुस्तकीय पांडित्य पर नहीं। इसीलिए वे देश की स्थितियों को गहराई से पकड़ सके। यह उनकी पत्रकारिता में भी स्पष्ट झलकता था। उनका अध्ययन और लेखन ही कालांतर में दल के आर्थिक दर्शन का आधार बन गया। स्वाभाविक ही था कि उनके चिंतन ने पार्टी पर दूरगामी असर छोड़ा। पंडित दीनदयाल उपाध्याय की पत्रकारिता में अर्थव्यवस्था ही नहीं, राजनीतिक व्यवस्था और राष्ट्र-जीवन के दार्शनिक अधिष्ठान से संबंधित लेख भी अच्छी संख्या में शामिल हैं। उनके दर्जनों स्तंभ राजनीतिक व्यवस्था के क्लिष्ट पहलुओं पर प्रकाश डालते हैं। दीनदयालजी अपनी बात को आग्रहपूर्वक रखते थे, लेकिन भाषा में पूरी शालीनता बरतते थे। वे बड़े सटीक ढंग से और बड़े ही नपे-तुले शब्दों में अपनी बात कहते थे। उनके लेखन में बड़े-बड़े विवादों पर गंभीर चिंतन होता था। शब्द तो उनके सीधे- सादे होते, लेकिन अपने तर्कों से वे विपक्षियों को सहज निरुत्तर कर देते थे। इस सब पर विचार करके आज हम उस महान् व्यक्तित्व की पत्रकारिता पर नतमस्तक हो जाते हैं।

प्रेस ट्रस्ट ऑफ़ इंडिया (भाषा) के संपादक रहे वरिष्ठ एवं प्रसिद्ध पत्रकार डॉ वेद प्रताप वैदिक के जीवन पर भी उपाध्याय जी का गहरा प्रभाव रहा। वह उनके साथ बिताए समय का स्मरण करते हुए लिखते हैं- दीनदयालजी आजादी के बाद के पत्रकारों में थे, अगर आप उनको पत्रकार मानें और पिछले लगभग 200 साल के पत्रकारिता के इतिहास पर गौर करें, तो विभाजन रेखा खींच दी जाती है स्वतंत्रता के पहले की पत्रकारिता और स्वतंत्रता के बाद की पत्रकारिता। स्वतंत्रता के पहले की पत्रकारिता को कहा जाता है कि वह व्रती थी और स्वतंत्रता के बाद की पत्रकारिता को कहा जाता है कि वह वृत्ति है। व्रत समाप्त हो गया और वृत्ति आरंभ हो गई। जो दोष आज हम पत्रकारिता में देखते हैं उनकी तरफ दीनदयालजी बराबर इशारा किया करतेथे। उनके जमाने में जो पत्रकारिता थी, उससे जो विकट पत्रकारिता जब हम आज देखते हैं तो यह कठिन तथ्य मालूम पड़ता है कि पत्रकारिता अब वृत्ति बन गई है। लेकिन आजादी के बाद भी दीनदयालजी, जो पत्रकारों के पत्रकार थे, संपादकों के संपादक थे, उनकी पत्रकारिता में उन वृत्तियों का हमें कहीं पता नहीं चलता है, लक्षण नहीं मिलता है, जिनसे आज की पत्रकारिता ग्रस्त है। सिर्फ ऐसा नहीं है कि दीनदयालजी ही इस

पत्रकारिता में थे, कई और पार्टियों के ऐसे अखबार उस जमाने में निकलते थे। कम्यूनिस्ट पार्टी के अखबार, दूसरी छोटी-मोटी पार्टियों के ऐसे अखबार उस जमाने में निकलते थे, डॉ. लोहिया और अशोक मेहता के अखबार, पत्रिकाएँ आदि। उनमें भी उस तरह का त्याग, उस तरह का विलक्षण बौद्धिक वैभव और मौलिकता व निर्भयता हम नहीं देखते हैं, जो 'पांचजन्य' में, 'राष्ट्रधर्म' में तथा दूसरे पत्रों में हम बराबर देखते रहे हैं।

मैंने भी ऑर्गेनाइजर में कई लेख लिखें और मुझे दीनदयाल जी से हमेशा शाबाशी मिलती थी। पत्रकारों के पत्रकार और संपादकों के संपादक थे। पूजनीय थे। नमन योग्य थे लेकिन इसके बावजूद एक कड़वी सच्चाई यह भी थी कि दीनदयाल जी की पत्रकारिता मुख्यधारा की पत्रकारिता नहीं बन पाई, जिस पत्रकारिता का प्रतिनिधित्व दीनदयालजी करते थे। यह पत्रकारिता 50-60 हजार पाठकों तक या 50- 60 हजार के सर्कुलेशन तक सीमित रही, कभी लाख-डेढ़ लाख भी हो गई, पर यह 10-20-30- 50 लाख की पत्रकारिता नहीं बन पाई। यह बात 'पांचजन्य' पर ही लागू नहीं होती। सभी दलों के या सभी संगठनों के मुखपत्रों पर लागू होती है। जबकि दुनिया के दूसरे बड़े आंदोलनों के पत्र लाखों की संख्या में बिकते हैं। भारत में यह पत्र मुख्यधारा के पत्र कभी नहीं बने, शायद नहीं बनना ही इनकी नियति है, क्योंकि एक विशेष विचार का प्रतिनिधित्व करनेवाले पत्र आम आदमी को पसंद कैसे आएँगे? आम आदमी की पसंद के लायक बनाने के लिए पत्रों का स्तर गिराना पड़ता है, फूहड़ बातें छापनी पड़ती हैं, अशिष्ट बातें लिखनी पड़ती हैं और ऐसी मर्यादाओं का उल्लंघन करना पड़ता है, जो प्राणों से अधिक प्रिय हों। जहाँ तक स्वयं दीनदयालजी की बात थी, वे स्वाध्यायी थे, मनस्वी थे। पत्रकारिता में आज इसका भी टोटा मालूम पड़ता है। वर्तमान में मेरे बहुत से मित्र, भक्त, अनुयायी, शिष्य, बड़े-बड़े अखबारों के संपादक हैं, उनसे मुझे बहुत प्रेम है। उनके कई गुणों पर मैं फिदा हूँ, लेकिन यह बात बड़ी विनम्रता और बिना संकोच के कहना चाहता हूँ कि कहीं स्वाध्याय दिखाई नहीं पड़ता है, शब्दों की पहचान दिखाई नहीं पड़ती है, विषयों के बारे में जानकारी उन लोगों को नहीं है। आप कोई गहरा विषय लिख दें, तो संपादन करते समय कट जाता है। संपादन करनेवाले को पता ही नहीं होता है कि जो काटा गया वह बहुत महत्त्वपूर्ण था, यह एक बहुत बड़ी कमी आज की पत्रकारिता में है। कोई बढ़िया संपादक तब हो

सकता है जब उसको दुनिया के विविध विषयों का जबरदस्त ज्ञान हो। जब तक कोई 10-12 घंटे रोज स्वयं स्वाध्याय नहीं करेगा, तो घंटा, आधा घंटा लिखेगा क्या? अगर आपको आधा घंटा लिखना है तो दस घंटे रोज पढ़ना होगा।

यह ठीक है कि दीनदयालजी को अभी पॉलिटिकल साइंस के लोग पॉलिटिकल फिलॉसफर के तौर पर नहीं जानते। यह भी ठीक है कि भारत के विश्वविद्यालयों के दर्शन विभाग उन्हें किसी दार्शनिक की तरह नहीं पढ़ाते। मैंने उनकी पुस्तक और लेख कहीं-कहीं थोडे-बहत पढे हैं, कई बार उनसे बात करने का अवसर मिला। फिर भी मैं स्वयं आज यह अनुभव नहीं करता है कि मैं उनको एक दार्शनिक कह दूँ या एक सिस्टम बिल्डर पॉलिटिकल फिलॉसफर कह सकते है। लेकिन मैं यह मानता हूँ कि उन्होंने अपने विचारों से जनसंघ को बढ़ाने भारत के राष्ट्रवादी आंदोलन को बल पहुँचाने में अपूर्व भूमिका अदा की। अगर दीनदयालजी नहीं होते तो मुझे लगता है कि सावरकर और गोलवलकरजी के बाद शायद इस आंदोलन में विचारों का अकाल पड़ जाता। बिना विचार के राजनीति कैसे करेंगे, कोई बड़ा आंदोलन कैसे चलाएँगे ? विचार जड़ तो नहीं होता। विचार तो चित्ति है, विचार तो चेतना है, सनातन चेतना है, निरंतर विकासमान है। आज दीनदयालजी को हम याद करते हैं. इसलिए कि उन्होंने नए विचार हमारे समक्ष रखे । आज मुझे लगता है कि जब राष्ट्रवादियों की एक आंशिक सरकार बनी हई है, भारत के भविष्य के बारे में और उससे जुड़े हुए मानवता के भविष्य के बारे में मौलिक चिंतन की बहुत जरूरत है। दीनदयालजी के चिंतन से, उनकी पत्रकारिता से, उनके साहित्यिक योगदान से, उनके वैचारिक योगदान से हम आज भी लाभान्वित हो रहे हैं। यही हमारे उज्ज्वल भविष्य की प्रत्याभूति है।

वरिष्ठ पत्रकार और मीडिया विमर्श पत्रिका के संपादक रहे डॉ श्रीकांत सिंह उनकी पत्रकारिता के बारे में लिखते हैं- पंडित दीनदयाल उपाध्याय जीवन पर्यन्त संचारक कार्यकर्ता बने रहे। वस्तुतः संचार न सिर्फ एक कला है वरन यह विज्ञान भी है। जब हम संचार को एक कला मानते हैं तो इसके लिये कल्पनाशीलता, संवेदनशीलता और ज्ञान के संवर्धन की आवश्यकता होती है। जब हम इसे विज्ञान के रूप में स्वीकार करते हैं तो इसमें तकनीकी दक्षता और ज्ञान कौशल को धारण करने की आवश्यकता पड़ती है। कला के तत्व की प्राप्ति

तो अनुभव एवं अन्तर्बोध एवं आत्मानुशीलन से होती है। जबकि विज्ञान के तत्व की प्राप्ति क्रमबद्ध एवं सूक्ष्म अध्ययन में ही सन्निहित रहती है। यही कारण है कि पं. दीनदयाल जी किसी भी विषय पर बोलने अथवा लिखने के पूर्व उसके समस्त पहलुओं का गहन अध्ययन और अन्वेषण करते थे। जनसंघ के नेता के रूप में उन्होंने देश के विभिन्न प्रान्तों में घूम-घूमकर आर्थिक सच्चाइयों को गहराई से देखा और समझा। यद्यपि पार्टी के ने आर्थिक दर्शन पर विचार करने के लिये कलकत्ता में निरन्तर तीन वर्षों तक अर्थशास्त्र से सम्बन्धित पुस्तकों का गहन अध्ययन एवं मनन भी किया। यदि किसी सम्प्रेषक में कला और विज्ञान के दोनों गुण विद्यमान हो तो वह सच्चे अर्थों में एक पूर्ण संचारक बन जाता है। इस दृष्टि से पंडित दीनदयाल उपाध्याय सच्चे अर्थों में एक पूर्ण संचारक थे। एकात्म मानवदर्शन में संकलित उनके भाषणों के सन्देश विश्व के लिये कालजयी संदेश हैं। सार्वजनिक वक्ता के रूप में पंडित जी गतिमान थे। यह एक कुशल सम्प्रेषक का गुण भी होता है। वस्तुतः गतिमान वक्ता वह होता है जो अपनी भाषण-गति, आवाज का स्तर, हाव-भाव एवं नेत्र व्यवहार में परिवर्तन लाता रहे। दीनदयाल जी में यह गुण बहुतायत में था। यही कारण था कि जब वे जनसंघ के महामंत्री के नाते दौरा करके लखनऊ आते थे तो कुछ देर अमीनाबाद स्थित जनसंघ के कार्यालय में रहकर सदर बाजार स्थित राष्ट्रधर्म प्रकाशन पहुँच जाते थे। उनके वहाँ आते ही सम्पादक मण्डल एकत्रित हो जाता था। चाय के प्याले के दौर में अनुभव सुनाते चुटकुले हँसी-मजाक चलते राष्ट्रीय मुद्दों पर चर्चा होती और मुद्दों का विश्लेषण करते हुए भावी सम्भावनाओं पर चर्चा होती। चर्चा ज्यादा गरम हो जाने पर पंडित जी मजाकिया लहजे में कह उठते थे 'यार सम्पादक तुम गधे हो' और सभी लोग हंसी ठहाके लगाने लगते थे। इसका प्रमुख कारण था उनके शब्दों में भर्त्सना नहीं थी बल्कि पारिवारिक आत्मीयता होती थी। वे सहजता, सजगता और सादगी के साक्षात् प्रतिमूर्ति थे। उनकी बौद्धिक गहराई और मौलिक विश्लेषण की शक्ति अद्भुत थी। यही कारण है कि एक सम्प्रेषक के रूप में उनका व्यक्तित्व विश्वसनीय एवं उत्कृष्ठ था। विश्वसनीयता केन्द्रित अवधारणा पर ध्यान केन्द्रित करना एक अच्छे सम्प्रेषण का गुण होता है वह अपने साक्ष्यों को तार्किक ढंग से प्रस्तुत करता है जिस समूह अथवा संस्था से वह जुड़ा होता है उसके उद्देश्यों को सदैव बनाये रखता है। अपने विश्वास पर दृढ़ता से खड़ा रहता है। अति सरलीकरण को

वह नजरअंदाज करता है। पंडित जी में ये सभी गुण विद्यमान थे। नपी-तुली भाषा में विचारों की अभिव्यक्ति उनकी बहुत बड़ी विशेषता थी। दीनदयाल जी संचार की लोकतांत्रिक प्रणाली के सदैव पक्षधर थे। एक सम्प्रेषक के रूप में उन्होंने भारत की सामाजिक अवस्था और सांस्कृतिक परम्पराओं से जोड़कर भारतीय संचार दृष्टि को आधुनिक स्वरूप प्रदान करने में मदद की। उनके लिये संचार का अर्थ विकसित देशों से विकासशील एवं तीसरी दुनिया के देशों को अवधारणाओं और तकनीकों का हस्तांतरण नहीं था। इसका अर्थ एक देश द्वारा सम्प्रेषित सूचना को दूसरे देश द्वारा चुपचाप ग्रहण कर लेना भी नहीं था। उनका विचार था कि 'जीवन में अनेकता अथवा विविधता है किन्तु उसके मूल में निहित एकता को खोज निकालने का हमने सदैव प्रयत्न किया है। यह प्रयत्न पूर्णतः वैज्ञानिक है विज्ञानवेत्ता का प्रयत्न रहता है कि वह जगत में दिखने वाली अव्यवस्था में से व्यवस्था ढूँढ़ निकाले, उसके नियमों का पता लगाये तथा तदानुसार व्यवहार के नियम बनाये।" एक अच्छे संचारशास्त्री का इससे बढ़कर सर्वोच्च आदर्श और क्या हो सकता है?

नई दुनिया के संपादक रहे वरिष्ठ पत्रकार गिरीश उपाध्याय लिखते हैं - आज आमतौर पर किसी एक पत्र समूह का पत्रकार किसी दूसरे पत्र समूह के पत्रकार को सहधर्मी नहीं बल्कि प्रतिद्वंद्वी की दृष्टि से देखता है। राजनीतिक दलों में भी सौहार्द्र समाप्त होता जा रहा है। लेकिन यह दीनदयालजी के व्यक्तिल और लेखन का असर था कि 'पॉलिटिकल डायरी' के अंतर्गत प्रकाशित दीनदयालजी के लेखों को जब पुस्तकाकार प्रकाशित किया गया तो उसकी भूमिका कांग्रेस के वरिष्ठ नेता डॉ. संपूर्णानंद ने लिखी। दीनदयालजी के लेखन पर वे कहते हैं- "यह स्मरण रखना चाहिए कि ये विचार किसी ऐरे-गैरे के विचार नहीं हैं। ये विचार हमारे समय के अत्यंत महत्वपूर्ण नेताओं में से एक नेता की कल्पनाओं की अभिव्यक्ति करते हैं, जो अपने देश के सर्वश्रेष्ठ हित संपादन के लिए अपने को अर्पित कर चुका था, जो निर्मल चरित्र वाला था और जो एक ऐसा नेता था जिसके वजनदार शब्द हजारों-हजार शिक्षित व्यक्तियों को भावाभिभूत कर देते थे।" आज की पत्रकारिता में अहंकार और कटुता का समावेश बड़े पैमाने पर दिखाई देता है दीनदयालजी की पत्रकारिता में इसका अंश भी नहीं था।

गुरूजी गोलवलकरजी लिखते हैं- उनके हृदय के अंदर कोई कटुता नहीं थी। शब्दों में भी कटुता नहीं थी। बड़े प्रेम से बोला करते। कभी किसी पर जरा भी नाराज नहीं हुए। बहुत खराबी होने पर भी खराबी करने वाले के प्रति अपशब्द का प्रयोग नहीं किया। पं.दीनदयाल उपाध्याय ने भारतीय संस्कृति, हिंदुत्व, अर्थनीति, राजनीति, समाजविज्ञान जैसे अनेक विषयों का गहरा अध्ययन किया था। उनके लेखों और टिप्पणियों में इस अध्ययन का असर स्पष्ट दिखाई देता है। आजादी से पहले पत्रकारिता का लक्ष्य देश को गुलामी की जंजीरों से मुक्त कराना था लेकिन आजादी के बाद पत्रकारिता की दिशा क्या होनी चाहिए और उसे किस तरह स्वतंत्र भारत का मार्गदर्शन करना चाहिए यह बताने का काम दीनदयालजी ने किया। उन्होंने भले ही सक्रिय पत्रकारिता न की हो लेकिन जिन पत्रकारीय से मूल्यों को स्थापित करने का प्रयास किया ये आज की पत्रकारिता के की सामने कई सवाल खड़े करते हैं और हमें सोचने पर मजबूर करते हैं कि क्या आज की पत्रकारिता में सत्य, शिव और सुंदर जैसे तत्व मौजूद हैं जिन्हें दीनदयालजी पत्रकारिता का अनिवार्य तत्व मानते थे।

माखनलाल चतुर्वेदी राष्ट्रीय पत्रकारिता विश्वविद्यालय के न्यू मीडिया विभाग के सहायक प्राध्यापक पवन सिंह मलिक लिखते हैं- आज जहां 'पेड न्यूज' की चारों तरफ भरमार है। समाचार-विचार पर विज्ञापन तथा कमीशन रूपी बाजार का बोलबाला है ऐसे समय मूल्यपरक पत्रकारिता हेतु दीनदयाल जी की प्रासंगिक और बढ़ जाती है। समग्र अथवा एकात्म दृष्टि से मानव जीवन के सभी आयामों को ही देखने, समझने और जीने की अद्भुत क्षमता के धनी थे पंडित दीनदयाल उपाध्याय । पत्रकारिता को भी उन्होंने इसी दृष्टि से एक दिशा दी। वे स्वयं कभी संपादक या औपचारिक संवाददाता नहीं रहे। ही उन्होंने संपादकों एवं संवाददाताओं को सजीव सान्निध्य एवं सहचर्य प्रदान किया। तभी संपादक व पत्रकार उन्हें सहज ही अपना मित्र एवं मार्गदर्शक मानते थे। पत्रकार के नाते आदरणीय पंडित जी का योगदान अनुकरणीय था।

पत्रकारिता और लेखक, समाचार व लेख के बीच बड़ी बारीक रेखा है। यदि किसी ने कुछ लिख दिया और उस पर टिप्पणी हो गई तथा कुछ जनता के लिए संदेश हो गया, वह समाचार बन जाता है और सिर्फ अपने ही विचारों को व्यक्त करता लेख व्यक्तित्व लेख बन जाता है, जैसे लेख, लेखक, पत्रकारिता, समाचार

के बीच बहुत बारीक रेखा है, ठीक उसी प्रकार की बारीक रेखा दीनदयालजी के चरित्र में थी। पंडितजी आज की परिभाषा में पत्रकार नहीं थे। क्योंकि आज पत्रकार कौन है, जिसने किसी कॉलेज, यूनिवर्सिटी से पत्रकारिता की परीक्षा पास की हो, उसके बिना कोई अपने समाचार-पत्र में पत्रकार भर्ती करेगा ही नहीं। स्वाधीनता आंदोलन के दौरान अनेक नेताओं ने पत्रकारिता के प्रभावों का उपयोग अपने देश को स्वतंत्रता दिलाकर राष्ट्र के पुनर्निर्माण के लिए किया। विशेषकर हिन्दी एवं अन्य भारतीय भाषायी पत्रकारों में खोजने पर भी ऐसा सम्पादक शायद ही मिले जिसने अर्थोपार्जन के लिए पत्रकारिता का अवलम्बन किया हो।

पंडित दीनदयालजी निःसंदेह एक महान पत्रकार थे। उनकी जीवनी का मंत्र चरैवेति रहा। दीनदयाल जी ने पत्रकारिता द्वारा अपने लेखन के रूप में भारत को भारत से परिचय कराया। ऐसे विलक्षण, मनीषी और पत्रकार थे दीनदयाल । स्वतंत्र भारत में मिशनरी पत्रकारिता के अग्रणी पुरुष दीनदयाल जी ने जो नींव डाली थी, उसी पर आगे बढ़ते हुए अक्षरशः हजारों पत्रकार भारत के अगले दौर की यात्रा का पथ निर्माण कर रहे हैं। सही अर्थों में दीनदयाल जी संपादकों के संपादक थे, भारतीय पत्रकारिता के लिए वे आज भी प्रेरणा पुंज हैं और उनकी पत्रकारिता रूपी दृष्टि आज भी के वर्तमान समय के हिसाब से शत-प्रतिशत प्रासंगिक सिद्ध होती है।

साहित्यकार प्र.ग. सहस्त्रबुद्धे लिखते है- पंडित दीनदयालजी निःसंदेह एक महान् पत्रकार थे। वे पेटू पत्रकार नहीं थे। वे चाटुकार नहीं थे। वे लकीर के फकीर नहीं थे। वे आत्मसाक्षात्कारी थे। अपनी पैनी लेखनी द्वारा आत्मा की आवाज ही प्रस्फुटित करते थे। इसीलिए उनकी लिखी बातें पाठकों के हृदय को छू जाती थीं। उनका लेखन कभी उथला या छिछला नहीं रहा। हर छोटी-बड़ी घटना में वे चिरंतन मूल्य खोजते थे और उन्हें शब्दांकित करते थे। लिखते समय मानो उनकी समाधि लग जाती थी। जनकल्याण व देशहित उनकी लेखनी में हमेशा सर्वोपरि रहता था।

पूर्व केंद्रीय मंत्री रहे राम नाईक लिखते हैं- मेरी नजर में पंडित दीनदयालजी की जो 'पत्रकारिता थी, जितनी 'ऑर्गेनाइजर' में हमने पढ़ी उतनी ही जानता हूँ। वह साठ का दशक था। उस समय हवाई यात्रा की आज जितनी

सुविधा नहीं थी। ट्रेन में भी फर्स्ट क्लास से जाना बहुत कम होता था। ऐसे में पंडितजी हमेशा यात्रा करते थे, प्रवास करते थे, सार्वजनिक कार्यक्रम होते थे।उनमें भी चिंतन करने वाले लोग कभी-कभी होते थे। लेकिन चिंतन के बाद उसको कागज पर उतारना और वह 'ऑर्गेनाइजर' के पास समय पर पहुँचाना, एक ताजा राजनीतिक टिप्पणी के नाते अपने आप में बहुत महत्त्व का कार्य था। ' ऑर्गेनाइजर' में वैसे कई प्रकार के स्तंभ होते थे, आज भी होते हैं। लेकिन हर पाठक की एक प्रवृत्ति रहती है। दैनिक अखबार देखो तो कुछ लोग पहला पन्ना देखेंगे तो कुछ एकदम स्पोर्ट्स के पेज पर जाएँगे, तो कोई तीसरा होगा जो यह जानना चाहेगा कि आर्थिक जगत में क्या हो रहा है। हरेक की अपनी रुचि होती है। मुझे यह कहने में कोई संकोच नहीं है कि जब 'ऑर्गेनाइजर' मिलता था, तो मेरे जैसा कार्यकर्ता सबसे पहले यह जानना चाहता था दीनदयालजी की 'पॉलिटिकल डायरी' में क्या है। मैं सबसे पहले उसे पढने का प्रयास करता था। और उनके आलेखों का मेरे जीवन पर गहरा प्रभाव पड़ा जो बाद में सार्वजनिक जीवन पर भी दिखाई दिया।

उत्तर प्रदेश विधानसभा के पूर्व अध्यक्ष हृदयनारायण दीक्षित लिखते है- पंडित दीनदयाल उपाध्याय के शब्द बीजमंत्र जैसे हैं, उन्होंने अपने लेखकीय अनुष्ठान के माध्यम से सनातन मूल्यों के संधान का उल्लेखनीय कार्य किया है। पंडितजी का सृजन-कार्य अतिव्यस्त दिनचर्या के बीच महकते उपवन जैसा है। पत्रकारिता और लेखन की मूल भावना की अंतर्निहित शक्ति में कुछ कहने का बीजमंत्र छुपा होता है। जिनके पास कहने को बहुत कुछ होता है, जो पीड़ित, कातर मानवता के दुःखों के कारण स्वयं भी कातर और व्यथित होते रहते हैं, वे बिना बोले, बिना लिखे नहीं रह सकते। अक्षर-अक्षर जोड़कर अपने भावों की डोर में विचारों के मोती पिरोने का काम पंडित दीनदयाल उपाध्याय ने अपनी इसी व्यथा के चलते किया।

पंडितजी का लेखन बिल्कुल सावन के जल भरे मेघों जैसा है, जो धरती की प्यास बुझाने को पूरी करुणा के साथ बरसने को आतुर रहते हैं। जल से भरे मेघों को बरसने के लिए कोई प्रयास नहीं करने होते, बरसना उनका स्वभाव होता है। पंडित दीनदयाल उपाध्याय के पास कहने को बहुत कुछ था। सृजनशील चेतना की अनुभूतियाँ गहरी होती हैं।'

अनेक पुस्तकों के विद्वान् लेखक, पत्रकार और राष्ट्रधर्म के यशस्वी तत्कालीन संपादक तथा पंडित दीनदयाल उपाध्याय के उस समय के सहकर्मी पंडित बचनेश त्रिपाठी जी की आँखें पंडितजी के संस्मरण सुनाते समय 'नम' हो जाती हैं, शब्द आर्द्र हो जाते हैं। श्री बचनेश त्रिपाठी बताते हैं कि एक बार शीत लहर के कारण रात्रि पाली में कम कंपोजिटर आए। 'दैनिक स्वदेश' भी पंडितजी के मार्गदर्शन में ही निकलता था। अखबार हर हालत में निकलना ही था। अखबार ठीक समय पर निकाला जा सके, इसके लिए पंडितजी ने स्वयं पूरी रात कंपोजिंग की। वे एक-एक अक्षर जोड़ते रहे। अक्षर जो कभी नष्ट नहीं होता, इसीलिए उसे अक्षर कहते हैं। जब अक्षर ठीक से जोड़ा जाता है, तब वह शब्द बनता है और शब्द वस्तुतः ब्रह्म ही होता है। भारतीय इतिहास का निष्काम कर्मयोगी रात भर अक्षर जोड़ता रहा। पंडित दीनदयाल उपाध्याय की अक्षर साधना के एक-एक वाक्य में भारत की भव्यता के मार्ग संकेत है। पंडितजी का लेखन अद्वितीय है। मगर उन्होंने अपने लेखन के बारे में किसी विशिष्ट व नएपन का दावा नहीं किया। पंडितजी कहा करते थे कि हजारों वर्ष पुराने अपने इस राष्ट्र की सांस्कृतिक धरोहर के आधार पर ही भारत के भविष्य के शिखर-कलश प्रतिष्ठापित होंगे। उनके मत में वह वही कह रहे थे जो महापुरुष पहले से ही कहते रहे हैं।पंडितजी का लेखन-कर्म आज की चरित्रहीन राजनीति के कालखंड में देश और विश्व के लिए कालजयी संदेश है कि लिखने, बोलने और करने में एकात्मता के अभाव में न तो राजनीति सधती है, न ही देश-कल्याण होता है। पंडितजी शब्द और कृति की एकात्मकता के सर्जक थे।

वरिष्ठ विचारक ब.ना.जोग लिखते है कि - हम जब पत्रकार दीनदयाल का विचार करते हैं, तब यदि हमने एक दीनदयाल राजनैतिक नेतृत्व करनेवाले, दूसरे दीनदयाल संघ के स्वयंसेवक, तीसरे दीनदयाल अर्थपंडित, चौथे दीनदयाल चुनाव लड़ानेवाले, पाँचवें दीनदयालजनसंघ के अध्यक्ष, छठे दीनदयाल पत्रकार जैसे। अलग-अलग दीनदयाल की कल्पना की तो वह बड़ी गलती होगी। एकात्म मानव दर्शन में व्यष्टि, समष्टि, सृष्टि और परमेष्टी-इन चार पहलुओं से मिलकर मानव बनता है और एक पहले-दूसरे का पूरक है। उसी प्रकार दीनदयालजी का व्यक्तित्व इन सब पहलुओं से मिलकर बना है। उन्हें एक-दूसरे से अलग करना असंभव है।दीनदयालजी स्वयं के सोचने का जो नमूना पेश करते हैं, उसमें

पत्रकारिता का आदर्श भी अंतर्निहित है। 'राष्ट्रचिंतन' ग्रंथ में उन्होंने जो चिंतन किया है, उसका निहितार्थ इस प्रकार है-इस शताब्दी के पहले अर्धशतक में जो आंदोलन हुए, उनका अगर विचार किया जाए तो ऐसा दिखता है कि जिन तत्त्वों के आधार पर हमने अपनी राजकीय प्रणाली खड़ी की है, उस आधार का हम भरोसा नहीं कर सकते। भारतीय राजनीतिज्ञों की सबसे बड़ी गलती यह है कि वे देश में भिन्न-भिन्न वर्गों का स्वतंत्र अस्तित्व मानकर चलते हैं।

दीनदयालजी के साथी रहे, पूर्व सांसद व दीनदयाल शोध संस्थान के संस्थापक भारतरत्न नानाजी देशमुख अपने संस्मरण में लिखते हैं कि दीनदयालजी राजनीति के क्षेत्र में प्रत्यक्ष रूप में कार्यरत थे। वे न कभी विधायक बने, न सांसद। 1963 में उन्हें उपचुनाव लड़ने के लिए बाध्य किया गया था। तत्कालीन पूज्य सरसंघचालकजी भी उस उपचुनाव में दीनदयालजी को लड़ाने के स्थान पर जौनपुर के कार्यकर्ता को लड़ाना उपयुक्त मानते रहे। जिस दिन उस उपचुनाव का परिणाम घोषित हुआ, उस दिन पू. गुरुजी काशी में थे। दीनदयालजी जौनपुर से मुझे साथ में लेकर गुरुजी से मिलने काशी गए थे। गुरुजी से भेंट होते ही गुरुजी ने कहा, "बहुत अच्छा हुआ। यदि कहीं तुम लोकसभा में पहुंच जाते तो अर्थ और सत्ता के लालच से प्रभावित होने वाले अपने कार्यकर्ताओं के मोह पर अंकुश लगाने वाला सक्षम कार्यकर्ता जनसंघ में बचता ही नहीं। ऐसी स्थिति में तुम्हारा जनसंघ भी अन्य दलों के समान पदलोलुप ही बन जाता।" गुरुजी के इस मंतव्य का मर्म समझना आज अधिक आवश्यक है। राजनीति के क्षेत्र में आर्थिक लाभ एवं शासकीय अधिकार के स्थान बहुत सीमित रहते हैं, किंतु उन स्थानों को पाने की लालसा रखने वालों की संख्या अनगिनत रहती है।। उपयुक्त आकर्षण का मोह इतना प्रबल होता है कि वह स्वयं की योग्यता-अयोग्यता का विचार करने ही नहीं देता। इसी कारण राजनीतिक संगठन में ऐसे लोगों की भूमिका बहुत महत्वपूर्ण होती है, जिनमें क्षमता तो सर्वोच्च हो किंतु वह स्वयं उपयुक्त मोह से पूर्णतः अलिप्त बना रहे। इसी आवश्यकता पूर्ति के लिये गुरुजी ने दीनदयाल जी का चयन किया था। इसी कारण जनसंघ के अध्यक्ष पदों पर भी कम अधिक योग्यता के लोगों के होते हुए भी जनसंघ का कार्य निरंतर प्रगति करता रहा। जनसंघ के अध्यक्ष पद पर दीनदयाल जी आरूढ़ होना नहीं चाहते थे। उनका अध्यक्ष बनना गुरुजी की इच्छा के भी प्रतिकूल था। यह काम

वैसा ही हुआ था जैसे 1963 में दीनदयाल जी का जौनपुर से लोकसभा का उपचुनाव लड़ना। मैं इन सब बातों का प्रत्यक्षदर्शी हूँ। कारण, दीनदयाल जी साधारणतः मुझे साथ में रखा करते थे।

दीनदयालजी स्वयं के सोचने का जो नमूना पेश करते हैं, उसमें पत्रकारिता का आदर्श भी अंतर्निहित है। ' राष्ट्रचिंतन' ग्रंथ में उन्होंने जो चिंतन किया है, उसका निहितार्थ इस प्रकार है-इस शताब्दी के पहले अर्धशतक में जो आंदोलन हुए, उनका अगर विचार किया जाए तो ऐसा दिखता है कि जिन तत्त्वों के आधार पर हमने अपनी राजकीय प्रणाली खड़ी की है, उस आधार का हम भरोसा नहीं कर सकते। भारतीय राजनीतिज्ञों की सबसे बड़ी गलती यह है कि वे देश में भिन्न-भिन्न वर्गों का स्वतंत्र अस्तित्व मानकर चलते हैं। स्वतंत्र अस्तित्व मानकर उन सब वर्गों का उपयोग राष्ट्रहित के लिए करने का प्रयत्न करते हैं।

भारतीय जनता पार्टी के अध्यक्ष रहे पूर्व केंद्रीय मंत्री डॉ मुरली मनोहर जोशी राष्ट्रधर्म में लिखते हैं कि उनके जीवन पर दीनदयाल जी का गहरा प्रभाव पड़ा। जब छात्र था, तभी से दीनदयाल जी के साथ मेरा सम्बन्ध था। उन दिनों भी हम उन्हें पण्डित जी कहा करते थे। जहाँ तक मुझे स्मरण है, जब से मैं इलाहाबाद में रहता हूँ, तब से जब कभी पण्डित जी इलाहाबाद आये, शायद ही एकाध अवसर पर वे कहीं और ठहरे हों, सामान्यतः वे मेरे ही घर पर ठहरा करते थे। इसलिए उनके सामान्य जीवन के विषय में काफी कुछ ज्ञान मुझे है। बहुत ही सादे व्यक्ति, देखकर यह अनुभव नहीं होता था कि इतने गम्भीर विचारक होंगे। इतना महान् राजनीतिज्ञ, इतना बड़ा तत्त्वदर्शी और इतना अधिक सादा। यह कई बार हुआ कि रिक्शे पर बैठे हुए पण्डित जी चले आ रहे हैं, सवेरे छह बजे; कोई सूचना नहीं। घर आयेंगे, स्नान करेंगे और कहेंगे, भई ! जल्दी से मुझको उड़द की दाल और दही में चीनी डाल कर भोजन तैयार कराओ। उन दिनों मैं अविवाहित था और जब तक मैं कहीं से घूमघाम कर वापस आऊँ, तब तक पण्डित जी तो रिक्शे पर बैठकर स्टेशन चले भी जाते थे।उन दिनों प्रायः यह हो जाया करता था कि पण्डित जी को लाने ले जाने के लिए मोटरकार का प्रबन्ध करने में विलम्ब हो जाता। तो "नहीं, कोई आवश्यकता नहीं, तुम्हारे पास मोटरसाइकिल है, इसी पर चलेंगे", कहते हुए वे मेरी मोटरसाइकिल पर जा विराजते थे। १६६२ के आम चुनावों में तो यह कई बार हुआ कि उनकी सभा का समय हो रहा है और जो

कार्यकर्त्ता उनके लिए मोटर का प्रबन्ध करने गये हैं, उन्हें आने में विलम्ब हो गया है, तो "चलो मोटरसाइकिल से ही चलते हैं। जहाँ रास्ते में मोटर मिलेगी, वहाँ उसको ले लेंगे। आठ-आठ, ग्रामीण इलाकों में दस या बारह या उससे अधिक मील भी वे मोटरसाइकिल पर मेरे साथ बैठकर चले जाते थे। भारतीय जनसंघ के वे उस समय महामन्त्री थे, पर अपने व्यवहार से कभी यह अनुभव होने ही नहीं दिया कि वे इतनी बड़ी संस्था के महामन्त्री हैं। एक बिल्कुल छोटी-सी मोटरसाइकिल पर पीछे बैठकर बहुत बड़ी सार्वजनिक सभाओं में भाषण करने के लिए जा रहे हैं। ऐसा निश्छल व्यवहार कि कहीं किसी प्रकार की कोई ग्रन्थि नहीं।

उनके कपड़ों और अन्य वस्तुओं के बारे में तो जितना कहा जाये, वह उतना ही मजेदार है। उन्हें देखकर कोई यह पता नहीं लगा सकता था कि इस प्रकार का बिल्कुल सादी ग्रामीण वेशभूषा वाला व्यक्ति पं. दीनदयाल उपाध्याय हैं। वे सही अर्थ में वीतरागी थे। बुद्धि के क्षेत्र में तो मुझे भोपाल अधिवेशन में एक नया अनुभव मिला। इलाहाबाद विश्वविद्यालय के एक प्रोफेसर को दीनदयाल जी का भाषण सुनाने के लिए मैं ले गया। भाषण सुनकर लौटे, तो वह कहने लगे, "डा. जोशी, यह आदमी, आदमी कहाँ है ? यह तो बुद्धि है साक्षात्। इसमें मुझे शरीर नजर नहीं आता। ऊपर से नीचे तक केवल बुद्धि ही बुद्धि है और कुछ है ही नहीं।" मैंने कहा अभी तक तो आपने केवल उनके बहिरंग का ही स्पर्श किया है, आगे चलेंगे, तो आपको शायद पता लगेगा कि पण्डित जी में बुद्धि से और आगे जो 'तत्त्व' नाम की वस्तु है, केवल वह तत्त्व ही तत्त्व भरा है, वह बुद्धि से भी परे है। उनकी बुद्धि की प्रगल्भता, विद्वत्ता, उनका अध्ययन, विषय का प्रतिपादन करने के उनके निराले ढंग में प्रकट होती थी।

उत्तरप्रदेश के पूर्व मुख्यमंत्री और राजस्थान के पूर्व राज्यपाल कल्याण सिंह ने दीनदयाल जी के बारे में एक संस्मरण बताया। "एक बार अलीगढ़ में प्रवास के दौरान दीनदयाल जी भ्रमण पर थे। शाम का समय था, अंधेरा काफी हो चुका था। रात के अंधेरे में उनका पैर एक कच्चे कुएं में, जोकि थोड़ा गहरा गड्ढा था, फिसल गया और दीनदयाल जी उसमें गिर गये। उनके साथ चल रहे हम सभी कार्यकर्ताओं ने उन्हें उस गड्ढे से निकाला। गड्ढे से निकलने पर उन्होंने कहा कि असली अंत्योदय यही है कि आपने जिस तरह मुझे अपने हाथों का सहारा देकर कुछ मैंने अपना हाथ आगे बढ़ाकर, आपने मुझे सहारा देकर ऊपर

उठाया, इसी प्रकार अन्तिम पायदान पर खड़े व्यक्ति को सहारा देकर उठाना, आगे बढाना ही अंत्योदय की असली परिभाषा है।" ऐसा था पंडित दीनदयाल उपाध्याय का व्यक्तित्व।

उपाध्याय जी के अनुसार समाज की नीची सीढ़ी पर खड़ा व्यक्ति विकास का केन्द्र बिन्दु होना चाहिए। केन्द्र सरकार एवं अन्य राज्य सरकारें इसी लक्ष्य को सामने रखकर गरीबों के उत्थान के लिए कई बृहद् योजनाएं चल रही हैं। तथा कई बृहद् योजनाओं के क्रियान्वयन का निश्चय किया। एक बार दीनदयाल जी फरह के 'सेठ प्रेम सुखदास भगत इण्टर कॉलेज' में चुनावी सभा में भाषण देने आए थे। तब कॉलेज की छुट्टी कर दी थी। आस-पास के स्कूल की भी छुट्टी कर दी थी। उस समय काफी हल्ला मच गया था कि 'नगला चन्द्रभान का दीना' भाषण देने आया है। काफी बड़ी संख्या में लोग बैलगाड़ी, ट्रैक्टर-ट्राली व बसों से दीनदयाल जी का भाषण सुनने के लिए कॉलेज में इकट्ठे हुए थे। गाँव वालों ने उनसे गाँव नगला चन्द्रभान चलने का अनुरोध किया। तब उन्होंने सिर्फ इतना ही कहा कि पूरा देश उनके गाँव की तरह है। तब कई बुजुर्गों ने उनसे शादी करने को कहा, लेकिन पंडित जी ने यह कहते हुए मना कर दिया कि शादी की कोई आवश्यकता नहीं है। गृहस्थी बसाने पर इतना समय देश को देना सम्भव नहीं होगा।

दीनदयाल जी के साथी रहे संघ के वरिष्ठ स्वयंसेवक ओमप्रकाश बताते हैं कि पंडित जी दीनदयाल जी की मृत्यु के पश्चात एक बार विदेशी पत्रकार ने अटल जी के दिल्ली में राजेन्द्र मार्ग स्थित निवास पर जाकर उनके बारे में कुछ जानकारी प्राप्त करनी चाही। उस विदेशी पत्रकार ने पूछा- मुझे वह कमरा दिखा दीजिए जिसमें वे रहते थे, उत्तर मिला- उनका कोई कमरा ही नहीं था। पत्रकार ने फिर पूछा अच्छा मुझे उनका वार्डरोब दिखा दीजिए, फिर वही उत्तर मिला-उनकी तो कोई अलमारी भी नहीं थी। बिना हार माने पत्रकार ने आगे पूछा- अच्छा तो फिर उनके पास पुस्तक रखने की शेल्फ तो होगी, वही दिखा दीजिये और फिर वही उत्तर मिला-उनके पास अपनी काई शेल्फ भी नहीं थी। अपनी पुस्तकें वे चारपाई के नीचे या आस पास रख दिया करते थे। उस पत्रकार ने पुनः कहा, अच्छा तो वे ही पुस्तकें दिखा दीजिये जो उन्होंने खरीद कर जमा की होगीं। जिसका उत्तर था- उनकी खरीदी हुई कोई पुस्तक भी नहीं है। जो भी थीं मित्रों की थीं या पुस्तकालय से लायी हुई। मित्रों की पुस्तकों को पढ़कर के वापस कर

देते थे। तथा पुस्तकालय की पुस्तकों को भी पढ़कर पुस्तकालय में जमा कर देते थे। उसके बाद उस पत्रकार ने दीनदयाल जी के बैंक एकाउंट के बारे में पूछा तो जवाब मिला कि उनका कोई बैंक एकाउंट ही नहीं था। वह विदेशी पत्रकार यह सब सुनकर हतप्रभ रह गया और अंत में वह विदेशी पत्रकार अपना सिर पकड़कर ही बैठ गया, जब उसे मालूम हुआ कि मृत्यु के समय सफर में उनके पास जो कोट था, वह भी उनका अपना नहीं था। बल्कि किसी मित्र से मांगकर लिया हुआ था। ऐसी सादगी के पुजारी व असंग्रही व्यक्ति थे पंडित दीनदयाल उपाध्याय।

प्रधानमंत्री श्री नरेंद्र मोदी के जीवन पर भी उपाध्याय जी का गहरा प्रभाव था। उन्होंने "दीनदयाल उपाध्याय संपूर्ण वांगमय" के 9 अक्टूबर 2016 के लोकार्पण कार्यक्रम के अवसर पर अपने वक्तव्य मे कहा था कि- "पंडित जी के जीवन में सादगी मैं समझता हूँ कि कोई भी पंडित जी की बात करेगा तो सबसे पहले सादगी की छवि उभर कर के आती है। मुझे तो पंडित जी के दर्शन करने का सौभाग्य नहीं मिला। जब उनकी हत्या हुई तो अखबार के हेडलाइन पर थी। हम स्कूल में पढ़ते थे उस समय। पहली बार ध्यान गया था इस महापुरुष की तरफ। लेकिन बहुत लोग बैठे हैं, जिनको पंडित जी को निकट से देखने का, सुनने का, बात करने का, साथ में काम करने का सौभाग्य मिला है। आज कल्पना की जा सकती है कि इतने कम समय में, राजनीतिक जीवन में एक राजनीतिक विचार, एक राजनीतिक व्यवस्था, एक राजनीतिक दल, विपक्ष से लेकर विकल्प तक की यात्रा को कोई पार कर ले। वे छोटी सिद्धि नहीं है। यह विपक्ष से विकल्प तक की यात्रा संभव इसीलिए बनी है कि पंडित जी ने जिस विचार-बीज से फाउंडेशन तैयार किया था, जो नींव डाली थी, उसी का परिपाक है कि आज विपक्ष से विकल्प तक की यात्रा हम विश्व के सामने प्रस्तुत कर पाए। हमारे देश में राजनीतिक दलों के रूप-रंग भली-भाँति हम जानते हैं। यह पंडित जी का एक कर ये बहुत बड़ा योगदान रहा है कि उन्होंने संगठन आधारित राजनीतिक दल का एक पर्याय देश में खड़ा किया है। कुछ ही मुट्ठी भर लोगों के द्वारा चलनेवाला दल नहीं, संगठन के आधार पर चलनेवाला राजनीतिक दल और भारत में भारतीय जनसंघ से लेकर के भारतीय जनता पार्टी तक संगठन आधारित राजनीतिक दल की यात्रा बड़ी है। इसका श्रेय उस समय के मनीषियों, जिन्होंने कि उन्होंने कार्यकर्ता के निर्माण पर चल दिया। राजनीतिक कार्यकर्ताओं की एक नई श्रेणी

तैयार हो, जिसका कोई राजनीतिक गोत्र न हो, ऐसा एक स्वतंत्र चिंतन वाला राष्ट्रभक्ति से प्रेरित, समाज को समर्पित, कार्यकर्ताओं का समूह, इससे बना हुआ संगठन और उस संगठन से राजनीति जीवन में पदार्पण। इसीलिए उन्होंने पूरी शक्ति, पूरा जीवन संगठन को वैचारिक अधिष्ठान देने में, कार्यकर्ता के निर्माण में, संगठन के विस्तार में अपने जीवन का अधिकतम कार्यकाल खारा दिया। इसीलिए एक ऐसा राजनीतिक दल, जिसका संगठन केंद्रीय है और जो संगठन राष्ट्र केंद्रीय है, ऐसी एक व्यवस्था पंडित जी ने देश को दी है। आज हम देख रहे है कि जहाँ भी हम लोगों को कार्य करने का अवसर मिला है, उसका तुलनात्मक अभ्यास कोई 'भी कर ले। मैं तो चाहूँगा, हिंदुस्तान का जो विश्लेषक वर्ग है, उसे इस देश में पिछले 50 वर्षों में जितने राजनीतिक दलों को शासन में आकर सेवा करने का मौका मिला है, उनके कार्यकाल का 25-50 प्वाइंट लेकर एक एवल्यूशन हो। एक कंपरेटिव स्टडी आना चाहिए कि देश में किस राजनीतिक दल को सत्ता में आने के बाद क्या- क्या होता है और कौन क्या-क्या करता है? मैं बड़े विश्वास से कह सकता हूँ कि पंडित दीनदयाल उपाध्याय जी ने अपने पसीने से और जीवन के अंतकाल को देखें तो मैं कहूँगा, अपने खून से जिस दल को सींचा है, जिस विचार को पनपाया है, वो तपस्या आज भी इस कसौटी पर खरी उतरने के लिए सामर्थ्यवान है।

भारत इतना बड़ा, विशाल देश है। कभी-कभी जब परंपरा की बात करते हैं तो कुछ लोगों को बातें बहुत एक सीमित अर्थ में समझ में आती हैं, तब बड़ी गलती हो जाती है। पंडित जी का एक उद्धरण पढ़ना चाहता हूँ, उससे समझ में आएगा कि किस प्रकार से हम लोगों के चिंतन की धारा रही है। उन्होंने एक जगह पर लिखा है, 'ज्ञान-विज्ञान और संस्कृति सभी क्षेत्रों में अपने पर्याप्त जीवन के विकास के लिए जो भी आवश्यक होगा, यह हम स्वीकार करेंगे। हम नवीनता के विरोधी नहीं और न प्राचीनता के नाम पर रूढ़ियाँ और मृत परंपराओं के हम अंध उपासक हैं।' यह हमारी मूलभूत सोच है और इसी कारण हम हिंदुस्तान के सवा करोड़ देशवासियों का विश्वास जीत पाए हैं।"

कांग्रेस एवं जनता पार्टी के वरिष्ठ नेता रहे, पूर्व केंद्रीय मंत्री एवं उपप्रधानमन्त्री जगजीवनराम लिखते हैं- उनके अन्दर एक मौलिकता और समन्वय करने की शक्ति थी। बहुत से दर्शनों का और आधुनिक राजनीति,

अर्थशास्त्र एवं विश्व को आर्थिक व्यवस्थाओं का उनका गहरा अनुशीलन था। प्राचीन और नवीन का समन्वय, आध्यात्म और लौकिक विचार का समन्वय, कुटी शिल्प और बड़े उद्योगों का समन्वय, विज्ञान और दर्शन का समन्वय, सब उनके जीवन से व्यक्त होता है, और इसलिए उन्होंने एक नयी विचार-परम्परा रखी। अगर मानव के विकास के रास्ते में कोई अवरोध उपस्थित किया जाता है तो वह मानव के साथ ही अन्याय नहीं का होता, वह उसके साथ अन्याय होता है जिसका वह अंश है और मानव के विकास के लिए प्रयत्न करने का अर्थ होता है, जगत् को ईश्वर के साक्षात्कार का रास्ता। दीनदयाल जी ने मानव के इस महत्त्व को परखा था।'

पूर्व केन्द्रीय राज्य मंत्री जगदंबीप्रसाद यादव लिखते हैं - उपाध्याय जी राजनीति के बेजोड़ कुशल शिल्पी थे। उन्होंने एक-एक कार्यकर्ता को चुन-चुन कर बनाया, ठीक महात्मा गाँधी की तरह। जब मैं सोचता हूँ बापू सर्वप्रिय कैसे हुए, तो मुझे लगता है कि इसका सर्वप्रमुख कारण यह है कि उन्होंने अपने आगे-पीछे उद्भट विद्वानों तथा त्यागी एवं कर्मठ महान् कार्यकर्ताओं की टोली को खड़ा किया। उन्होंने सरदार पटेल, मोतीलाल, राजगोपालाचारी, विठ्ठल भाई, सुभाष आदि न जाने कितने महापुरुषों को भारतमाता की सेवा में लगा दिया। पण्डित जी ने इससे भी आगे कदम बढ़ा कर समर्पित कार्यकर्ताओं की माला गूंथ कर भारतमाता के गले में पहना दी।'

पूर्व सांसद प्रोफेसर विजय कुमार मल्होत्रा लिखते हैं लिखते हैं मेरे जीवन पर दीनदयाल जी का गहरा असर पड़ा। मुझे उनके साथ जीवन भर रहने और काम करने का अवसर मिला। वैसे तो उनका अपना आवास निवास था ही नहीं परंतु जनसंघ का महामंत्री बनने के बाद उनका स्थाई ठिकाना दिल्ली बन गया था वर्षों तक अजमेरी द्वारा स्थित जनसंघ कार्यालय के एक कमरे में उनके निवास था। वहीं एक कमरे में अखिल भारतीय जनसंघ का कार्यालय था और एक कमरे में दिल्ली प्रदेश जनसंघ कार्यालय था। प्रदेश जनसंघ के मंत्री के रूप में जम्मू कश्मीर आंदोलन के संयोजक के रूप में निगम सदस्य के रूप में महानगर परिषद के सदस्य मुख्य कार्यकारी पार्षद के रूप में वर्ष 1968 वर्ष तक उनके सान्निध्य में रहने और काम करने का अवसर मिला। कितनी स्मृतियां उभर कर

आती है किन को सजा कर रखा जाए और किन को जनहित में प्रकट कर दिया जाए इसका निर्णय करना कठिन है।

आर्गेनाइजर' (साप्ताहिक) के सम्पादक, दीनदयाल जी के सहयोगी रहे केवल रतन मलकानी ने दीनदयाल जी को एक मानव तनधारी देवता बताया। उन्होंने राष्ट्र धर्म में लिखा- "मैं बीस वर्षों से उन्हें जानता था और उन्हें कभी क्रोध में ऊँची आवाज से बोलते नहीं देखा। भारतीय राजनीति में बुरे से बुरे व्यक्ति के लिए उन्होंने अधिक से अधिक यह कहा कि 'बड़ा बदमाश है' और वह भी क्रोध में नहीं; बल्कि आश्चर्य प्रकट करते हुए कि मनुष्य इतना बुरा हो सकता है। ऐसे थे पण्डित जी, एक मानव तनधारी देवता। यह खेद हमें जीवन भर बना रहेगा कि वे हमें अपने जीवन के चरमोत्कर्ष के समय छोड़कर चले गये। हमें केवल यह सोचकर सन्तोष करना पड़ेगा कि यही बड़े भाग्य की बात थी कि वे हमारे बीच इतने दिनों तक रहे और उनका आदर्श सदा ही हमारा पथ-प्रदर्शन करता रहेगा।"

राष्ट्रीय स्वयंसेवकसंघ के द्वितीय सरसंघचालक माधवराव सदाशिवराव गोलवलकर ने पंडित दीनदयाल उपाध्याय के बारे में राष्ट्र धर्म में लिखा कि- मैं जानता था कि वह कर्तव्यवान है। मैं जानता था कि वह गुमान है। मैं जानता था कि वह बुद्धिमान है। संघ के प्रचारक के नाते संगठन के शास्त्र में कुशल हैं, इसका मुझे प्रत्यक्ष अनुभव था। मैं यह भी जानता था कि अपनी मधुर वाणी से, स्थिर व्यवहार से और सब प्रकार के मानसिक तथा बौद्धिक संतुलन क्षेत्र में वह सामान्य स्थान प्राप्त करेगा किंतु जगत के सामने आकर असामान्य स्थान प्राप्त करने के पहले ही वह अल्पायु में ही चला गया। देश में तो बहुत बड़ा स्थान मिल गया था और मिल भी सकता था। मिलने वाला था। जगत में भी उसका नाम हमेशा के लिए लोग स्मरण रख सकें, ऐसा बनने से पहले चला गया। मुझे इसका दुख होता है, जैसे अपने घर का लड़का बुद्धिमान है। होशियार है। खूब उत्तम रीति से परीक्षा में उत्तीर्ण हो रहा है। इधर-उधर नाम कमा रहा है लेकिन वह बीच से चला गया तो मां-बाप को कैसा लगता है। बहुत से लोग अपने परिवार से चलते हैं अथवा उसकी कल्पना कर सकते हैं मैं परिवार से नहीं चलता इसलिए मेरी जो दुख की भावना है वह कई गुणा अधिक है। इतना ही कहूंगा कि दीनदयाल को ईश्वर ने ले लिया। वह प्रत्यक्ष विरोधी दल के प्रमुख पुरुष थे। उनका कर्तव्य था कि जो अनिष्ट और त्रुटिपूर्ण दिखाई देती है उसके प्रति अपने मत को असंदिग्ध शब्दों में प्रकट

करें। यह उन्होंने किया परंतु उनके हृदय के अंदर कभी भी किसी के प्रति कटुता नहीं थी। वह सबसे प्रेम से बोलते थे। मेरा तो उनसे बहुत गहरा संबंध था वह कभी किसी के साथ जरा भी नाराज नहीं हुए।

दीनदयाल जी के सहयोगी रहे, भारत के पूर्व उपप्रधानमन्त्री, भारत रत्न लालकृष्ण आडवाणी के जीवन पर उनका बहुत प्रभाव रहा वे लिखते हैं कि- मेरे जीवन पर दो व्यक्तियों का बड़ा प्रभाव रहा जिसमें राजपाल पुरी और दीनदयाल उपाध्याय थे, जिन्होंने मेरे जीवन पर सबसे गहरा असर डाला। दीनदयाल जी इस संभावना से भली-भांति परिचित थे कि जनसंघ भी भारतीय राजनीति की बदलती हुई संस्कृति में विकृति का शिकार बन सकता है। इसलिए स्वतंत्रता के बाद के भारत में विलय ही दिखने वाली साहसिकता और संकल्प के साथ में अनुशासन, समर्पण, विचारधारा, आदर्शवाद की एक पूर्ण तैयार नवीन आधार पर एक नई पार्टी को सशक्त बनाने के लिए निकल पड़े। मैं इसे अपना सौभाग्य समझता हूं कि मैंने अपना राजनीतिक जीवन इस आदर्श नेता के चरणों में प्रारंभ किया। आडवाणी जी लिखते है कि - मैं उनसे पहली बार दिल्ली में 1947 में मिला था लेकिन 1948 के बाद मैं उनके निकट संपर्क में आ गया और वे मेरे जीवन पर विचारधारात्मक, राजनीतिक और नैतिक प्रभाव डालने वाले सबसे महत्वपूर्ण स्रोत बन गए थे। वे पंडारा रोड स्थित हमारे घर पर नियमित आते और बालकनी में घंटों बैठकर पढ़ने और लिखते थे। मैं उनके हिंदी भाषणों और लेखों का अंग्रेजी में अनुवाद करता था।

दीनदयाल जी के अभिन्न सहयोगी रहे, पूर्व प्रधानमन्त्री, भारत रत्न अटल बिहारी वाजपेयी अपने अनुभवों को साझा करते हुए लिखते है कि- उपाध्याय जी के साथ रहने का अवसर पहली बार 1947 में मिला जब राष्ट्र धर्म प्रकाशित करने का निश्चय हुआ था। लिखने लिखाने का शौक जरूर था लेकिन उपाध्याय जी ने जब संपादन का ही महत्वपूर्ण दायित्व दिया तो मेरी सिटी-पिटी ही गुम हो गई। मुझे काम करवाने के लिए उपाध्याय जी स्वयं मौजूद थे। उनके लिए सीखना और सिखाना एक निरंतर चलने वाली प्रक्रिया थी। काम करते हुए सीखने और सीखाने का काम चलता रहता था। प्रेस में सामग्री देने से लेकर कंपोज करने और प्रूफ रीड करने तक के सभी कार्यों में वे तत्पर रहते थे। छपाई की मशीन पर खड़े होकर काम करते रहना और थकना उन्होंने जाना ही नहीं था।

ना खाने का ध्यान न सोने की सुध। इसलिए उनका शरीर जवाब देता चला गया। एक सवेरे उपाध्यायजी मशीन पर खड़े आखिरी फर्मा निकलवा रहे थे और अचानक गिर कर बेहोश हो गए। उन्होंने अत्यधिक परिश्रम कर लिया था और विश्राम नहीं किया था। यह उनकी एक महत्वपूर्ण विशेषता थी। वाजपेयी जी लिखते हैं उपाध्याय जी का कार्य करने और सोचने का तरीका व्यक्तिनिष्ठ नहीं वरन तत्वनिष्ठ था। उन्होंने सदैव आदर्शों पर बल दिया और सिद्धांतों के लिए जीना सिखाया।

रामपुर से जनसंघ के सांसद रहे नारायण स्वरुप शर्मा अपने संस्मरण में लिखते हैं दीनदयाल जी के विचारों में मौलिकता वह ईमानदारी का प्रभाव था। जो हमारे जीवन तक पहुंचा। समाजवाद को वह अंतिम साध्य के तौर पर जीवन के सभी रोगों की रामबाण औषधि के रूप में या गायत्री मंत्र जैसी प्राण प्रतिष्ठा उसमें देखने वाले के वर्ग में दीनदयाल जी नहीं थे। लेकिन आर्थिक क्षेत्र में समाजवाद को भी उपयोगी साधन मानते थे। देखने में बहुत सीधे-साधे लगते थे परंतु संपर्क में आते ही वे लोगों को अपनी ओर खींच लेते थे। यह उनके व्यक्तित्व का आकर्षण था। उनमें ऐसा जादू था कि हर किसी को अपना मित्र बना लेते थे इसी कारण मैनचेस्टर गार्जियन ने लंदन की प्रेस कांफ्रेंस के बाद उनके बारे में हेडिंग दिया था- ए मेन टू बी वाच्ड यानी ध्यान देने योग्य एक व्यक्ति।

राष्ट्रीय स्वयंसेवक संघ के तृतीय सरसंघचालक मधुकर दत्तात्रेय देवरस उपाख्य बालासाहेब देवरस ने दीनदयाल जी के बारे में लिखा कि उनसे मेरा घनिष्ठ परिचय और अपनापना था। इस अवधि में मैंने कभी उनको यह कहते नहीं सुना कि उन्होंने यह किया, वह किया। अहम भावना या मैं शब्द का प्रयोग उन्होंने शायद कभी नहीं किया। इस संसार में उनका जो निजी सामान था उसमें उनका बिस्तर, कुछ कपड़े और पुस्तकें। वे ना तो अपने विषय में कुछ बोलते थे और ना ही किसी की बुराई ही करते थे। दीनदयाल जी एक स्वयंसेवक थे। उनकी प्राथमिक निष्ठाएं संघ के प्रति ही थी। दीनदयाल जी उन कुछ कार्यकर्ताओं में से एक थे जिन्हें डॉक्टर हेडगेवार से भेंट करने तथा उनसे प्रेरणा लेने का सौभाग्य प्राप्त हुआ था।

राष्ट्रीय स्वयंसेवक संघ के वरिष्ठतम प्रचारक व दीनदयाल जी के मार्गदर्शक रहे भाऊराव देवरस लिखते हैं जो गीता में वर्णन है वही दीनदयाल

भी थे। देवी संपदा की बातें सुनी है। अनासक्ति, निष्काम कर्मयोगी आदि शब्द कान पर आते रहे परंतु उनका प्रत्यक्ष अनुभव आचरण दीनदयाल तुमने चरितार्थ किया। शुद्ध चरित्र, देश भक्ति, समाज के सुख-दुख में साथ रहने वाला विशाल हृदय सचमुच दीनदयाल तुम ही थे।

लेखक, चिन्तक, साहित्यकार, पूर्व केन्द्रीय मन्त्री और हिमाचल प्रदेश के पूर्व मुख्यमंत्री रहे शांताकुमार बताते हैं कि वह 1960 में विधि के अध्ययन के लिए झंडेवाला संघ कार्यालय दिल्ली के चमन लाल गुप्ता जी के साथ रहते थे। उनके साथ उत्तर भारत के संघ प्रचारक माधवराव जी मूले के साथ बातचीत करने व भोजन करने का अवसर मिलता था। उन दिनों दीनदयाल जी जब दिल्ली प्रवास पर होते थे तो जनसंघ कार्यालय अजमेरी गेट से साइकिल लेकर झंडेवाला संघ कार्यालय भोजन करने आते थे। एक दिन की बात है मेरे बड़े भाई सुदर्शन कुमार वायु सेना में काम करते थे और दिल्ली में पदस्थापित थे। मेरे भाई मुझसे मिलने संघ कार्यालय आए। उस समय हम बाहर खड़े थे और दीनदयाल जी साइकिल पर जाने ही वाले थे। भाई के पूछने पर जब मैंने बताया कि वह दीनदयाल उपाध्याय है तो वह बहुत हैरान हुए और बोले इस तरह आपकी पार्टी कांग्रेस का मुकाबला कैसे कर पाएगी। वास्तव में उस समय जनसंघ छोटी पार्टियों में से थी लेकिन दीनदयाल जी के द्वारा प्रतिपादित सिद्धांतों, समर्पित कार्यकर्ताओं, देशभक्ति की विचारधारा, ईमानदारी की राजनीति से आज भारतीय जनता पार्टी (जनसंघ का परिवर्तित स्वरूप) के रूप में दुनिया की सबसे बड़ी पार्टी बन गई है। यह सब दीनदयाल जी के दिए वैचारिक आधार के कारण ही हुआ है। दीनदयाल जी स्पष्टवादी थे मैं 1960 में अंबाला में संघ का प्रचारक था दीनदयाल जी वहां प्रवास पर आए। शाम को चाय पर वहां के प्रमुख लोगों को पत्रकारों की चर्चा के लिए बुलाया गया। एक पत्रकार ने पूछा कि जब आपकी पार्टी शासन में आ जाएगी और उसमें भ्रष्टाचार आ गया तो आप क्या करोगे तो पंडित जी ने जवाब दिया हम संघ से राजनीति में आए लोग हैं ऐसा कभी नहीं होगा। पत्रकार ने फिर पूछा भ्रष्टाचार आ ही गया। तब क्या होगा। तो दीनदयाल जी ने तत्काल जवाब दिया ऐसे में पार्टी को भंग करके नई पार्टी बनाएंगे। उनका जीवन प्रेरणादायी है। उन्होंने अपने अध्ययन, मनन, साधना द्वारा एकात्म मानव दर्शन का सिद्धांत प्रतिपादित किया,जो कि भारतीय संस्कृति का निचोड़ है और

भारतीय राजनीति में एक सांस्कृतिक संदेश है। उन्होंने पत्रकारिता भी इन्हीं भावों से प्रेरित होकर की थी। राष्ट्रधर्म व अनेक पत्रकारों व राजनीतिक कार्यकर्ताओं के प्रेरक को मार्गदर्शन रहे।

प्रख्यात चिंतक,विचारक व भाजपा के पूर्व राष्ट्रीय संगठन महामंत्री के. एन. गोविंदाचार्य बताते हैं कि "सन् 1964 में मेरे पास संघ में दायित्व था, तब बनारस में जनसंघ की राष्ट्रीय बैठक टोंक मोहल्ला की धर्मशाला में हुई। मुझे दीनदयाल जी की सेवा के लिये दायित्व सौंपा गया था। मैंने देखा आधी रात हो गई, धर्मशाला के आंगन में जहां ओर लोग भी सोये हुए है, वहीं कम्बल ओढ़कर एक रजाई को मोड़कर उसके ऊपर कागज रखकर दीनदयाल जी कुछ लिख रहे हैं। मैनें उनसे पूछा- आप किसी वस्तु की आवश्यकता हो तो बताईये। उन्होंने कहा- अभी तुम सो जाओ, प्रातः चाय मिलेगी? प्रातः मुझे शाखा जाना है, शाखा कहां लगती है, तुम्हें जानकारी है न? फिर मैं सोने चला गया। प्रातः चाय के बाद जब हम शाखा जा रहे थे मैंने रास्ते में दीनदयाल जी से पूछा-देर रात तक आप क्या लिख रहे थे? तो उन्होंने बताया मैं बैठक में रखे जाने वाले प्रस्तावों का अंग्रेजी में रुपान्तरण कर रहा था, जिससे बैठक में दक्षिणी भारत के राज्यों से आने वाले प्रतिनिधियों को असुविधा न हो। मैं यह अनुवाद करके रात 12:30 बजे सोया।

उनके जीवन के दो संस्मरणों मुझे बहुत प्रभावित किया। एक बार दीनदयाल जी रेल में यात्रा कर रहे थे। जूतों पर पॉलिश करने वाला एक बालक डिब्बे में आया और सूट-बूट पहनकर बैठे साहब से जूते पॉलिश कराने को कहा। साहब ने बालक से पूछा-तुम्हारे पास जूता चमकाने के लिये कपड़ा है क्या? बालक ने मना किया तो साहब ने पॉलिश कराने से मना कर दिया। तब दीनदयाल जी ने अपने झोले से अपना गमछा निकाला और उसका एक हिस्सा फाड़कर बालक को देते हुए कहा- लो, अब साहब के जूते पॉलिश कर दो। देखों तुम सभी जरूरी चीजें साथ रखा करो, अब तुमसे एक ग्राहक छूट जाता।

एक बार उत्तर प्रदेश में हो रहे संघ के शिविर में एक स्वयंसेवक ने दीनदयाल जी से पूछा- इस बार यू.पी. में हम कितनी सीटें जीतेंगे? तो दीनदयाल जी ने कहा पूरी 425। तब स्वयंसेवक ने हंसते हुए कहा इतनी तो कुल सीटें है। तब दीनदयाल जी ने कहा तुम तो स्वयंसेवक हो, तुमने पूछा हम कितनी सीटें जीतेंगे,

हम में तो सभी शामिल है। तुम पूछते जनसंघ कितनी सीटें जीतेगा? यह पूछते तो मैं तुम्हें वह संख्या बताता।

हर साल 11 फरवरी का दिन मेरे मन में उदासी लाता है। 1968 में इसी दिन फतुहा से पटना आते समय मार्ग में मेरी मोटरसाइकिल रोक कर श्री बद्री यादव ने यह दुखद समाचार दिया था कि दीनदयाल जी उपाध्याय का शव मुगलसराय स्टेशन पर मिला है और संभवत: उनकी हत्या हुई है। मन को बहुत धक्का लगा। वे अच्छे स्वयंसेवक, अच्छे संगठनकर्ता, अच्छे विचारक, अच्छे नेता थे। गरीबों के प्रति वे अत्यंत संवेदनशील थे। राष्ट्र की अस्मिता के हित में पूर्ण समर्पित थे। वे मतभेद का आदर करते थे और धैर्य से दूसरा पक्ष भी सुनकर अपना पक्ष रखते थे। इसलिए अन्य दलों के नेता जैसे राम मनोहर लोहिया व डॉक्टर संपूर्णानंद से उनके अच्छे संबंध थे। डॉक्टर लोहिया व उपाध्यायजी असमय ही रहस्यमय स्थिति में चले गए। देशी सोच के इन पुरोधाओं का बौद्धिक दस्तावेज शक्ल ले रहा था पर शायद नियति को यह मंजूर नहीं था। दीनदयाल जी की पुस्तक "भारतीय अर्थनीति विकास की एक दिशा" आज भी प्रासंगिक है।

उत्तराखंड के पूर्व मुख्यमंत्री व महाराष्ट्र के पूर्व राज्यपाल भगत सिंह कोश्यारी बताते हैं कि सन 1964 में कानपुर में हुए संघ शिक्षा वर्ग प्रथम वर्ष में उन्हें दीनदयाल जी का सान्निध्य प्राप्त हुआ। वे चर्चा गट में विषय प्रवर्तन कर चर्चा करते थे। उस वर्ग में अटल बिहारी वाजपेयी भी थे। जब वर्ग में कोश्यारी का दीनदयाल जी ने परिचय लिया और शिक्षा पूछी तो कोश्यारी ने कहा अंग्रेजी में एमए हूं। उन्होंने पूछा अंग्रेजी क्यों पढी। तो कोश्यारी ने कहा मैंने हिंदी का समर्थन करने के लिए अंग्रेजी पढी।

उसके बाद मेरठ में संघ के शिविर में उनका मार्गदर्शन प्राप्त हुआ। तब उन्होंने कहा था रुस ध्वस्त हो जाएगा। भारत में सनातन राष्ट्रीयता है। उन्हें भारत माता की शक्ति व सामर्थ्य पर पूरा भरोसा था। पंडित दीनदयाल जी विद्वत पुरुष थे। समाचार प्रकाशन की हर विधा को जानते और समझते थे। उन्होंने लेखन, कंपोजिंग से लेकर बंडल डिस्पैच करने तक का काम काम किया। बिजली बंद होने पर खुद मशीन चला कर अखबार छापते थे। 1965 में लखनऊ में संघ के द्वितीय वर्ष में प्रश्नोत्तरी में एक शिक्षार्थी स्वयंसेवक ने दीनदयाल जी से प्रश्न किया। संघ और गांधी को एक दूसरे का विरोधी माना जाता है जबकि संघ के प्रात:

स्मरण में गांधी का नाम लिया जाता है। तब दीनदयाल जी ने स्वयंसेवकों से प्रतिप्रश्न में पूछा गांधी के गुण बताओ। तो कई स्वयंसेवकों ने उनके गुण बताएं। एक स्वयंसेवक ने कहा कि गांधीजी सबसे बडे लोक संग्रही व नेतृत्वकर्ता थे। तो दीनदयाल जी ने कहा हमारा काम भी उनके जैसा ही है इसलिए उनका स्मरण भी जरूरी है।

दिल्ली विश्वविद्यालय में प्रोफेसर सारिका कालरा अपने शोध में लिखती है कि- उनके व्यक्तित्व के अनेक पहलू हैं परंतु विशेष रूप से उनके पत्रकारीय जीवन का उल्लेख करना चाहूंगी। भारतीय पत्रकारिता अनेक पत्रकारों के अवदान से समृद्ध है, पंडित दीनदयाल उन्हीं में से एक हैं। भले ही उनका पत्रकारीय जीवन 20 वर्षों का रहा हो परंतु उन्होंने अपने लेखों और विचारों से लोगों का ध्यान अपनी तरफ आकृष्ट किया। 1947 से उन्होंने पत्रकार की भूमिका का निर्वाह करना शुरू किया। उनकी दृष्टि पत्रकार की थी और लेखनी साहित्यकार की थी। भारत विभाजन के तुरंत बाद उन्हें 'राष्ट्रधर्म मासिक का कार्य सौंपा गया लेकिन यह काम उनके लिए बिल्कुल नया था लेकिन फिर भी उन्होंने इसे एक चुनौती की तरह स्वीकार किया और यहीं से उन्होंने इस सूत्र को अपनाया कि एक मनुष्य के लिए सबसे पहली निष्ठा अपने देश के प्रति होनी चाहिए। उन्होंने इन विचारों को अपने लेखों के माध्यम से जन जन तक पहुंचाया। साहित्य लेखन और पत्रकारिता के संबंध में उनका विचार था "समाचार और साहित्य में मूल अंतर यही है समाचार मुख्यतः दूसरों की घटी और कृति से संबंध रखता है, जबकि साहित्य प्रधानतः आत्माभिव्यक्ति है।

पंडित दीनदयाल उपाध्याय के पैतृक गांव नगला चंद्रभान के पूर्व ग्राम प्रधान रहे देवी प्रसाद शुक्ल बताते हैं कि पंडित जी उनके दूर के रिश्तेदार थे। दीनदयाल जी अपने पेतृक गांव कुछ प्रमुख अवसरों पर ही आए। वे जब भी मथुरा प्रवास पर आते थे। कंसकिला स्थित कार्यालय में ठहरते थे। इसकी सूचना मिलने पर उनके पिताजी उनसे मिलने मथुरा जाते थे। सन 1962 के चुनाव में जनसंघ प्रत्याशी वजीरचंद आहूजा के चुनाव प्रचार में आए थे। यहां उन्होंने सिर्फ प्रेम सुखदास इंटर कॉलेज (फरह) मथुरा में सभा को संबोधित किया था। तब उन्होंने पहली बार दीनदयाल जी को देखा और सुना था। सारगर्भित भाषण में उन्होंने केन्द्र में सत्ता परिवर्तन को आवश्यक बताया था। देवी प्रसाद शुक्ला बताते हैं कि

दीनदयाल जी के दाह संस्कार में उनके पिताजी दीपचंद शुक्ला और चाचा जी दाऊदयाल शुक्ला दिल्ली गए थे। दीनदयाल जी ने उनके दादाजी चूड़ामणी जी को अपनी खेती की जमीन पर आम मुख्तियार बनाया था। इस प्रकार दीनदयाल जी से उनका निकट पारिवारिक संबंध रहा है। पंडित दीनदयाल जी की दादी जी बतसिया बाई यहीं नगला चंद्रभान में निवास करती थी। उनके निधन होने पर दीनदयाल जी गांव आए थे और 12वीं की रस्म पर मुंडन भी करवाया था।

दीनदयाल जी के पैतृक गांव नगला चंद्रभान मथुरा में दीनदयाल धाम स्थित दीनदयाल शोध पुस्तकालय के प्रबंधक और संघ प्रचारक संगम लाल बताते हैं कि दीनदयाल उपाध्याय ने पत्रकारिता को जागृति व राष्ट्र प्रेम जागरण का माध्यम बनाकर इस क्षेत्र में विपुल कार्य किया। दीनदयाल जी ने मंत्र दिया था स्वावलंबन के लिए विकेंद्रीकरण। उनके अनुसार समाज में विचार व्यवस्था परिवर्तन बड़ा कार्य है और पत्रकारिता इस कार्य में सहायक सिद्ध हो सकती है। राष्ट्रधर्म व पांचजन्य में उनके लिखे लेख और टिप्पणियां आज भी प्रासंगिक है।

5

दीनदयाल उपाध्याय और राजस्थान

पंडित दीनदयाल उपाध्याय का राजस्थान से गहरा जुडाव रहा। उन्होंने प्रदेश के हर जिले के छोटे से छोटे कस्बे और गांवो की सघन यात्राएं की। इस दौरान राजस्थान के हजारों स्वयंसेवकों से उनका संपर्क हुआ। हालांकि उसमें से अधिकांश लोग अब जीवित नहीं है। जो अभी जीवित है उनकी आयु 75 से 95 वर्ष के बीच है। हमने ऐसे ही कई स्वयंसेवकों से मुलाकात की और पंडित जी के साथ उनके अनुभवों और स्मृतियों को कलमबद्ध किया। इन सभी लोगों के जीवन पर पंडितजी के साहचर्य और सान्निध्य का गहरा प्रभाव रहा। यहां कुछ चुनिंदा स्वयंसेवकों के अनुभव साझा कर रहे है।

नित्य परिश्रमरत रहते थे दीनदयाल

जनसंघ के संस्थापक सदस्य पूर्व राज्यपाल और उदयपुर के मूल निवासी सुंदर सिंह भंडारी ने लिखा कि -किसी भी प्रकार की चिंता से दूर रहते हुए पंडित दीनदयाल ज़ी नित्य परिश्रमरत रहते थे। उनका शरीर इन्हीं अत्यधिक कर्म से कई प्रकार से पीड़ित भी रहता था किंतु चेहरे पर कभी उन्होंने शिकन नहीं आने दी। अधिवेशन में, बैठकों में, कार्यकर्ताओं के साथ वार्तालाप करते खाने, पीने और विश्राम तक का भी उनका ध्यान नहीं रहता था। स्नान, भोजन भी ठीक समय पर नहीं हो पाता था। बड़ी-बड़ी गंभीर समस्याओं से लेकर संगठन के छोटे-छोटे पहलू पर भी उनकी दृष्टि रहती थी। छोटे से छोटे कार्यकर्ता और साधारण सदस्य तक के सहयोग को वह ध्यानपूर्वक देखा करते थे।

पंडित जी का जनमानस पर प्रभाव आज भी प्रासंगिक

राजस्थान के पूर्व राज्यपाल कलराज मिश्रा लिखते हैं- "पंडित दीनदयालजी उपाध्याय हमारे मध्य नहीं है किन्तु उनके द्वारा प्रतिपादित सिद्धान्त आज भी हमारे लिए प्रेरणा स्रोत है। पूज्य गुरुजी से उत्प्रेरित पंडित जी ने राष्ट्र की राजनैतिक सामाजिक और आर्थिक मीमांसा जब देश के सम्मुख रखी तो उनकी प्रतिभा की सुरभि मंद-मंद गति से स्वतंत्र भारत के राजनैतिक पटल पर प्रवाहित होने लगी। उनकी प्रतिभा का जनमानस पर जो प्रभाव पड़ा वह आज भी प्रासंगिक है। आर्थिक विपन्नता से जूझते हुए भी उन्होंने अपने व्यक्तित्व को निखारा एवं सादगी पूर्ण किन्तु उच्च विचारों से देश को अभिभूत किया। उनके चिन्तन का केन्द्र बिन्दु भारत का निर्धनतम व सामान्य व्यक्ति था। उन्होंने निर्धनतम व्यक्ति के जीवन के उन्नयन के लिए अन्त्योदय की कल्पना दी। श्रीगुरुजी की प्रेरणा से उन्हें राजनीति में आना पड़ा। वस्तुतः पंडितजी का मूल स्वभाव संघ प्रचारक का ही था।

एकात्म मानवदर्शन अनुसंधान एवं विकास प्रतिष्ठान दिल्ली के अध्यक्ष, पूर्व सांसद, भाजपा राजस्थान के पूर्व अध्यक्ष तथा एकात्म मानवदर्शन के वरिष्ठ अध्येता डॉ महेश चंद्र शर्मा ने बताया कि पंडित दीनदयाल जी ने दैनिक स्वदेश, साप्ताहिक पांचजन्य व मासिक राष्ट्र धर्म का प्रकाशन प्रारंभ कराया। वे इसके मार्गदर्शक रहे थे। भले ही वे औपचारिक रूप से उनके संपादक नहीं रहे लेकिन इन पत्रों में सब कुछ थे वही लिखते थे। कुछ संपादकीय तो उनके हस्ताक्षरित भी थे। बाद में ऑर्गेनाइजर और पांचजन्य में उनके दो स्तंभ छपने लगे। पांचजन्य में पाराशर के नाम से विचार वीथी और ऑर्गेनाइजर में पॉलिटिकल डायरी। बाद में पॉलिटिकल डायरी जब पुस्तक के रूप में छपी तो पुस्तक की भूमिका कांग्रेस के विख्यात नेता डॉ संपूर्णानंद ने लिखी। इस पुस्तक का विमोचन राष्ट्रीय स्वयंसेवक संघ के द्वितीय सरसंघचालक गुरुजी गोलवलकरजी ने किया। पंडित दीनदयाल जी के संपादकीय आलेखों एवं स्तंभ की विषय वस्तु में उनकी चिंतन शैली एवं अध्ययन क्षमता तो परिलक्षित होती ही है, पत्रकारीय दायित्व बोध एवं शालीनता भी उनकी रेखांकनीय विशेषता है। वर्तमान समय में पत्रकारों द्वारा प्रोफेशनलिज्म के नाम पर पत्रकारिता के साथ जो

व्यवहार हो रहा है वह चिंता पैदा करने वाला है। ऐसे समय में दीनदयाल जी द्वारा पत्रकारिता के संदर्भ में किया गया मार्गदर्शन एक समुचित पाथेय है।

सभी भाषाओं को मानते थे राष्ट्रभाषा

राजस्थान सरकार में शिक्षा मन्त्री रहे तथा वर्तमान में राज्यसभा सांसद घनश्याम तिवारी पर दीनदयालजी का गहरा प्रभाव रहा। एकात्म मानवदर्शन के प्रणेता चिंतक लेखक व पत्रकार पंडित दीनदयाल उपाध्याय ने भारतीय जनसंघ के कालीकट अधिवेशन में कहा कि भारत की सभी भाषाएं राष्ट्रभाषा है। हिंदी संपर्क भाषा है। तिवारी स्वयं इस अधिवेशन में जयपुर से प्रतिनिधि के रूप से सहभागी बने थे। तिवारी को 1962 में राष्ट्रीय स्वयंसेवक संघ के संघ शिक्षा वर्ग प्रथम वर्ष,1963 में द्वितीय वर्ष,1966 में तृतीय वर्ष में क्रमशः अजमेर, जयपुर व नागपुर में पंडित दीनदयाल उपाध्याय से बौद्धिक सुनने का अवसर प्राप्त हुआ। जयपुर में विधि महाविद्यालय में अध्ययन के दौरान एक बार जयपुर से दिल्ली रेल यात्रा में वह अहमदाबाद मेल में उनके सहयोगी कार्यकर्ता के रूप में साथ गए थे। पंडित दीनदयाल उपाध्याय के जीवन पर जगद्गुरु शंकराचार्य व राष्ट्रीय स्वयंसेवक संघ के द्वितीय सरसंघचालक माधवराव सदाशिव राव गोलवलकर उपाख्य श्री गुरु जी का बहुत प्रभाव था। उन्होंने शंकराचार्य पर पुस्तक भी लिखी। तिवारी कहते है कि- वे मूर्धन्य लेखक और पत्रकार थे। वे पांचजन्य व राष्ट्रधर्म के संस्थापकों में से एक थे। ऑर्गेनाइजर समाचार पत्र में पॉलिटिकल डायरी उनका नियमित स्तंभ प्रकाशित होता था। वह सब मैं नियमित पढ़ता था और उनके विचारों से प्रेरित हो कर मैंने सार्वजनिक जीवन में उनके कथनों और विचारों का अनवरत अनुसरण किया। उन्होंने एकात्म मानवदर्शन का प्रतिपादन किया जो अद्वितीय है। पंडित दीनदयाल उपाध्याय ने संघ व जनसंघ में डॉ श्यामा प्रसाद मुखर्जी, दत्तोपंत ठेंगड़ी, नानाजी देशमुख, बापू राव मोघे, अटल बिहारी वाजपेयी, पंडित प्रेमनाथ डोगरा, पीतांबर दास, भाई महावीर, लालकृष्ण आडवाणी,प्रोफेसर हरिपद भारती, जगन्नाथ राव जोशी, सुंदर सिंह भंडारी, कुशाभाऊ ठाकरे सहित कई वरिष्ठ जनों के साथ कार्य किया था।

घनश्याम तिवारी ने पंडित दीनदयाल उपाध्याय की स्मृति में सन 1980 में सीकर में दीनदयाल स्मृति संस्थान का गठन किया था क्योंकि पंडित दीनदयाल

ने सीकर के श्री कल्याण स्कूल से ही राजस्थान बोर्ड की मैट्रिक परीक्षा पास की थी। वह पांच राज्यों में सर्वोच्च अंक लाने वाले विद्यार्थी रहे थे। सीकर के राव राजा कल्याण सिंह ने उन्हें 10 रुपएप्रतिमाह की छात्रवृत्ति भी प्रदान की थी। जिससे उन्होंने पिलानी व कानपुर में आगे अध्ययन किया था। उनके मामा जी सीकर में रेल विभाग में कार्यरत थे। सीकर के मोइनुद्दीन जो बाद में श्री कल्याण कॉलेज सीकर में प्राध्यापक भी रहे, वे दीनदयाल उपाध्याय के सहपाठी थे। उन्होंने घनश्याम तिवारी को बताया कि दीनदयाल शरीर से कमजोर व कृशकाय थे। उनके परिवार की आर्थिक स्थिति भी कमजोर थी। वे लालटेन लगाकर पढ़ा करते थे। कानपुर में संघ के वरिष्ठ प्रचारक भाऊराव देवरस के संपर्क में आने के बाद दीनदयाल उपाध्याय संघ के प्रचारक बन गए थे। वह पांचजन्य सहित कई पत्र पत्रिकाओं में नियमित तौर पर लिखा करते थे। उनके लिखे पत्र संग्रहणीय हैं। पंडित दीनदयाल उपाध्याय का जीवन भर रेल से अटूट संबंध रहा वे धानक्या के रेलवे क्वार्टर में जन्मे। जीवन भर रेल यात्राएं की और अंत में 11 फरवरी 1968 में मुगलसराय स्टेशन पर रेल की पटरी के पास संदेहास्पद स्थिति में उनका शव प्राप्त हुआ। रेल यात्रा के दौरान ही वह अध्ययन व लेखन किया करते थे। वह एक्सप्रेस रेलों व उच्च श्रेणी के स्थान पर सवारी गाड़ी की तृतीय श्रेणी में यात्रा करते थे, मानो रेल ही उनका घर हो।

शिक्षार्थी के तौर पर अनवरत मिला दीनदयालजी का सान्निध्य

राजस्थान विधानसभा के पूर्व अध्यक्ष शांतिलाल चपलोत के जीवन पर भी दीनदयालजी का विशिष्ट प्रभाव देखने को मिलता है। चपलोत राजस्थान विधानसभा के अध्यक्ष रहने के साथ ही राजस्थान में कई बार विधायक सांसद व मंत्री रहे। वरिष्ठ अधिवक्ता चपलोत कहते है कि पंडित दीनदयाल उपाध्याय जी के साथ रहने का अवसर मिला। वे प्रखर विचारक, चिंतक, लेखक और पत्रकार थे। वे पत्रकारिता विधा में इतने पारंगत थे कि लेखक, कंपोजिटर,प्रूफ रीडर, एडिटर, प्रिंटर तक सभी कार्य स्वयं कर लेते थे। यह प्रसंग भी आता है कि कई बार वे पांचजन्य छापने के बाद बंडल बांधकर उसे बसों में भेजने के लिए भी साइकिल से स्वयं जाया करते थे। मैंने अपने जीवन में ऐसा लेखक विचारक कभी नहीं देखा, जिसने उस समय के सभी समसामयिक विषयों पर अपने लेख व

टिप्पणियां लिखी और अपने विचार बौद्धिक वर्ग और सभा में व्यक्त किए। भारतीय जनसंघ के एक सम्मेलन में उन्होंने विश्वास भरे शब्दों में कहा था कि कम्युनिज्म वामपंथ ताश के पत्तों के महल की तरह ढह जाएगा।तब वहां उपस्थित जनों को उनका वक्तव्य अतिशयोक्तिपूर्ण लगा क्योंकि तब विश्व में वामपंथछाया हुआ था लेकिन कालांतर में उनकी भविष्यवाणी एकदम सही साबित हुई। चपलोत बताते है1962 में डीएवी कॉलेज अजमेर में,1963 में अग्रवाल कॉलेज जयपुर में व1966 में रेशम बाग नागपुर में संघ के प्रथम द्वितीय व तृतीय वर्ष के संघ शिक्षा वर्गों में मैंने उनका बौद्धिक सुना। 1964व 1967 में बीएन कॉलेज उदयपुर में लगी ओटीसी संघ शिक्षा वर्ग में मैं प्रबंधक था। इन सभी वर्गों में उनका बौद्धिक वर्ग हुआ। वह एकात्म मानववाद के प्रणेता थे। वह अपने बौद्धिक व लेखों में व्यष्टि, समष्टि, परमेष्टि व चिति सहित कई विषयों को समझते थे। 1962 में पंडित दीनदयाल उपाध्याय मावली विधानसभा के भारतीय जनसंघ प्रत्याशी संपत्ति लाल बोहरा के प्रचार में सनवाड़ भी आए थे। वहां उन्होंने सभा ली थी।1963 में मैं चित्तौड़ में अध्यनरत था तब पंडित दीनदयाल उपाध्याय मेरे निवास पर आए। दोनों ने साथ में भोजन भी किया।

1967 के संघ के नाथद्वारा अधिवेशन में भी मुझे उनका सान्निध्य प्राप्त हुआ।चपलोत बताते है कपासन के निकट रूपाखेडी गांव में ठाकुर गुमान सिंह के निवास पर भारतीय जनसंघ का प्रशिक्षण शिविर आयोजित हुआ। उसमें शिविरार्थी कम ही थे। भानु कुमार शास्त्री उसमें उपस्थित थे। दीनदयाल उपाध्याय ने पूरे समय शिविर में रहकर मार्गदर्शन प्रदान किया। चपलोत ने कहा कि निसंदेह चिंतन, लेखन व पत्रकारिता व राजनीतिक क्षेत्र के एक विलक्षण व्यक्तित्व थे दीनदयाल जी जिनकी हर बात को मैंने जीवन में अंगीकार किया और आज भी करता हूं।

दीनदयाल जी से सीखा स्वावलम्बन

लोकतंत्र सैनानी और उदयपुर में भाजपा के जिलाध्यक्ष रहे मदनलाल मूंदड़ा का उपाध्याय जी से गहरा लगाव रहा। मूंदड़ा 1967 में जनसंघ के मांडलगढ़ (भीलवाड़ा) में विधानसभा प्रत्याशी रहे साथ ही वर्षों तक संघ के नगर कार्यवाह रहे। वे आपातकाल में डीआईआर कानून में जेल में भी गए।

मूंदड़ा बताते है 1962 में उदयपुर के बीएन कॉलेज में ओटीसी लगी थी। इस दौरान पंडित दीनदयाल उपाध्याय का प्रवास हुआ। भूपालपुरा में मोदी जी के घर पर उनका आवास निर्धारित किया गया था। मुझे उनके सहयोग व व्यवस्था के निमित्त प्रबंधक के रूप में दायित्व दिया गया था। सुबह पंडित दीनदयाल जी ने स्नान किया। उसके बाद मैंने उन्हें कहा कि कपड़े मैं धो देता हूं तो उन्होंने मना कर दिया। वे स्वावलंबी थे। अपने कपड़े स्वयं धोते थे। उन्होंने मेरा आग्रह अस्वीकार कर दिया।

1967 में भी मांडलगढ़ में मेरे चुनाव प्रचार में भी आए थे। बिगोद में उनकी आमसभा थी आमसभा में कुल 15 श्रोता ही मौजूद थे। उन्होंने सभा के बाद मुझसे पूछा तुम निराश तो नहीं हो। इस पर मैंने कहा लोग बहुत कम आए । इस पर दीनदयाल जी ने कहा लोग कितने भी हो अपना काम तन्मयता से करो। मैंने भाषण पूरा दिया है। उस सभा में वे लगभग 30 मिनट बोले थे। 1967 में बीएन कॉलेज ओटीसी में भी आए। इसका मूंदड़ा एक वाकया सुनाते है कि जब मैं उन्हें जीप से चित्तौड़गढ़ छोड़ने जा रहा था तब देबारी के पास तकनीकी व्यवधान के कारण जीप अचानक बंद हो गई थी। पंडित दीनदयाल जी ने पूछा अब क्या करना पड़ेगा। मैंने कहा अब तो धक्का लगाना पड़ेगा। तब दीनदयाल जी ने जीप में बैठे साथियों के साथ जीप को स्वयं धक्का लगाया। उन्हें छोटे से छोटा कार्य करने में तनिक भी हिचक नहीं होती थी। उस समय संघ के प्रांत कार्यवाह गिरिराज जी शर्मा दादा भाई व भारतीय जनसंघ के संगठन महामंत्री ज्येष्ठानंद जी भी साथ थे। उन्होंने भी दीनदयाल जी के साथ मिलकर जीप को धक्का लगाया।

पंडित दीनदयाल उपाध्याय एक प्रज्ञा पुरुष थे। वह सरस्वती पुत्र थे। उनमें राष्ट्रीय, समाज जीवन के सभी विषयों की समझ थी जो उनके लेख, भाषण, चर्चा बौद्धिक वर्गों व बातचीत में सहज ही प्रकट हो जाते थे।

विशिष्ट भाषा शैली से सम्मोहित हो जाते थे कार्यकर्ता

राष्ट्रीय स्वयंसेवक संघ के पूर्व प्रचारक लक्ष्मणपुरी गोस्वामी बताते है पंडित दीनदयाल उपाध्याय एक अजातशत्रु थे। वह राष्ट्र व भारत माता के सपूतों के सच्चे मित्र थे। उनकी भाषा शैली सम्मोहक और विशिष्ट थी। कार्यकताओं पर

इसका प्रभाव रहता था। वे छात्र जीवन में सीकर में माध्यमिक शिक्षा बोर्ड की परीक्षा में अव्वल आए थे। उनके उत्तर पुस्तिकाएं कई वर्षों तक आदर्श उत्तर पुस्तिकाओं के रूप में संरक्षित की गई। कई विषयानुगत प्रश्नों के उत्तर उन्होंने काव्यमय तरीके से अंकित किए थे। उनके जीवन पर आदि गुरु शंकराचार्य व संघ के द्वितीय सरसंघचालक माधवराव सदाशिव राव गोलवलकर का प्रभाव था। आदि गुरु शंकराचार्य भारत के दक्षिणी भाग में जन्मे, उत्तर में कश्मीर तक जाकर तपस्या की और धर्म ध्वजा फहराई। इसी प्रकार दीनदयाल उपाध्याय ने उत्तर भारत में जन्म लेकर कालीकट केरल से सुदूर दक्षिण में जाकर भारतीय जनसंघ की ध्वजा फहराई। उन्होंने शंकराचार्य पर व चंद्रगुप्त मौर्य पर पुस्तक भी लिखी। 1967 में बीएन कॉलेज उदयपुर में संघ शिक्षा वर्ग में उनका बौद्धिक हुआ था। मैं उसमें मौजूद था। वह हिंदी भाषा के आग्रही थे। वे कहते थे अंग्रेजी पढ़नी व सीखनी चाहिए जिससे पाश्चात्य लोगों को भारतीय संस्कृति सिखा सके। उन्होंने चर्चा के दौरान मुझसे कहा था कि हस्ताक्षर सदैव हिंदी में करो। शक्तिपुत्र, पांचजन्य व राष्ट्र धर्म में वह निरंतर लिखते थे। उनका लेखन समीचीन राष्ट्र व समाजमूलक विषयों पर आधारित रहता था। वे सच्चे राष्ट्रवादी व भारत माता के सपूत थे। मेरे जीवन पर उनके विचारों का, उनके व्यक्तित्व का बहुत गहरा प्रभाव पड़ा था।वे प्राय: रेल में तृतीय श्रेणी के डिब्बे में यात्रा किया करते थे लेकिन दुर्योग से 11 फरवरी 1968 को हत्या वाली रात को वे प्रथम श्रेणी के डिब्बे में यात्रा कर रहे थे। डॉक्टर श्यामा प्रसाद मुखर्जी, सुभाष चंद्र बोस, लाल बहादुर शास्त्री की तरह ही उनकी मृत्यु भी रहस्यमय ही रही। उन्होंने शंकराचार्य की भांति पूरे भारतवर्ष की यात्राएं की। वे प्रथम श्रेणी के संगठनकर्ता थे। 11 फरवरी 1968 को मैंने उनको डूंगरपुर में इन पंक्तियों के साथ काव्यमयी श्रद्धांजलि दी थी –

झंडो तो झुक्यो नहीं, झुकियो भारत-भाल,
मरियो नहीं मारियो गयो, पंडित दीनदयाल।

उदयपुर प्रवास में जनसंघ के नेता जोधसिंह चौहान की मोटरसाइकिल पर प्रवास करते समय साइलेंसर पर पैर रह जाने पर उनकी जूती का तला जल गया था। कार्यकर्ताओं ने कहा की नई जूतियां ले आते हैं। तो उन्होंने कहा कि नई जूती नहीं लेंगे इसी की मरम्मत करवा कर काम चल जाएगा। यह उनकी सादगी का एक सर्वश्रेष्ठ उदाहरण था। मेरी एक वार्ता आकाशवाणी उदयपुर से भी प्रसारित

हुई थी- जिसका शीर्षक था पंडित दीनदयाल उपाध्याय व राष्ट्र जीवन की दिशा। मेरे जीवन पर उनका सदैव सकारात्मक और प्रेरणादायी प्रभाव अंकित रहेगा।

दिल को छू जाती थी सरल व विशद मीमांसा

जनसंघ से भाजपा की यात्रा के साक्षी, वरिष्ठ स्वयंसेवक, ज्योतिषविद एवं सेवानिवृत्त प्राध्यापक पंडित हरिश्चंद्र शर्मा का पंडित दीनदयाल उपाध्याय से गहरा अपनापन व जुडाव रहा।

हरिश्चंद्र जी बताते है कि वे लेखक, विचारक और कुशल पत्रकार थे। मेरा उनसे बहुत नजदीक से मुलाकात और संवाद हुआ करता था। वह जब भी उदयपुर आए हमारे निवास पर ही रुके। इस दौरान मुझे उनकी सेवा में उपस्थित रहने का और उनसे बातचीत करने का लगातार अवसर प्राप्त हुआ। उनकी सादगी मेरे जीवन पर हमेशा प्रभाव डालती रही। ऑर्गेनाइजर में उनका नियमित छपने वाला स्तंभ पेरिस्कोप मैं नियमित पढ़ता था। समाज को उनकी अनुपम देन है। उनके साथ रहते मैंने देखाकि उन्हें ठंड बहुत लगती थी। वे कंबल ओढ़ कर लालटेन या टॉर्च अंदर रखकर लेखन, अध्ययन किया करते थे। 1964 में बीएन कॉलेज में ओटीसी में उन्होंने एकात्म मानवदर्शन पर अपना बौद्धिक दिया था। मैंने उनका पूरा बौद्धिक सुना था। उनकी सरल व विशद मीमांसा व विषय प्रवर्तन ने विषय को आसानी से समझा दिया था। उन्होंने एक लेख लिखकर मुझे उसे टंकण करने के लिए एक कार्यकर्ता के साथ भेजा। टंकित प्रति देखकर उन्होंने कहा कि इसमें बहुत त्रुटियां है। इसमें गलतियां सुधारने की अपेक्षा हाथ से नया लिखकर भेजना ही सुविधाजनक होगा। फिर उन्होंने पूरा लेख स्वयं अपने हाथों से लिखकर ऑर्गेनाइजर में छपने भेज दिया था। नाथद्वारा के जनसंघ अधिवेशन में भी उन्हें सुनने का मुझे अवसर प्राप्त हुआ। जौनपुर चुनाव में पराजय के बाद वे जब उदयपुर आए थे। तब यहां एक कार्यकर्ता ने उनको पूछा था आप जौनपुर में हार कैसे गए। उन्होंने बेबाकी से सहज ही उत्तर दिया लोगों ने मुझे वोट नहीं दिया इसलिए हार गया। वे पांचजन्य व राष्ट्र धर्म में नियमित लिखा करते थे। भारतीय जनसंघ के उद्भव व विकास में उनकी भूमिका प्रभावी व महत्वपूर्ण थी। जनसंघ के महामंत्री के रूप में उनकी भूमिका को देखते हुए डॉक्टर श्यामा प्रसाद मुखर्जी ने कहा था कि मुझे ऐसे दो दीनदयाल मिल जाते तो मैं देश की तस्वीर ही बदल

देता। जनसंघ में भाई महावीर, नानाजी देशमुख, सुंदर सिंह भंडारी सहित कई लोगों के साथ उन्होंने लंबे समय तक काम किया।

संगठनकर्ता और अनुशासन प्रियता

भारतीय जनसंघ व भाजपा में विभिन्न दायित्वों पर रहे वरिष्ठ अधिवक्ता खूबी लाल सिंघवी का उपाध्याय से काफी जुडाव रहा। सिंघवी उनके साथ के अनुभवों को साझा करते हुए बताते है कि 1966 में अग्रवाल कॉलेज जयपुर व 1967 में बीएन कॉलेज की ओटीसी में उनका बौद्धिक वर्ग सुनने का मुझे अवसर प्राप्त हुआ। मुझे 1967 में संघ के सांय भाग कार्यवाह का दायित्व मिला था। उदयपुर में संघ के तत्कालीन प्रचारक लक्ष्मण सिंह शेखावत भैया जी ने मेरे निवास पर उनका भोजन तय किया था। मैं उन्हें लेने सिंधी बाजार कार्यालय गया। उन्हें अपने कमरे पर लाया और हमने साथ में बैठ कर भोजन किया। मैंने उनके साथ रहते हुए सदा देखा कि उनका जीवन सादगीपूर्ण था। वह अच्छे संगठनकर्ता और अनुशासनप्रिय थे । उनके लेखन व भाषण में विषय का प्रतिपादन करने की क्षमता हर व्यक्ति पर अपनी प्रभावी छाप छोड़ती थी। मैं उन्हें जब भोजन के लिए अपने आवास पर लेकर जाने के लिए सिंधी बाजार संघ कार्यालय गया था तो उपाध्याय वहां बाहर सूख रहा अपना कुर्ता पहन कर चलने लगे तो मैंने उन्हें कहा कि यह अभी पूरा सूखा नहीं है। इस पर बहुत ही सहज भाव से उन्होंने कहा कि कुछ सूख गया है। कुछ शरीर की गर्मी से सूख जाएगा। उनकी स्मरण शक्ति बहुत तेज थी एक बार मिलने पर भी व्यक्ति को वे कभी नहीं भूलते थे। यहां तक कि उन्हें उनका नाम भी याद रहता था। वह दरिद्रनारायण अर्थात समाज की अन्तिम पंक्ति में खड़े अंतिम व्यक्ति का भी उदय चाहते थे। उन्होंने ही अंत्योदय का मंत्र प्रतिपादित किया था। उन्होंने सतत लेखन, प्रवास बैठकों को विभिन्न आयोजनों में सक्रिय रहकर चरैवेति चरैवैति यानी चलते रहो, चलते रहो का संदेश दिया था। वह विद्वान और दार्शनिक थे। जिसकी झलक उनके प्रत्येक बौद्धिक व लेख में मिल जाती थी।

सरलता और सादगी की प्रतिमूर्ति

जनसंघ व भाजपा में विभिन्न दायित्वों पर रहे वरिष्ठ अधिवक्ता भंवरलाल ओस्तवाल मावली (उदयपुर) एक ऐसे स्वयंसेवक थे जिनको उपाध्याय का सान्निध्य प्राप्त हुआ। वे बताते है कि वे जनसंघ के दिसम्बर 1967, कालीकट अधिवेशन के साक्षी रहे जहां पंडित दीनदयाल उपाध्याय को भारतीय जनसंघ का राष्ट्रीय अध्यक्ष चुना गया था। कालीकट का अधिवेशन ऐतिहासिक था। या यूं कहें कि ना भूतो ना भविष्यति की तरह था। जनसंघ के इस अधिवेशन की सफलता से विरोधी बौखला गए थे। संभवत इसी कारण 11 फरवरी 1968 को रेल यात्रा के दौरान उनकी हत्या कर दी गई। एक बार मैं वल्लभनगर के साथी मित्र रामलाल खटीक के साथ कालीकट अधिवेशन में प्रतिभागी बनकर गया था। जयपुर से उदयपुर जाते समय मावली स्टेशन पर प्रमुख कार्यकर्ताओं के साथ उनका स्वागत किया गया। वे अत्यंत सादगी से सभी लोगों से मिले। उनका व्यवहार कार्यकर्ताओं के प्रति सदैव आत्मीयता पूर्ण रहता था। वह सरलता और सादगी की प्रतिमूर्ति थे। अजमेर में आयोजित संघ शिविर में उन्होंने एकात्म मानवदर्शन पर विचार रखे थे। उनकी प्रस्तुति विचार प्रवाह और व्याख्या अद्वितीय थी। जनसंघ की स्थापना के साथ ही डॉक्टर श्यामा प्रसाद मुखर्जी ने संघ के सरसंघचालक श्री गुरुजी से कार्यकर्ता मांगे थे। तब दीनदयाल उपाध्याय,अटल बिहारी वाजपेयी, सुंदर सिंह भंडारी व कुशाभाउ ठाकरे जैसे नेताओं को जनसंघ में भेजा गया था। वह दीर्घावधि तक राष्ट्रीय महामंत्री व मात्र 45 दिन के लिए जनसंघ के राष्ट्रीय अध्यक्ष रहे। दुर्योग से वह असमय ही काल कवलित हो गए। ऑर्गेनाइजर में वह नियमित लिखते थे। पांचजन्य, राष्ट्र धर्म के संस्थापकों में शामिल थे।

मेवाड़ में भानु कुमार शास्त्री, मदनलाल धुप्पड, रामचंद्र बागोरा, जोधसिंह चौहान, अनूप लाल जैन, नरेंद्र सिंह लिखारी, श्यामलाल कुमावत, हीरालाल अग्रवाल, नारायण लाल शर्मा सहित कई लोगों का दीनदयाल जी के साथ प्रवास के दौरान सामीप्य रहा। वे सभी लोग विभिन्न कार्यक्रमों में उनके साथ रहे। रोशन लाल सांगानेरिया, पूरणमल अग्रवाल, मदनलाल अग्रवाल, भवानी शंकर दाधीच, एडवोकेट गणेश लाल नाथद्वारा, श्रीपत राय दवे, एडवोकेट शंकर लाल भीम आदि भी दीनदयाल जी के साथ सानिध्य प्राप्त करने वाले सौभाग्यशाली लोगों में

से थे। जोधपुर में हुए जनसंघ के अधिवेशन में मैंने मावली का संगठनात्मक वृत्त रखा था, उस समय भी दीनदयाल जी वहां उपस्थित थे।

राष्ट्रीय स्वयंसेवक संघ के वरिष्ठ प्रचारक कैलाश चंद्र ने बताया कि पंडित दीनदयाल उपाध्याय का राजस्थान से घर जैसा जुड़ाव रहा। धानक्या में उनकाजन्म, सीकर पिलानी में शिक्षा दीक्षा हुई। बाद में संघ के प्रचारक व भारतीय जनसंघ के अखिल भारतीय अध्यक्ष के नाते कई बार राजस्थान प्रवास पर आए। पिलानी के सेठ बिरला जी ने उन्हें छात्रवृत्ति दी। अपने मामा के नाम लिखा उनका मॉर्मिक पत्र देश, समाज के प्रति उनका समर्पण भाव का प्रतिनिधित्व करता है। राष्ट्रधर्म, पांचजन्य, ऑर्गेनाइज में वे नियमित लिखते थे आदि शंकराचार्य व सम्राट चंद्रगुप्त उपन्यास भी उन्होंने लिखा। वे कुशल संगठन कर्ता, लेखक, चिंतक, दार्शनिक, पत्रकार व भारत माता के सच्चे सपूत थे।मुझे जून 1964 में उदयपुर के बीएन कॉलेज की ओटीसी में उनका बौद्धिक सुनने का अवसर प्राप्त हुआ था, जिसका मेरे जीवन पर गहरा असर पड़ा और मैं राष्ट्र सेवा के लिए कर्तव्य पथ पर निकल पड़ा।

पाथेय कण पत्रिका के प्रबंध संपादक माणक चंद ने बताया कि 1967 में उदयपुर बीएन कॉलेज में हुई ओटीसी (संघ शिक्षा वर्ग) में मैंने उनके बौद्धिक सुने और मैं उनसे अभिभूत हो गया। इसका मेरे जीवन पर बहुत गहरा प्रभाव पड़ा। इससे पहले मैं 1962 व 63 में जयपुर में विद्यार्थी काल में जनसंघ कार्यालय के प्रमुख मोहन जी जोशी के साथ उनसे मुलाकात होती थी। जब भी दीनदयाल जी कार्यालय आते थे तो मोहन जी मुझे सूचना देकर बुला लेते थे। इस प्रकार मुझे उनका कई बार व्यक्तिगत सान्निध्य प्राप्त हुआ। उनसे चर्चा करते हुए मुझे राष्ट्र, समाज, धर्म और विभिन्न अंतरराष्ट्रीय मुद्दों पर चर्चा करने का अवसर प्राप्त होता था। वह बहुत ही शालीन, नम्र और मिलनसार थे। ज्ञान दर्शन के सिद्ध हस्त थे। वे समाचार पत्र पत्रिका प्रकाशन में समाचार संकलन, संपादन, कंपोजिंग, मुद्रण, सब जानते थे और करते थे और इसका जिक्र भी किया करते थे कि व्यक्ति को सब काम आना चाहिए। राष्ट्र धर्म और पांचजन्य में उनकी भूमिका नींव की ईंट की जैसी रही। वे स्वयं आधार स्तंभ है। उनका जीवन, चिंतन सदैव प्रेरणादाई रहेगा।

भीलवाड़ा में संघ के वरिष्ठतम सदस्य, भीलवाड़ा के पूर्व पार्षद 97 वर्षीय बद्रीलाल खंडेलवाल बताते है कि दीनदयाल जी के भीलवाड़ा प्रवास में मैं हमेशा

उनके साथ रहा उनका नियमित सानिध्य मुझे प्राप्त हुआ। मुझे भीलवाड़ा महाराणा हॉल में हुए कार्यकर्ता सम्मेलन में सहभागिता करने और उन्हें सुनने का सौभाग्य प्राप्त हुआ। वे विद्वान थे। उनके विचारों को मैं ध्यानपूर्वक सुनता था और अंगीकार करता था।

भीलवाड़ा में दैनिक तरूण देश समाचार पत्र के संस्थापक संपादक दयाराम मेठानी ने बताया कि पंडित दीनदयाल उपाध्याय उस समय के प्रमुख पत्रकार थे। ट्रेडल मशीन पर मुद्रण का आद्योपांत कार्य जानते थे। राष्ट्रधर्म व पांचजन्य में नियमित लिखा करते थे। भीलवाड़ा में बड़े मंदिर के पास उन्होंने दो-तीन बार जनसंघ की चुनावी सभाओं को संबोधित किया था। मुझे उन सभाओं को सुनने का सौभाग्य प्राप्त हुआ। भीलवाड़ा प्रवास में ही मेरा उनसे परिचय भी हुआ। तब मैंने बातचीत में अपने एक मित्र के बारे में कोई विशेष बात उन्हें बताई थी। इसके बाद 1967 के जनसंघ के नाथद्वारा अधिवेशन में उन्होंने मुझे देखा तो देखते ही पहचान गए और पूछा तुम्हारा वह मित्र कैसा है। वे हर कार्यकर्ता से एक सद्भाव और अपनापन बना लेते थे। उनकी स्मृति बहुत तेज थी। वे सब पुरानी बातें भी याद रखा करते थे। यह सुनकर मेरे आश्चर्य का ठिकाना नहीं था कि इतने बड़े नेता ने मुझे अपने मित्र के बारे में पूछा और याद रखा। मैं उनकी स्मरणशक्ति और मिलनसारिता से बहुत प्रभावित हुआ। अधिवेशन में हुए प्रश्नोत्तर सत्र में मैंने जब अटल जी व बलराज मधोक के आपसी विवाद के समाचारों के बारे में पूछा तो उन्होंने कहा कि घर में दो बर्तन होते हैं तो बजते ही हैं। दल में वैचारिक मतभेद होता ही रहता है लेकिन हम कोशिश करते हैं की चर्चा करके उनका समाधान हो जाए।कालीकट अधिवेशन में उन्हें जनसंघ का राष्ट्रीय अध्यक्ष चुना गया उसके कुछ दिन पश्चात ही उनका पार्थिव शरीर उत्तर प्रदेश के मुगलसराय स्टेशन पर मिला। मुझे इससे बड़ा धक्का लगा। वे मेरी प्रेरणा के स्रोत रहे और सदैव रहेंगे।

भीलवाड़ा में जनसंघ के वरिष्ठ नेता मिठ्ठूलाल सोनी ने बताया कि नाथद्वारा में जनसंघ का अधिवेशन हुआ। उसमें दीनदयाल उपाध्याय के साथ सुंदर सिंह भंडारी, भैंरों सिंह शेखावत को सुनने का अवसर प्राप्त हुआ। अधिवेशन के बाद भीलवाडा में पंडित दीनदयाल जी ने महाराणा टॉकीज में एक सभा को संबोधित किया। मैं इस सभा का गवाह बना। वे लेखक व महान विचारक थे।

उनकी सरलता व व्यवहारकुशलता अविस्मरणीय है। वह विशिष्ट होकर भी सामान्य ही रहते थे। उनका यह पक्ष अत्यंत प्रेरणादायी है।

नाथद्वारा में संघ व भाजपा के वरिष्ठ कार्यकर्ता नंदलाल चेचानी ने बताया कि 1965 में बीएन कॉलेज में तथा 1966 में दिल्ली में हुए संघ शिक्षा वर्ग प्रथम वर्ष, द्वितीय वर्ष में मैं स्वयंसेवक के तौर पर उपस्थित था और उनके विभिन्न विषयों पर दिए गए बौद्धिक को सुना था। वह श्याम पट्ट पर रेखाचित्र बनाकर विषयों को समझाते थे। इससे शिक्षार्थियों को तुरंत समझ में आ जाता था। मुझे उनकी यह बात अच्छी लगी क्योंकि वह एक अच्छे शिक्षक के तौर पर पढ़ाते थे। चित्र बनाकर समझाते थे। व्यक्ति, परिवार व समाज ही राष्ट्र के आधार है। इसी के इर्द गिर्द उनका बौद्धिक पूर्ण होता था। उस समय मैं दसवीं का विद्यार्थी था तब नाथद्वारा के जनसंघ अधिवेशन में अटल बिहारी वाजपेयी, सुंदर सिंह भंडारी सहित कई वरिष्ठ नेता आए थे। मुझे उनको सुनने का सौभाग्य प्राप्त हुआ। पंडित दीनदयाल जी के आलेख पढ़ा करता था। आर्गेनाइजर में अंग्रेजी में पढ़ता था। सुंदर सिंह जी भंडारी की सलाह से अंग्रेजी भाषा सीखने के लिए आर्गेनाइजर पढ़ना शुरू किया था।

वरिष्ठ अधिवक्ता, संघ के वरिष्ठ स्वयंसेवक, भाजपा की विकास यात्रा के शुरू से साक्षी रहे चित्तौड़गढ़ के नगर पालिका व नगर विकास प्रन्यास के पूर्व अध्यक्ष, वयोवृद्ध कैलाश चंद्र झंवर बताते है कि सन 1962 में मेरा परिचय दीनदयाल जी से हुआ तब मैं चित्तौड़गढ़ जिले में भारतीय जनसंघ का जिला मंत्री था। चित्तौड़गढ़ जिले में छोटी सादड़ी में हुए कार्यकर्ता सम्मेलन में एक दिन के प्रवास के दौरान उनसे मुलाकात का अवसर प्राप्त हुआ। सम्मेलन को पहले सुंदर सिंह भंडारी व भैंरोंसिंह शेखावत ने तथा दूसरे दिन पंडित दीनदयाल उपाध्याय ने संबोधित किया था। वे नीमच से बैरिस्टर उमाशंकर त्रिवेदी की कार से आए तथा वापस नीमच गए थे। इस यात्रा में मैं भी उनके साथ कार में रहा था। इस दौरान उनसे कई विषयों पर वार्तालाप हुआ। मैं उनके विचारों से बहुत प्रभावित हुआ। उनके व्यक्तित्व ने मेरे जीवन पर गहरी छाप छोड़ी।

उदयपुर संभाग के जनसंघ के कार्यकर्ताओं का दो दिवसीय प्रशिक्षण शिविर कपासन के समीप रूपाखेडी गांव में ठाकुर गुमान सिंह जी के निवास पर आयोजित हुआ। बीएन संस्थान उदयपुर के तत्कालीन सचिव ठाकुर गुमान सिंह

जी संघ से जुड़े थे इसलिए संपूर्ण व्यवस्था उन्होंने ही की थी। शिविर में पंडित दीनदयाल उपाध्याय, सुंदर सिंह भंडारी, भारतीय जनसंघ के प्रदेश मंत्री जेपी माथुर पूरे समय उपस्थित रहे और मुझे भी इस शिक्षा वर्ग में उपस्थित रहने का अवसर प्राप्त हुआ था। शिविर में मेरे अलावा भानुकुमार शास्त्री, मदनलाल धुप्पड़, जगत सिंह झाला, बंशीलाल पटवा सहित 8-10 शिविरार्थी थे। शिविर में पंडित उपाध्याय ने राष्ट्रवाद, भारतीय जनसंघ का संविधान, सिद्धांत एक देश एक राष्ट्र, एक संस्कृति जैसे विषयों पर विभिन्न क्षेत्रों में मार्गदर्शन दिया था। 1967 तक के हर चुनाव में दीनदयाल जी का प्रवास चित्तौड़गढ़ रहता था और मैं हर प्रवास में उनके साथ रहता था। इस कारण भी मेरा एक आत्मीय जुड़ा उनसे हो गया था। एक बार पंडित दीनदयाल जी का चित्तौड़गढ़ प्रवास था और मैं टाइफाइड के कारण अस्वस्थ था तो उन्होंने मेरी अनुपस्थिति की जानकारी ली और कुशलक्षेम पूछने के लिए मेरे घर आ गए। इस घटना से मैं बहुत प्रभावित हुआ। वे छोटे से छोटे कार्यकर्ता से भी अपनापन बनाकर रखते थे। जयपुर से मेरे विधि स्नातक होने के बाद मुझे अधिवक्ता प्रशिक्षण के लिए पंडित दीनदयाल जी ने भारतीय जनसंघ के वरिष्ठ नेता व नीमच के सांसद बैरिस्टर उमाशंकर त्रिवेदी के पास भेजा। त्रिवेदी 1952 में चित्तौड़ से जनसंघ के सांसद भी रहे थे। भारतीय जनसंघ की प्रदेश कार्यसमिति सदस्य के नाते मुझे प्रदेश की बैठकों में भी दीनदयाल जी को सुनने, मिलने और बातचीत करने का अवसर मिलता था। सन 1967 में जनसंघ के नाथद्वारा अधिवेशन में वे एक प्रस्ताव लेकर आए थे जिसमें केंद्र की कांग्रेस सरकार द्वारा बंगाल की निर्वाचित वामपंथी सरकार को हटाकर राष्ट्रपति शासन लगाने की निंदा की गई थी। मैंने उक्त प्रस्ताव की वस्तु स्थिति स्पष्ट करने पर चर्चा करने के उद्देश्य से एक शब्द का संशोधन भेजा था। मैंने संशोधन में निंदा के स्थान पर प्रशंसा शब्द का इस्तेमाल किया जाए यह सुझाव दिया। पंडित दीनदयाल जी ने मेरा संशोधन स्वीकार कर लिया। मुझे संशोधन बोलने का अवसर भी दिया गया। मेरे संशोधन प्रस्ताव का झुंझुनू के जिला मंत्री सांवरलाल वर्मा ने समर्थन किया था। वे भी अच्छे वक्ता थे। उन्हें भी बोलने का अवसर मिला उन्होंने कहा कि कैलाश जी के प्रस्ताव का में क्या समर्थन करूं। हमारे वरिष्ठ नेता भी इनका समर्थन कर रहे हैं। इस पर मैंने पंडित दीनदयाल जी को पहली बार इतना नाराज होते हुए देखा। पंडित जी ने कहा कि आप अपनी

बात कहिए, दूसरों का नाम लेकर समर्थन मत कीजिए। फिर पंडित जी ने इस प्रस्ताव पर बोलते हुए प्रजातंत्र व संघवाद के सिद्धांत की व्याख्या करते हुए प्रस्ताव क्यों जरूरी है यह भी समझाया। पंडित जी ने कहा क्या इस संशोधन पर मतदान कराया जाए तब मैंने अपना संशोधन वापस ले लिया। पंडित जी ने संशोधन स्वीकार कर उस पर चर्चा कर मतदान तक का अवसर दिया। यह उनकी प्रजातंत्र में गहरी आस्था को व्यक्त करता था।

दीनदयाल जी वीर अर्जुन में भी नियमित तौर पर लिखते थे। वह पॉलिटिकल डायरी भी लिखते थे। जिसको मैं नियमित तौर पर पढा करता था और मनन किया करता था। उनके व्यक्तित्व का मेरे जीवन पर गहरा प्रभाव पड़ा।

संघ के पूर्व नगर कार्यवाह, भारतीय शिक्षा प्रचार समिति व विद्या भारती के विभिन्न दायित्वों पर रहे बंसीलाल गदिया ने बताया कि पंडित दीनदयाल उपाध्याय राष्ट्र धर्म सहित विभिन्न पत्रिकाओं में समसामयिक विषयों पर लिखते थे। कठिन विषय को सरल ढंग से वर्णित करने की उनमें दक्षता थी। पत्रकार के साथ राष्ट्रीय स्वयंसेवक संघ के प्रचारक सामाजिक कार्यकर्ता व राजनेता भी थे। सन 1959 में जयपुर में संघ शिक्षा वर्ग प्रथम वर्ष में तथा 1966 में नागपुर में तृतीय वर्ष में उनके बौद्धिक सुनने का अवसर प्राप्त हुआ। इसके अलावा संघ शिक्षा वर्गों में उनके साथ प्रबंधक के तौर पर उनका सान्निध्य प्राप्त हुआ। उनके जीवन में सादगी और अनुशासन से जुड़ा एक प्रसंग अभी भी मेरी स्मृति पटल पर अंकित है। 1963 में अग्रवाल कॉलेज जयपुर में संघ शिक्षा वर्ग में शिक्षार्थियों की संख्या के अनुपात में शौचालय कम थे। सभी अपनी बारी की प्रतीक्षा कर रहे थे। मैंने देखा पंडित जी भी पंक्ति में प्रतीक्षारत थे। वे उस समय भारतीय जनसंघ के अखिल भारतीय महामंत्री थे। इतने बड़े राजनेता, विचारक, चिंतक को भी मैंने शिविर की व्यवस्थाओं का सहज पालन करते हुए देखा। इस घटना का मुझ पर गहरा प्रभाव पड़ा। जौनपुर लोकसभा चुनाव के बाद वे उदयपुर आए थे। चर्चा सत्र में कार्यकर्ताओं ने उनसे पूछा कि आप वहां चुनाव कैसे हार गए तो उन्होंने सहज उत्तर दिया कि जनता ने वोट नहीं दिया तो हार गए। कोई राजनेता अपनी चुनावी हार को बिना किसी दोषारोपण के इतनी सहजता से स्वीकार कर ले ऐसा उदाहरण बहुत कम मिलता है।

पंजाब के मौजूदा राज्यपाल और राजस्थान में विधायक, सांसद व कैबिनेट मंत्री रहे गुलाबचंद कटारिया बताते है कि सन 1963 से 67 तक संघ के प्रतिवर्ष होने वाले संघ शिक्षा वर्ग में पंडित दीनदयाल उपाध्याय का बौद्धिक सुनने को मिला। विभिन्न वर्गों में चर्चा सत्रों में भी उनका सान्निध्य मिला। संघ शिक्षा वर्गों में उस समय के सरसंघचालक माधवराव सदाशिव राव गोलवलकर गुरुजी शिक्षार्थी स्वयंसेवकों से पूछते थे कि अब तक हुए बौद्धिक में सबसे कठिन बौद्धिक किसका था तो स्वयंसेवकों का उत्तर होता था दीनदयाल जी का। वे आत्मा, परमात्मा, व्यष्टि, समष्टि, परमेष्ठी जैसे विषयों को श्यामपट्ट पर रेखाचित्र बनाकर समझाते थे। वे मूर्धन्य, दार्शनिक व्यक्तित्व थे। भाषा व लेखनी पर उनका पूरा अधिकार था। उनके व्यक्तिगत जीवन की सादगी, मित्रता, कठोर अनुशासित जीवन के कई उदाहरण हमने प्रत्यक्ष देखे हैं। न्यूनतम संसाधनों में रहकर भी एक वरिष्ठ राजनेता अपना जीवन निर्वाह किस प्रकार कर सकता है यह उदाहरण दीनदयाल उपाध्याय ने प्रस्तुत किया, जिसका मेरे जीवन पर भी गहरा असर पड़ा। उन्होंने अपनी जीवन शैली से भी कार्यकर्ताओं को संस्कार व संदेश देने का कार्य किया। जनसंघ के अधिवेशन में दीनदयाल जी आए थे तब कृष्ण कुमार गोयल संघ के प्रदेश अध्यक्ष थे। वहां व्यवस्था में लगे कार्यकर्ता ने देखा कि पंडित जी शेविंग कर रहे थे उस ब्रश के रेशे बहुत कम रह गए। कार्यकर्ता ने उनसे कहा कि मैं नया ब्रश लाकर देता हूं, तो उन्होंने मना कर दिया। उनकी वेशभूषा सदैव सामान्य रही। एक आम कार्यकर्ता को उनकी सादगी हमेशा सीखने को मिली और यही सादगी मेरे जीवन पर भी हमेशा प्रभाव डालती रही।

संघ के पूर्व प्रचारक वैद्य रामेश्वर शर्मा (रटलाई) बताते है कि पंडित दीनदयाल जी उपाध्याय साप्ताहिक पांचजन्य, राष्ट्र धर्म मासिक व दैनिक स्वदेश के संस्थापकों में रहे। भारतीय संस्कृति के विद्वान, प्रख्यात लेखक व पत्रकार थे। अटल बिहारी वाजपेयी को उन्होंने उक्त प्रकाशनों से जोड़ा और नई दिशा प्रदान की। पंडित उपाध्याय का व्यक्तित्व प्रेरणादायक रहा। वह निबंधकार, नाटककार, उपन्यासकार आदि विविध साहित्य विधाओं का समवेत स्वरूप थे। समाचार पत्र प्रकाशन के दौरान विद्युत आपूर्ति बाधित होने पर पर मशीन को पैर से चलाकर स्वयं बिना विलंब किए चलाने का प्रयत्न किया करते थे। मैं संघ शिक्षा वर्ग के द्वितीय वर्ष का शिक्षार्थी रहा था। उसमें मुझे उनके बौद्धिक सुनने का सौभाग्य प्राप्त

हुआ। संघ शिक्षा वर्ग के बौद्धिक वर्गों में उनके विषय प्रयोग एकात्म दर्शन रहा करता था जो कि तीन बौद्धिक वर्गों में पूर्ण होता था। वे विषय को चित्र रूप से सरलता से समझाते थे जिसे सामान्य व्यक्ति भी आसानी से समझ जाता था। वे कहते थे धर्मपूर्वक अर्थ कामना की पूर्ति से मोक्ष की प्राप्ति मानव जीवन का उद्देश्य है। कोsम अर्थात मैं कौन हूं और सोsम अर्थात मैं ईश्वर हूं। इसकी व्याख्या करते हुए बौद्धिक वर्गों में ब्रह्मांड या परम वास्तविकता का ज्ञान कराते थे। मुझे उनके बौद्धिक सुनते हुए नया ज्ञान मिलता था। जिसका मुझे हमेशा अपने जीवन में उतारने का अवसर प्राप्त हुआ। वे कहते थे कि समाज का सबसे निचला तबका हमारा आराध्य है। ईश्वर उनकी सेवा करके ही प्राप्त किया जा सकता है। उनके अभावों को दूर करके जीवन के प्रति जनजागृति लाना हमारा कर्तव्य है। इससे समाज में पिछड़े हुए निर्धन वर्ग को बिना किसी प्रतिकृति भावना के समाज के समक्ष खड़ा करना ही मानव दर्शन का मूल भाव है।

राष्ट्रीय स्वयंसेवक संघ के वर्षों तक प्रचारक रहे जोधपुर में जनसंघ के संभाग संगठन मंत्री रहे विजय कृष्ण नाहर बताते हैं कि सन 1961 में असम में बंगाल विरोधी आंदोलन ने हिंसक रुप ले लिया था। बस्तियां जला दी गई थी। लूट ली गई थी। बंगाली समाज को केंपो में शरण लेनी पड़ी। तब वहां मेरे पास संघ का दायित्व था। तब वहां मेरे पास पंडित दीनदयाल उपाध्याय जनसंघ के प्रमुख कार्यकर्ता रमेश कुमार मिश्रा जी के साथ जोरहाट असम आए। तब मैं भी दीनदयाल जी के साथ शरणार्थी केम्पों में गया, जहां बांग्ला भाषी लोग ठहरे हुए थे। उसी दिन रात्रि में असम चेंबर ऑफ कॉमर्स द्वारा पंडित दीनदयाल जी का स्वागत समारोह हुआ जिसमें भारतीय जनसंघ के जिला मंत्री एडवोकेट माधव चंद्र चक्रवर्ती एवं जनसंघ के प्रांत अध्यक्ष नलिनी नाथ फूंकर भी थे। उस समय दीनदयालजी ने दैनिक कामकाज स्थानीय भाषा का उपयोग संपर्क भाषा के रूप में करने का सुझाव दिया गया था तब वहां मौजूद कुछ हिंदी भाषी बंधुओं ने कहा हम असमिया क्यों सीखें जगत क्यों बोले। लेकिन जब दो वर्ष बाद वहां मारवाडियों के विरुद्ध हिंसा फैली तब हिंदी भाषा का ही आग्रह करने वाले लोगों ने कहा कि यदि उस दिन दीनदयाल जी की बात समझ पाते तो आज हमारी यह स्थिति नहीं होती। वस्तुतः दीनदयाल जी केवल राजनेता ही नहीं एक भविष्यदृष्टा महापुरुष थे।

वरिष्ठ पत्रकार व राजस्थानी भाषा साहित्य संस्कृति अकादमी के पूर्व अध्यक्ष डॉ देव कोठारी बताते हैं कि पंडित दीनदयाल उपाध्याय जी 1960 के दशक में कई बार उदयपुर में प्रवास पर आए। उन्हें जनसभा में भी सुनने का अवसर मिला। वे राष्ट्रवाद, अंत्योदय जैसे विषयों को प्रमुखता से रखते थे। यदि 1968 में रेल यात्रा में उनकी असामयिक मृत्यु न हुई होती तो देश की राजनीति का मानचित्र कुछ और होता। उनकी संगठन क्षमता और कालीकट अधिवेशन की सफलता से कतिपय विरोधी बौखला गए थे संभवतया इसी कारण उनकी रेल यात्रा के दौरान हत्या कर दी गई। वे सरल सादगी पूर्ण व लिप्सारहित जीवन के पर्याय थे। उन्होंने सादा जीवन उच्च विचार को अपनी जीवन पद्धति में सार्थक किया। 11 फरवरी 1968 को मुगलसराय स्टेशन पर उनकी पार्थिव देह मिलने के समाचार के बाद उदयपुर में बड़े बाजार में शोक सभा हुई और कई दिनों तक शाम को उनके भाषणों का टेप चला कर उन्हें याद किया गया। उनके भाषणों का मेरे जीवन पर गहरा असर पड़ा।

नगर परिषद उदयपुर के पूर्व उपसभापति, बार एसोसिएशन के पूर्व अध्यक्ष एवं बड़गांव पंचायत समिति के पूर्व प्रधान हीरालाल कटारिया बताते हैं कि-"मैं 1957 में माननीय सुंदर सिंह भंडारी के संपर्क में आया था। सन 1957 में मुझे भारतीय जनसंघ के जिला मंत्री का महामंत्री का दायित्व मिला। 1962 के चुनाव प्रचार अभियान में पंडित दीनदयाल जी का सान्निध्य प्राप्त हुआ। उसके पश्चात 1967 के नाथद्वारा में अधिवेशन में भी मार्गदर्शन प्राप्त हुआ। कपासन के पास रूपाखेड़ी में गुमान सिंह जी की हवेली में हुई जनसंघ के संभागीय शिविर में भी मैं शामिल था। वहां दीनदयाल जी का पूरे समय मार्गदर्शन मिला था। 7- 8 सितंबर 1968 को इंदौर में भारतीय जनसंघ का अखिल भारतीय अधिवेशन हुआ, जिसमें अटल बिहारी वाजपेयी ने दीनदयाल उपाध्याय को श्रद्धांजलि अर्पित की थी। पंडित उपाध्याय के बलिदान के बाद यह जनसंघ का पहला अधिवेशन था। इस अधिवेशन में उदयपुर से मदन लाल जी धुप्पड, भानुकुमार शास्त्री, मोहनलाल सोनी और उनकी पत्नी मोहिनी देवी सोनी इंदौर गए थे। पंडित दीनदयाल जी की अनुपस्थिति में यह पहला अधिवेशन था लेकिन उनका प्रभाव मेरे जीवन पर बेहद गहरा रहा। मैंने देखा कि पंडित जी का संपूर्ण जीवन भारत माता के चरणों में अर्पित रहा। उनके द्वारा तैयार संस्कारी कार्यकर्ताओं की

टोली ने राजनीतिक, विचारक, लेखन व शिक्षण सभी क्षेत्र में झंडा बुलंद किया। वे कुशल संगठन कर्ता, विद्वत पुरुष, असाधारण प्रतिभा के धनी थे। सार्वजनिक एवं राजनीतिक जीवन में मैंने उनसे कई सारी चीज सीखी।

भारत सरकार द्वारा पद्मश्री से अलंकृत संघ के वरिष्ठ प्रचारक, जागरण जन सेवा मंडल वागदरी, डूंगरपुर के संस्थापक सचिव मूलचंद लोढ़ा बताते हैं कि- "1964 में बीएन कॉलेज में संघ के शिक्षा वर्ग में और उससे पूर्व शिवाजी पार्क मुंबई में भारतीय जनसंघ की आम सभा में पंडित जी को सुनने का अवसर प्राप्त हुआ। उनका संबोधन सारगर्भित व राष्ट्रवाद से ओतप्रोत था। उस समय उनके कुशल मार्गदर्शन में जनसंघ प्रमुख विपक्षी दल की भूमिका निभा रहा था। कुछ समय पश्चात पंडित दीनदयाल जी हमारे मध्य नहीं रहे। असमय यह कालचक्र घटित ना हुआ होता तो भारत का राजनीतिक व सामाजिक मानचित्र कुछ और ही होता।

कपासन पंचायत समिति के पूर्व प्रधान भूपाल नोबल्स संस्थान के प्रबंध निदेशक व उप सचिव मोहब्बत सिंह रूपाखेड़ी बताते हैं कि –"मेरे पिता ठाकुर गुमान सिंह जी छात्र जीवन से ही राष्ट्रीय स्वयंसेवक संघ व भारतीय जनसंघ से जुड़े थे। इसी कारण भारतीय जनसंघ का संभागीय शिविर हमारे गांव की हवेली में ही आयोजित हुआ था। शिविर में भानु कुमार शास्त्री, मदनलाल धुप्पड़, कैलाश चंद्र झंवर, बंशीलाल पटवा सहित कई प्रमुख नेता उपस्थित रहे थे। शिविर में पंडित दीनदयाल उपाध्याय व सुंदर सिंह भंडारी ने पूरे समय विभिन्न सत्रों में मार्गदर्शन प्रदान किया। शिविर के समय दीनदयाल जी का आवास कक्ष और शिविर स्थल आज भी मौजूद है।

उदयपुर में संघ के पूर्व विभाग कार्यवाह गोपाल लाल कुमावत ने बताया कि 1962 में दयानंद कॉलेज अजमेर में, 1964 में उदयपुर के बी.एन. स्कूल व 1966 में नागपुर संघ शिक्षा वर्ग में पंडित जी के बौद्धिक सुनने का अवसर प्राप्त हुआ। 30 मई 1962 को अजमेर संघ शिक्षा वर्ग में उनके बौद्धिक का विषय था, हिन्दुत्व ही राष्ट्रीयत्व है, वहीं बी.एन. स्कूल में उन्होंने एकात्म मानवदर्शन व चिति विषय का सर्वप्रथम प्रतिपादन किया था। अंत्योदय की प्रेरणा के रूप में उन्होंने समाज की अंतिम पंक्ति के उत्थान की आवश्यकता प्रतिपादित की।

पत्रकारिता लेखन दर्शन सामाजिक व राजनीतिक क्षेत्र में उनका योगदान अतुलनीय है।

आपातकाल में लोकतंत्र सैनानी के रूप में जेल यात्रा करने वाले संघ के वरिष्ठ कार्यकर्ता सौभाग्यचंद नाहर बताते हैं कि 1965 में सुलेमान स्कूल दिल्ली में संघ के शिक्षा वर्ग प्रथम वर्ष में पंडित जी का बौद्धिक सुनने का मौका मिला। उनके विषय था संघ की गट् पद्धति। उन्होंने इस विषय की व्याख्या करते हुए संगठन की सजीवता के लिए सक्रियता व संपर्क को प्राणवायु बताते हुए कहा कि संघ की गट् पद्धति संपर्क का मूल आधार है। उस वर्ष संघ के उत्तरी क्षेत्र यानी राजस्थान, दिल्ली, पंजाब, हिमाचल, हरियाणा का संघ शिक्षा वर्ग एक साथ दिल्ली में ही हुआ था। पंडित दीनदयाल जी से मिलने एक विदेशी राजनीति प्रतिनिधि मंडल दिल्ली में जनसंघ कार्यालय पर आया था। वह प्रतिनिधि मंडल दीनदयाल जी की सादगी देखकर दंग रह गया। एक बारगी उन्हें विश्वास नहीं हुआ कि वह जिनसे मिलने आए हैं वही दीनदयाल उपाध्याय है। पंडित जी स्वयं निर्वाचित प्रतिनिधि के रूप में नहीं रहे लेकिन उन्होंने हजारों कार्यकर्ताओं में इस योग्यता का निर्माण किया कि एक अच्छे जनप्रतिनिधि बन सके। लेखन व पत्रकारिता में वह सदैव आदरणीय रहे।

मांडलगढ़ राजस्थान के पूर्व विधायक बद्री प्रसाद गुरुजी बताते हैं कि उनके पिताजी गोपालकृष्ण गुरुजी राष्ट्रीय स्वयंसेवक संघ के मांडलगढ़ तहसील के संघचालक रहे। उन्हें दीनदयाल उपाध्याय जी का संपर्क में मिला था। 1967 में लोकसभा चुनाव में उनके पिताजी प्रवास में चित्तौड़गढ़ से भीलवाड़ा तक रेल यात्रा में दीनदयाल जी के साथ रहे। दीनदयाल जी ने उनसे निवास स्थान पूछा तो बिजोलिया सुनते ही दीनदयाल जी ने कहा वहां रमेश चंद्र माथुर रहते है उन्हें जानते हो क्या। तो गोपाल जी गुरुजी ने कहा वह भीलवाड़ा स्कूल के प्राचार्य है। दीनदयाल जी ने उनसे मिलने की इच्छा जताई। गुरुजी ने माथुर जी को कहा आपको दीनदयाल जी याद कर रहे हैं। उन्होंने कहा मुझे वह क्यों याद करेंगे। लेकिन जब माथुर से दीनदयाल जी ने कहा मुझे नहीं पहचाना क्या। तो माथुर ने मना कर दिया। इस पर दीनदयाल जी ने कहा कि बचपन में कोटा में तुम्हारा सहपाठी था दीना। तब माथुर जी को याद आया। दोनों ने बचपन की स्मृति फिर

ताजा की। इतने बड़े राजनेता ने अपने बचपन के साथी को वर्षों बाद भी याद रखा। दीनदयाल जी की स्मरण शक्ति प्रेरणादायी रही है।

राष्ट्रीय स्वयंसेवक संघ के वरिष्ठ प्रचारक व विश्व हिंदू परिषद में केंद्रीय मंत्री रहे धर्मनारायण शर्मा बताते हैं कि दीनदयाल जी पत्रकारिता के पुरोधा थे। वे पत्रकारिता क्षेत्र में कई पत्रकारों के मार्गदर्शक रहे। समाचार पत्रों में समाचार लेखन, कंपोजिटर, प्रिंटर, बंडल प्रेषक, व्यवस्थापक से लेकर संपादक तक का काम उन्होंने किया। जौनपुर उपचुनाव के बाद हुए संघ शिक्षा वर्ग में एक शिक्षार्थी द्वारा चुनाव में उनकी हार के विषय में उनसे पूछा गया तो दीनदयाल जी ने उत्तर दिया विजयी हुआ प्रत्याशी अधिक योग्य था। उसे मत अधिक मिले। मुझे कम मिले। इसलिए वह विजय रहा। एकात्म मानवदर्शन देश व समाज को उनकी अनुपम देन है।

संघ के वरिष्ठ स्वयंसेवक व वरिष्ठ अधिवक्ता ऋषभ जैन (उदयपुर) ने बताया कि वे 1967 में बीएन स्कूल में संघ शिक्षा वर्ग प्रथम वर्ष के शिक्षार्थी थे। उनके पिता अनूपलाल जैन इस वर्ग के कार्यवाह थे। वे अपने पिताजी से मिलने उनके आवास कक्ष में गए तो दीनदयाल जी उसी कक्ष में थे। उन्होंने नाम पूछकर मुझसे परिचय भी किया। उनके स्नेहिल व्यवहार से मन अभिभूत हो गया। दीनदयालजी के देहावसान का समाचार मैंने अपने गाँव कानोड़ में रेडियो पर सुना। मैं दौड़कर घर गया और पिताजी को समाचार बताया। पिता जी की आँखों से अश्रुधारा बहने लगी। वो क्षण आज भी मेरी आँखों के सामने हैं।

संघ के विभिन्न दायित्वों का निर्वहन कर चुके वरिष्ठ स्वयंसेवक हिम्मत लाल दुग्गड़ (उदयपुर) बताते हैं कि 1962 के विधानसभा चुनावों में भारतीय जनसंघ के प्रत्याशी सम्पत्तिलालजी बोहरा के समर्थन में सभा को संबोधित करने दीनदयाल जी मावली आये थे। मावली गाँव में मंदिर के पास उन्होंने सभा को संबोधित किया।1968 में उनके असामयिक निधन का समाचार मिला तो मैं उदयपुर संघ कार्यालय पर प्रचारक कौशल किशोर जी जैन के साथ था। वहाँ उपस्थित सभी स्वयंसेवक शोकमग्न हो गए थे।

उदयपुर में राष्ट्रीय स्वयंसेवक संघ के विभाग संघचालक व पूर्व प्रचारक हेमेन्द्र श्रीमाली ने बताया कि 1966 में जयपुर में व 1967 में उदयपुर संघ शिक्षा वर्ग प्रथम व द्वितीय वर्ष में तथा अन्य अवसरों पर भी दीनदयाल जी को सुनने व

निकट रहने का सौभाग्य मिला। उस समय मैं माध्यमिक कक्षाओं का विद्यार्थी था। उनका बौद्धिक प्रेरणादायी होता था। उनके द्वारा प्रदत्त एकात्म मानवदर्शन ने समाज व राजनीति को नई दिशा प्रदान की।

भारतीय जनसंघ के प्रदेशाध्यक्ष, सांसद् व विधायक रहे वरिष्ठ नेता भानुकुमार शास्त्री के पुत्र हृषिकेश शर्मा ने पिताजी द्वारा उनको बताया दीनदयाल जी का एक संस्मरण साझा किया। दीनदयाल जी शास्त्री जी के शिवाजी नगर स्थित निवास पर कई बार रूके। हृषिकेशजी ने बताया कि एक बार दीनदयाल जी ने मेरी बहिन कादम्बरी को गोद में उठाया तो पिताजी ने कहा इसका ननिहाल भी उपाध्याय परिवार में है। तब दीनदयाल जी ने कहा- 'उपाध्यायों की भांजी है, मायरा ही तो लेगी।'

6

भविष्य की पत्रकारिता के प्रेरणा पुंज

पूरी सदी के समक्ष यह चुनौती रही कि दीनदयाल जी के कार्य का मूल्यांकन कैसे किया जाए। पहली बात यह कि प्रकृति से वे राजनीतिज्ञ नहीं थे। वे तो बिगड़ती सामाजिक और राजनीतिक भारतीय व्यवस्था को सुधारने के लिए राजनीति में आए। उसी प्रकार जैसे चंद्रगुप्त के राज्य का निर्माण करने के लिए चाणक्य राजनीति में उतरे। जैसे आध्यात्मिक प्रकृति के शिवाजी महाराज हिन्दुओं की 'त्राहि-त्राहि' सुनकर राजनीति के संमदर में उतरे। गणितज्ञ तिलक स्वराज्य के लिए राजनीति में भाग लेने निकले। ठीक उसी प्रकार हिन्दुओं के सांस्कृतिक पुनरूत्थान के लिए समर्पित संघकार्य की दीक्षा प्राप्त दीनदयाल जी काँग्रेस की राजनीति से देश को उजड़ता- उखड़ता नहीं देखना चाहते थे। इसी भावना के वशीभूत हो कर राजनीति में आए। चंद्रगुप्त को राज्य सौंपकर चाणक्य वन में वापस चले गए। स्वराज्य की स्थापना कर दक्षिण दिग्विजय को निकले शिवाजी महाराज मल्लिकार्जुन पहुँचे तो आवेश में अपना सिरकमल काटकर शिव-चरणों में समर्पित करने के लिए तलवार तान कर बैठ गए थे। राजनीति का कार्य करते-करते माण्डले की जेल में लोकमान्य तिलक ने ग्रंथरचना 'गीतारहस्य' की। दीनदयाल जी भी राजनीति में रहकर भी अनासक्त थे। लोगों के अत्यंत आग्रह के कारण ही वे अनिच्छापूर्वक चुनाव में खड़े हुए थे । किंतु चुनाव प्रचार-सभाओं में अपनी प्रशंसा में एक शब्द भी उन्होंने मुँह से नहीं निकाला। एक सहयोगी कार्यकर्ता ने जब इस बात पर नाखुशी जाहिर की तो दीनदयाल जी ने उससे कहा- "अपनी प्रशंसा करना मुझसे कदापि नहीं हो पाएगा। उसके लिए मैं सर्वथा असमर्थ हूँ। हाँ मेरे स्थान पर तुम प्रत्याशी होते तो मैं अपने प्रत्याशी की प्रशंसा अवश्य करता।"

पंडित दीनदयाल उपाध्याय ने अपने जीवन काल में कई नए आयाम स्थापित किए और हर क्षेत्र में अपनी अहम भूमिका निभाई। वे एक कुशल संगठनकर्ता के साथ-साथ अच्छे पत्रकार और संचारक भी थे। पत्रों का संपादन, प्रकाशन, स्तंभ लेखन, पुस्तक लेखन उनकी रूचि का विषय था। जिसे उन्होंने अपने विचारों को प्रसारित करने के लिए प्रयोग किया। उन्होंने लिखने के साथ-साथ बोलकर भी एक प्रभावी संचारक की भूमिका का निर्वहन किया है। एक पत्रकार के तौर पर दीनदयाल उपाध्याय ने पत्रकारिता के क्षेत्र में नया आयाम स्थापित करते हुए यह जन मानस को यह सूचित किया कि जीवन मूल्यों की जितनी जरूरत मनुष्य को है, उतनी ही मीडिया को भी है। यह संभव नहीं है कि समाज तो मूल्यों के आधार पर चलने की बातें की जाए और उसका मीडिया, फिल्में, प्रदर्शन कलाएं, पत्रकारिता नकारात्मकता का प्रचार कर रही हों। समाज और मनुष्य को प्रभावित करने का सबसे प्रभावी माध्यम होने के नाते हम इन्हें ऐसे नहीं छोड़ सकते। इन्हें भी हमें अपने जीवन मूल्यों के साथ जोड़ना होगा, जो मनुष्यता और मानवता के विस्तार का ही रूप हैं। अगर हम ऐसा मीडिया खड़ा कर पाते हैं तो समाज के बहुत सारे संकट स्वयं ही दूर हो जाएंगे। फिर टीवी बहसों से निष्कर्ष निकलेंगे और खबरें डराने के बजाए जीने का हौंसला देंगी। खबरों का संचार ज्यादा व्यापक होगा तथा जिंदगी के हर पक्ष का विचार करेंगी। वे एकांगी नहीं होंगी, पूर्ण होंगी और शुभता के भाव से भरी पूरी होंगी। यहां किसी धार्मिक और आध्यात्मिक मीडिया की बात नहीं हो रही है बल्कि सिर्फ उस दृष्टि की बात हो रही है जो 'एकात्म मानवदर्शन' हमें देता है। सबको साथ लेकर चलने, सबका विकास करने और सबसे कमजोर का सबसे पहले विचार करने की बात है। जहां दुनिया को बनाने वाले सारे अवयव एक-दूसरे से जुड़े हैं। जहां सब मिलकर संयुक्त होते हैं और 'वसुधा' को 'परिवार' समझने की दृष्टि देते हैं। दीनदयाल उपाध्याय की स्मृतियां और उनके द्वारा प्रतिपादित विचारदर्शन एक सपना भी है तो भी इस दुनिया को सुंदर बनाने की आकांक्षा से लबरेज है। उसकी अखंड मंडलाकार रचना का विचार करें तो मनुष्यता खुद अपने उत्कर्ष पर स्थापित होती हुई दिखती है। इसके बाद उसका समाज और फिल्में, मीडिया, मूल्य, राह और उसका मन सब एक हो जाते हैं।

एकात्म सृष्टि, व्यक्ति, परिवेश से जब हम एक हो जाते हैं तो प्रश्नों के बजाए सिर्फ उत्तर नजर आते हैं और समस्याओं के बजाए समाधान नजर आते हैं। संकटों के बजाए उत्थान नजर आने लगता है। दुनिया 'एकात्म मानवदर्शन' की राह पर आ रही है। अपने भौतिक उत्थान के साथ आध्यात्मिकता को संयुक्त करने के लिए वह आगे बढ़ चुकी है। क्या हम धरती पर स्वर्ग उतारने के सपने को अपनी ही जिंदगी में सच होते देखना चाहते हैं तो इस विचार दर्शन को पढ़कर और समझते हुए जीवन में उतार कर देखना होगा। यह हमें इसलिए करना है क्योंकि हमारा जन्म भारत की भूमि पर हुआ है और जिसके पास पीड़ित मानवता को राह दिखाने का स्वभाविक दायित्व सदियों से आता रहा है।

पंडित दीनदयाल उपाध्याय का व्यक्तित्त्व बहुआयामी था। वे समाज के विषयों में हस्तक्षेप करने के लिए कई तरीकों से समाज के बीच अपने विचारों को रखते थे। सामाजिक विचारक के तौर पर या फिर अर्थशास्त्री, शिक्षाविद् की भूमिका हो उन्होंने बतौर राजनेता या वक्ता, लेखक और पत्रकार हर भूमिका में समाज को एक नई दिशा देने की कोशिश की। उनकी स्मृति को रेखांकित करते हुए क्या हम विचार कर सकते हैं कि समाज जीवन के हर पक्ष में 'एकात्म मानवदर्शन' किस तरह से प्रभावी हो सकता है। पंडित दीनदयाल उपाध्याय ने भारतीय राजनीति और समाज को एक ऐसा वैकल्पिक विचार और दर्शन प्रदान किया, जिससे प्रेरणा लेकर हजारों युवाओं ने राष्ट्र प्रेम की राह चुनी।

प्रसिद्धि और श्रेय से वे सदैव दूर रहे। पंडित दीनदयाल उपाध्याय राष्ट्रीय विचार की पत्रकारिता के पुरोधा अवश्य थे लेकिन कभी भी 'संपादक' या 'संवाददाता' का पद प्राप्त करने का मोह नहीं रहा। वह राष्ट्रीय स्वयं सेवक संघ के मूर्धन्य विचारक थे और अपने कार्यकर्ताओं से कहा करते थे कि 'प्रसिद्धि और श्रेय' से हमेशा बचना चाहिए क्योंहकि श्रेय 'अहंकार' का कारण बन सकता है और अहंकार ध्येय से भटकाता है। अखबारों में उनका नाम नहीं होने के बावजदू असल में वास्तविक संचालक, संपादक और अवश्यकता होने पर उनके कम्पोजिटर, मशीनमैन सब कुछ वे ही थे। संचार की प्रभावी भूमिका को भली-भांति समझने वाले पंडित दीनदयाल उपाध्याय ने 'राष्ट्रधर्म' मासिक पत्रिका जरिए नई पत्रकारिता की नींव रखी। 'राष्ट्रधर्म' को लोगों के बीच लोकप्रिय बनाने के लिए उन्होंने प्रायः उसके हर अंक में विचारोत्तेजक लेख लिखे। इस पत्रिका मे

प्रकाशित होने वाली सामग्री का चयन भी वे स्वयं ही करते थे। राष्ट्रीय विचारों की प्रहरी पत्रिका 'पांचजन्य' के सर्वे सर्वा होने के बावजूद उन्होंने संपादक का दायित्व नहीं संभाला। वे स्वयं इसमे 'विचार वीथी' स्तंभ लिखते थे। अंग्रेजी भाषा में प्रकाशित 'ऑर्गेर्नाइजर' में वह 'पॉलिटिकल डायरी' के नाम से स्तंभ लिखते थे। उनकी तत्कालीन घटनाओं एवं परिस्थितियों पर स्थायी पकड़ थी। तत्कालीन परिस्थितियों पर बेबाक टिप्पणियों के साथ ही उनके लेखों में युवाओं को दिशा दिखाने वाले विचार भी शामिल रहते थे। आजादी के बाद जब देश को साम्यवादी-समाजवादी ढांचे की ओर ले जाया जा रहा था तब दीनदयाल उपाध्याय ने सरकार को पश्चिम के अंधानुकरण से बचने की सलाह देते हुए भारत को अपनी संस्कृति के अनुरूप विकास का बुनियादी ढांचा तैयार करने का संदेश दिया था।

प्रखर पत्रकार के तौर पर 'पांचजन्य', राष्ट्रधर्म, स्वदेश आदि पत्रिकाओं को प्रकाशकीय गति देने में उपाध्याय ने महत्त्वपूर्ण भूमिका निभाई। इन पत्रों ने पाठकों और लोगों के बीच अपनी अलग पहचान बनाई। सरल हृदय के दीनदयाल जी पत्रिकाओं की संपादकीय सफलता का श्रेय अपने सहयोगियों को देते हुए कहते थे, 'इस सफलता के पीछे किसी एक व्यक्ति का योगदान नहीं है, अपितु इसे प्राप्त करने के लिए प्रकाशन से जुड़े एक-एक व्यक्ति ने, चाहे वह किसी भी पद पर कार्य कर रहा हो, हवन-कुंड में जलने वाली समिधा के समान स्वयं को दग्ध किया है। यह सब आपके अमूल्य सहयोग, अथक परिश्रम और दृढ़ संकल्प का ही परिणाम है।।' उपाध्याय द्वारा यहां टीम भावना को प्रदर्शित करते हुए सफलता का श्रेय इस कार्य में जुड़े हुए हर व्यक्ति को दिया, जिसमें उनका योगदान रहा। अपने सहयोगियों की हौंसला वृद्धि करने मे उनका यह कथन बहुत सहायक रहा। आदर्श पत्रकार होने के नाते कभी किसी के खिलाफ कटु शब्द का इस्तेमाल नहीं किया। शब्द की शालीनता और वाणी का संयम, यह पत्रकारिता के धर्म में यदि किसी ने निभाया तो वे पंडित दीनदयाल उपाध्याय थे। पंडित जी द्वारा भाषा का इस्तेमाल किस तरह से सार्वजनिक रूप में करना चाहिए इसका विशेष ध्यान रखा जाता था।

समर्पण और मिशनरी भावना उनके व्यक्तित्व में इस प्रकार झलकती थी कि उन्होंने पत्रकारिता को कभी भी व्यवसाय के रूप में नहीं लिया। बतौर पत्रकार वे

सबकी नजर में तब आए जब लखनऊ से 'राष्ट्रधर्म' का प्रकाशन शुरू हुआ। देश की चेतना में 'राष्ट्रवाद' के विचारों को मजबूत करने की सिफारिश हुई। भारत बंटवारे के बाद उन्हें इस मासिक पत्रिका के प्रकाशन की जिम्मेदारी सौंपी गई। राष्ट्रधर्म में पंडित दीनदयाल उपाध्याय का नाम बतौर संपादक तो नहीं छपता था लेकिन आम पाठक राष्ट्रवाद पर उनकी धारदार लेखनी और विचारों की छाप आसानी से देख सकता था। उन्होंने उस दौर में उसी सामग्री को छापने का फैसला लिया, जिसमें सकारात्मकता का पहलू हो। वे अपनी विचारधारा की आलोचना से कभी परहेज नहीं करते थे, उनका मानना था कि अगर भाषा संयमित और स्वस्थ आलोचना हो तो विरोधी पक्ष को भी सुना जाना चाहिए।

पंडित जी के पास पत्रकारिता की कोई औपचारिक पढ़ाई और अनुभव नहीं था लिहाजा उन्होंने 'राष्ट्रधर्म' से ही पत्रकारिता और संपादन के गुर न केवल सीखे बल्कि उस दौर के कई महत्त्वपूर्ण लोगों को प्रेरणा भी दी। बाद में साप्ताहिक 'पांचजन्य' और दैनिक 'स्वदेश' भी छपने लगे। अटल बिहारी वाजपेयी पत्रकारिता के शुरूआती दौर से ही पंडित जी के साथ सहयोगी के रूप में मिले और शुरूआती दौर में काफी कुछ सीखा। इसके बाद पंडित दीनदयाल उपाध्याय राजनीतिक क्षेत्र में चले गए पर उन्होंने अपने लेखों से जनता से संवाद बनाए रखा। उनके लेखों के अध्ययन के पश्चात् यह बोध होता है कि उन्होंने अपनी बात को हमेशा बहुत आग्रह-पूर्वक और दृढ़ता के साथ रखा और कभी भी उसमें अक्रामक शैली का भाव देखने को नहीं मिलता था। उनके लेखों को पढ़कर यह साफ तौर पर समझा जा सकता है कि नेहरू काल की नीतियों के प्रखर आलोचक होने के बावजूद उनकी भाषा में उच्च-कोटि का संयम और संतुलन रहता था। खबर को विकृति के स्तर पर नहीं ले जाने के लिए वो पुरजोर वकालत करते और यही उनका मंत्र भी था। भानुप्रताप शुक्ल जो कि 'पांचजन्य' के साथ जुड़े अपना अनुभव बताते हुए कहते हैं कि 'पांचजन्य' से उनके संबंध दिखते नहीं थे। हम लोग अनुभव करते थे कि उनका सान्निध्य बड़ा मृदु एवं शिक्षाप्रद था। वे आते थे और उनसे पत्रकारिता पर चर्चा होती थी। न्यूज बनाना, शीर्षक लगाना आदि से लेकर छोटी-बड़ी सब सैद्धांतिक बातें होती थी। हम उनसे बहस भी करते थे। वे सार्वजनिक जीवन में कड़वी भाषा के उपयोग के खिलाफ थे, जिससे कि परस्पर कटुता बढ़कर आपसी चर्चा-विमर्श अथवा साथ काम करने

की संभावनाएं ही समाप्त हो जाए। अपनी बात को दृढता से कहने का अर्थ कटुतापूर्वक कहना नहीं होना चाहिए।' दीनदयाल जी किसी व्यक्ति या विचारधारा के प्रति पूर्वाग्रह बनाकर चलने के खिलाफ थे। उन्होंने पत्रकारिता को कभी व्यवसाय के रूप में नहीं लिया बल्कि एक मिशन भाव से कार्य किया। 'पांचजन्य' की कंपोजिंग भी उन्होंने की और जब वितरक नहीं आया तो साईकिल पर 'पांचजन्य' के बंडल लेकर लखनऊ के चारबाग स्टेशन पर वितरण के लिए भी ले गए। दीनदयाल उपाध्याय के पत्रकारिता में आने के बाद कई लोगों को पत्रकारिता को मिशन बनाकर चलने की प्रेरणा मिली। दीनदयाल उपाध्याय सामाजिक सरोकारों से भटकी हुई पत्रकारिता को बहुत खतरनाक मानते थे। उनकी सोच थी कि पत्रकारिता समाज का मार्गदर्शन करे और समाज के सामने नया विचार पेश करे।

पांचजन्य में उनके स्तम्भ विचार वीथी में हमेशा उनका प्रयास एक नया और संतुलन विचार देने का रहा। अपने लेखों मे वे सरकार के प्रति नरम दृष्टिकोण कतई नहीं रखते लेकिन उनकी भाषा सौम्य रहती। उनकी बातों में सच्चाई, दृढ़ता का समावेश हमेशा बना रहता था। पत्रकार को केवल और केवल सत्य ही लिखना चाहिए लेकिन वो यह भी मानते थे कि कटु सत्य को सौम्य तरीके से ही लिखा जाए। समाचार चयन में कभी भी पक्षपात न हो और समाज का सही मार्गदर्शन किया जाए। वे सत्ता पक्ष की कमियों को उजागर अवश्य करते पर लिखते वक्त यह भी ध्यान रखते कि लिखते समय किसी का अनादर न करें या कटुता की कोई भावना उनके लेखन मे न दिखे। वो पत्रकारिता को राजनेताओं के इर्द-गिर्द समेटने का भी विरोध करते थे। उनका मानना था कि समाचार पत्र-पत्रिकाओं में साहित्य, संस्कृति, धर्म से लेकर समाज के हर आयाम सम्माहित हों।

दीनदयाल उपाध्याय ने आजादी के वक्त और उसके तुरंत बाद जिस दौर में पत्रकारिता, साहित्य और राजनीति के जरिए समाज के जिस ताने-बाने को सामने रखा, वो आज भी प्रासंगिक है। दीनदयाल उपाध्याय नें पूंजीवाद और साम्यवाद दोनों विचारों के विकल्प के रूप में 'एकात्म मानव दर्शन' रखा था। इनके दर्शन में समाजवाद, पूंजीवाद के बीच ऐसी राह का पक्ष है, जिसमें दोनों प्रणालियों के गुण तो मौजूद हों लेकिन उनके अतिरेक और अलगाववाद जैसी

बातें न हों। भारतीय समाज की रचना को देखते हुए दीनदयाल उपाध्याय के इस सिद्धांत को आज के समाज में व्यावहारिक माना जा सकता है। भविष्य की महानता और परम वैभव का सपना ही ना जगे वरन् उस सपने को साकार करने का सार्मथ्य भी पैदा हो। लोकतांत्रिक पद्धति से समाज में ऐसा परिवर्तन आए कि जो कलुष, भ्रष्टाचार, कदाचार,अनाचार इस प्रकार की प्रवृति में संग्लन राजनीति करते हैं, ऐसी राजनीति का अंत हो।

दीनदयाल उपाध्याय ने सत्ता के विरोध का रास्ता कभी नहीं छोड़ा लेकिन उनके विरोधी भी इस बात को महसूस करते थे कि जिस संतुलन और सौम्यता से दीनदयाल उपाध्याय आलोचना करते थे, वह उच्च कोटि की होने के साथ-साथ आत्म चिंतन करने को भी बाध्य करती थी। अपने साहित्य के जरिए उन्होंने भारत के गौरवशाली इतिहास को भी दुनिया के सामने रखा। उनकी सोच थी कि साहित्य के जरिए राष्ट्रीय सरोकारों को महत्व दिया जाए। उन्होंने सम्राट चंद्रगुप्त के जीवन पर आधारित पुस्तक एक ही रात में लिख डाली और यह पुस्तक इतनी लोकप्रिय हुई कि इसका बाद में कई भाषाओं में अनुवाद भी हुआ। इसी तरह जगद्गुरू शंकराचार्य पर आधारित पुस्तक अपनी रेल यात्रा के दौरान बेहद कम समय में लिख डाली। पंडित जी को पुस्तकों से बहुत लगाव था। उनका और पुस्तकों का साथ शरीर एवं आत्मा की तरह रहा। वे जहां भी जाते उनके पास कोई न कोई पुस्तक अवश्य रहती थी। पुस्तकों के प्रति उनके इस लगाव का प्रारंभ उसी दिन हो गया था, जब उन्होंने प्राथमिक कक्षा में प्रवेश लिया था। वहां पुस्तकों के रूप में उन्हें एक ऐसा सच्चा मित्र मिला, जो जीवन पर्यंत उनके साथ रहा। देश की नीतियों और अर्थ जगत पर उनकी गहरी नजर थी। वो चाहते थे कि सत्ता पक्ष की हर नीति की मंजिल देश की अंतिम पंक्ति में खड़ा नागरिक हो। 'अंत्योदय' की यह सोच आज भी देश के नीति-नियंताओं के लिए प्रेरणादायी और प्रासंगिक है।

पत्रकारिता के संदर्भ में जिन आदर्शों और मूल्यों की बात पंडित दीनदयाल उपाध्याय किया करते थे वो आज लुप्त होते दिखाई देती हैं। मौजूदा स्थिति में पत्रकारिता 'मिशन' न होकर 'व्यवसाय' हो गया है। आज की पत्रकारिता 'राजनीति' और 'राजनेताओं के इर्द-गिर्द घूमती है। पत्रकारिता का 'धर्म' समाज का सही मार्गदर्शन करना होता है परंतु वर्तमान समय में 'पीत पत्रकारिता' के रूप

में व्यवसाय को आधार मानकर खबरों को दर्शाया जाता है। जिससे कि खबर की'अहमियत' तथा 'विश्वास' दोनों ही लुप्त हुए दिखाई देते हैं। विज्ञापनों के माध्यम से विज्ञापनदाता द्वारा मीडिया में धन के सहारे विज्ञापन को खबर या न्यूज की तरह प्रकाशित या प्रसारित करवाया जाता है। जो कि अपनी विश्वसनीयता खो देता है। समाज के जनजागरण में मीडिया बहुत महत्त्वपूर्ण भूमिका का निर्वहन करता है। परंतु यह बात भी आवश्यक हो जाती है कि मीडिया अपनी जिम्मेदारियों का बोध करते हुए इसे 'मिशन' के रूप में लें। पंडित जी एक राजनीतिज्ञ होने के नाते भी समाज से जुड़े रहने के लिए 'मीडिया' को एक अच्छा माध्यम मानते थे। परंतु उस माध्यम का सही उपयोग भी किया जाना चाहिए जिससे कि समाज में भ्रम की स्थिति उत्पन्न न होकर समाज का सही मार्गदर्शन किया जा सके। वर्तमान समय में राजनीतिज्ञों द्वारा इस माध्यम का सही उपयोग किया जा रहा है इस संदर्भ में कोई संतोषजनक उत्तर आज मिलता है ऐसा नहीं कहा जा सकता।

राजनेताओं द्वारा न्यूज चैनलों पर ही अमर्यादित भाषा का उपयोग किया जाता है, जिससे समाज में भी तनाव का वातावरण बनता है। लोगों तक अपनी बात पहुंचाने के लिए मीडिया के क्षेत्र में आज के तकनीकी युग में बहुत से नए अविष्कार हो चुके हैं। जिसमें डिजिटल और सोशल मीडिया प्रमुख है। परंतु नेताओं को जो समाज का नेतृत्व कर रहे होते हैं, यह ध्यान में रखना बहुत अवश्यक है कि अपनी बात को मर्यादित ढंग से लोगों तक पहुंचाने का प्रयास करें। वहीं मीडिया क्षेत्र में काम करने वालों के लिए भी यह जरूरी हो चुका है कि वह अपनी भूमिका का सही निर्वहन करें। मीडिया लोकतंत्र का चौथा स्तंभ माना जाता है तो यह स्वस्थ लोकतंत्र के लिए भी आवश्यक हो जाता है कि मीडिया कर्मी तथा राजनीतिज्ञ सभी अपनी भूमिका सुनिश्चित करें, जिससे कि मीडिया क्षेत्र की गरिमा भी बनी रहे और लोकतंत्र का भी सही विकास हो सके। दीनदयाल उपाध्याय ने सार्वजनिक जीवन के प्रति सचेत, सुरूचिपूर्ण एवं संस्कारयुक्त पत्रकारिता को अपने से संबद्ध कार्यकर्ताओं व समाचार पत्रों के माध्यम से विकसित करने का आजीवन प्रयत्न किया। दीनदयाल उपाध्याय का पत्रकारीय चिंतन शाश्वत् राष्ट्रवादी और भारतीय जीवन मूल्यों की विचारधारा से जुड़ता है।

पत्रकारिता के आधार पर उन्होंने राष्ट्रभाव को समझने तथा भारतीय अस्मिता को लोगों तक पहुंचाने का प्रयास किया है।

वे राष्ट्रीय समस्याओं पर विचार कर उनका समाधान अपने लेखों में प्रकाशित करते थे। समाज और राष्ट्र के कल्याण के लिए पत्रकारिता को दीनदयाल उपाध्याय ने एक शस्त्र के रूप में स्वीकार किया। अपनी लेखनी के माध्यम से उन्होंने सामाजिक एवं राष्ट्रीय मूल्यों को परिभाषित किया। मानव जीवन का लक्ष्य भौतिक मात्र नहीं है। धर्म, अर्थ, काम और मोक्ष का विचार भी ध्यान रखना चाहिए। सभी कार्य 'धर्म' से प्रेरित होने चाहिए। अर्थात लाभ की कामना ना होकर सभी का शुभ होना अनिवार्य हो। यदि समाज का हित हो रहा हो तो परिवार का हित छोड़ देना चाहिए। देश का हित हो रहा हो तो समाज का हित छोड़ देना चाहिए। पत्रकारिता में भी इस मूल भावना से कार्य करना चाहिए। राष्ट्रवाद के अंतर्गत राष्ट्रप्रेम का यही विचार प्रत्येक पत्रकार में होना चाहिए।

विलक्षण बुद्धि, सरल व्यक्तित्व एवं नेतृत्व के अनगिनत गुणों के स्वामी, प.दीनदयाल उपाध्याय जी की हत्या सिर्फ 52 वर्ष की आयु में 11 फरवरी 1968 को मुगलसराय के पास रेलगाड़ी में यात्रा करते समय हुई थी। उनका पार्थिव शरीर मुगलसराय स्टेशन के यार्ड में पड़ा पाया गया। भारतीय राजनीतिक क्षितिज के इस प्रकाशमान सूर्य ने भारतवर्ष में सभ्यतामूलक राजनीतिक विचारधारा का प्रचार एवं प्रोत्साहन करते हुए अपने प्राण राष्ट्र को समर्पित कर दिया। दीनदयालजी उच्चकोटि के दार्शनिक थे। किसी भी प्रकार की भौतिक माया-मोह उनको छू तक नहीं सकी। वे न देश के प्रधानमंत्री थे, न राष्ट्रपति फिर भी दिल्ली में उनके पार्थिव शरीर को अपने अंतिम प्रणाम करने पांच लाख से भी अधिक जनता उमड़ पड़ी थी। तेरहवीं के दिन प्रयाग में अस्थि-विसर्जन के समय दो लाख से अधिक लोग अपनी भावभीनी श्रद्धांजलि अर्पित करने को एकत्रित हुए थे।

जनसंघ के राष्ट्र जीवन-दर्शन के निर्माता दीनदयाल जी का उद्देश्य स्वतंत्रता की पुनर्रचना के प्रयासों के लिए विशुध्द भारतीय तत्व-दृष्टि प्रदान करना था। दीनदयाल जी के विचारों का अध्ययन करते समय उनकी वैचारिक प्रक्रिया, जिसका आधार संस्कृति तथा धर्म है, को समझना आवश्यक है। यहाँ धर्म का अर्थ व्यापक है। भारतीय संस्कृति में सामाजिक व्यवस्था का संचालन सरकारी कानून से नहीं बल्कि प्रचलित नियमों जिसे 'धर्म' के नाम से जाना जाता था, के

द्वारा होता था। धर्म ही वह आधार था जो समाज को संयुक्त एवं एक करता था तथा विभिन्न वर्गों में सामंजस्य एवं एकता के लिए कर्त्तव्य-संहिता का निर्धारण करता था।

दीनदयालजी द्वारा रचित जनसंघ के राष्ट्र जीवन-दर्शन के पाँचवे, छठे एवं आठवें सूत्रों में धर्म, स्वतंत्रता, मानवाधिकार, प्रजातंत्र और राष्ट्रीय तत्वदृष्टि का वर्णन है, जिससे जनसंघ का राष्ट्रीय जीवनदर्शन बना है। व्यक्ति के विकास के लिए जनसंघ ने भारतीय सामाजिक दर्शन में वर्णित पुरुषार्थ- धर्म, अर्थ, काम और मोक्ष तथा आदर्श राष्ट्र के रूप में धर्म राज्य एक असम्प्रदायिक राज्य को स्वीकारा है। राष्ट्रीय प्रश्नों की ओर देखने की राष्ट्रीय तत्वदृष्टि इसमें से विकसित हुई है और उसी से जनसंघ की नीति बनी है। ये दोनों विषय इतने व्यापक एवं विस्तरित है, कि इसकी व्याख्या में कई पुस्तकें लिखी जा सकती है।

दीनदयालजी के अनुसार धर्मराज्य, विधान का राज्य है। विधान का राज्य, अधिकारों की उपेक्षा कर्तव्य पर बल देने वाला राज्य है। कर्त्तव्य प्रधान राज्य में भी शासन, न्यायसंस्था, लोकप्रतिनिधि, सब नियमानुसार ही चलते हैं। व्यक्तियों और संस्थाओं पर केवल धर्म का बंधन होता है। ऑक्सफोर्ड डिक्शनरी के शब्दानुसार -विधान का राज्य; धर्म संहिता की वह किताब है जिसका निष्ठा से अनुपालन होता है; यह न्यायालय का आदेश है। सामान्य परिभाषा में एक ऐसा तंत्र जहाँ कानून जनता में सर्वमान्य हो; जिसका अभिप्राय(अर्थ) स्पष्ट हो; तथा सभी व्यक्तियों पर समानरुप से लागू हो। ये राजनैतिक और नागरिक स्वतंत्रता को आदर्श मानते हुए उसका समर्थन करते है, जिससे कि मानवाधिकार की रक्षा में विश्व में अहम् भूमिका निभाई गई है। विधान के राज्य एवं उदार प्रजातंत्र में अतिगम्भीर सम्बन्ध है। विधान का राज्य व्यक्तिगत अधिकार एवं स्वतत्रंता को बल देता है, जो प्रजातांत्रिक सरकार का आधार है। सरकारें विधान के राज्य की श्रेष्ठता स्वीकार करते हुए जनता के अधिकारों के प्रति सचेत रहती हैं, वहीं एक संविधान, जनता में कानून की स्वीकृति पर निर्भर करता है। विधि एवं विधान के राज्य में कुछ खास अन्तर हैं- जो सरकारें प्राकृतिक नियम, मर्यादा, व्यवहार विधि को आदर्श मानते हुए, किसी प्रकार के पक्षपात नहीं करती तथा न्याय के संस्थानों को प्राथमिकता देती हैं ,वे विधान द्वारा स्थापित होती हैं।

भारतीय संविधान के निर्माताओं ने गहन अध्ययन एवं मनन के पश्चात चार विधान के सिद्धांतों न्याय, स्वतंत्रता, समता एवं बन्धुता की संरचना की जो कि हमारे संविधान के आधारभूत स्तंभ थे, जिसे बाद में शासनाध्यक्षों ने अपने स्वार्थ हेतु वोटबैक की नीति के समय समय पर बदल दिया।

दीनदयालजी ने राष्ट्रवाद का विचार भी संस्कृति तथा धर्म के परिवेश में किया है। हिन्दू विचार के अनुसार व्यक्ति और समाज अभिन्न होते हैं। भारतीय विचार-प्रणाली समाज निरपेक्ष व्यक्ति का अस्तित्व ही संभव नहीं मानती।

राज्य संबंधी धारणा

पं. दीनदयाल जी राज्य को राष्ट्र का एक आवश्यक अंग मानते थे। उनका यह विचार पाश्चात्य के उन तत्वदर्शियों के अत्यन्त निकट का है जो राज्य को एक अवयव के रूप में ही देखते रहे हैं। रूसो एवम् हीगल के दर्शन का प्रभाव पंडित दीनदयाल जी पर स्पष्ट रूप से दिखलाई देता है। हाब्स, लाक, मिल, बॅथम आदि राज्य को एक विशेष प्रकार के सामाजिक यंत्र के रूप में देखते हैं। कार्लमार्क्स लेनिन, पैरेटो आदि राज्य को एक वर्ग विशेष के प्रतिनिधि के रूप में देखते हैं। पंडित जी के विचार इन मतों से मेल नहीं खाते । उनका विचार यह है कि समाज जिस प्रकार से जीवित सत्ता है, राज्य उसी सत्ता का एक प्रमुख अंग है। समाज के अनेकानेक अंग है। जिस प्रकार से प्रकृति ने व्यक्ति का रूप लाखों-करोड़ों वर्षों में विकसित किया है, ठीक उसी प्रकार से समाज भी अपने जटिलतम रूपों में विकसित होता रहा है।

राष्ट्र की आवश्यकता का परिणाम राज्य

डा. गोबिंदप्रसाद शर्मा इस सम्बन्ध में लिखते हैं कि "दीनदयाल जी का विचार इन सबसे भिन्न है। वे मानते हैं कि राज्य राष्ट्रीय आवश्यकताओं की पूति के लिये है। राज्य राष्ट्र का एक अंग है।" दीनदयाल जी ने राज्य के विकास के सम्बन्ध में पाश्चात्य जीवशास्त्रीय और पौर्वात्य आत्मा के विकास के सिद्धान्त का सहारा लेकर यह मान्यता स्थापित की है कि राज्य राष्ट्र की परिणाम है। राजा की व्यक्तिगत मान्यताएँ, उसका अपना मजहब या पंथ आदि इसके बीच में आड़े नहीं आता था। भारत के संघर्ष काल में दूसरा काल औरंगजेब का भी लिया जा सकता

है जिसे थियोक्रेटिक स्टेट की संज्ञा दी जा सकती है। अतः सेक्यूलर शब्द असांप्रदायिकता का बोध कराने वाला है। इन अर्थों में भारतीय राज्य एवम् राज्य की संकल्पनाएं भी सेक्यूलर रही हैं। किन्तु सेक्यूलर का अर्थ धर्म निरपेक्ष करना गलत होगा। पंडित दीनदयाल जी का मत है कि राज्य अपने कर्तव्यों का योग्य रूप से पालन करे जिससे समाज का, राष्ट्र का योग्य रूप से रक्षण और संवर्द्धन हो सके। यह ही राज्य का धर्म है। अतः राज्य इस धर्म के अनुसार चलना चाहिये। राज्य इन अर्थो में धर्म- सापेक्ष है। धर्म निरपेक्ष नहीं।

अखण्ड भारत

पण्डित जी देश के विभाजन से मर्माहत थे। वे अक्सर कहा करते थे कि अपने पवित्र देश का 1947 में विभाजन हुआ। जब नेपाल और ब्रह्मदेश भारत से अलग हुये तो भारत की जनता ने इसे विभाजन नहीं माना। कारण यह है कि अपने भारतीय समाज के प्रति एकात्मकता का भाव जब विद्यमान रहता है तो देश की सांस्कृतिक धारा विभाजित नहीं होती। इण्डोनेशिया और थाईलैण्ड का इस संबंध में वे उदाहरण देते थे कि उन देशों में मुस्लिम धर्म की प्रधानता होते हुये भी उनके नाम सुकर्णो हैं, सुहार्तो हैं। उनके वायुयान सेवाओं का नाम गरुण एयरवेज है। किन्तु पाकिस्तान के निर्माण को बँटवारा कहा गया। यह विभाजन राष्ट्र की सांस्कृतिक एकात्मता का बँटवारा था।

पण्डित जी मुस्लिम मजहब के विरोधी नहीं थे। वे उसे उपासना की एक पद्धति मानते थे लेकिन दारुल-ए- इस्लाम के थियोक्रेटिक स्टेट की कल्पना के विरोधी थे। फिर भी उनका कहना यह था कि भारतमाता को ही उन्होंने पाक माना। पवित्रता का यह भाव पूज्य भूमि भारत की संतानों में ही संभव है।

दीनदयाल उपाध्याय भारतीय जनसंघ के नेता थे। पंडित दीनदयाल उपाध्याय एक प्रखर विचारक, उत्कृष्ट संगठनकर्ता तथा एक ऐसे नेता थे जिन्होंने जीवनपर्यंन्त अपनी व्यक्तिगत ईमानदारी व सत्यनिष्ठा को महत्त्व दिया। वे भारतीय जनता पार्टी के लिए वैचारिक मार्गदर्शन और नैतिक प्रेरणा के स्रोत रहे हैं। पंडित दीनदयाल उपाध्याय मज़हब और संप्रदाय के आधार पर भारतीय संस्कृति का विभाजन करने वालों को देश के विभाजन का ज़िम्मेदार मानते थे। वह हिन्दू राष्ट्रवादी तो थे ही, इसके साथ ही साथ भारतीय राजनीति के पुरोधा भी थे।

दीनदयाल जी की मान्यता थी कि हिन्दू कोई धर्म या संप्रदाय नहीं, बल्कि भारत की राष्ट्रीय संस्कृति हैं। दीनदयाल उपाध्याय की पुस्तक एकात्म मानवदर्शन (इंटीगरल ह्यूमेनिज्म) है जिसमें साम्यवाद और पूंजीवाद, दोनों की समालोचना की गई है। एकात्म मानवदर्शन में मानव जाति की मूलभूत आवश्यकताओं और सृजित क़ानूनों के अनुरुप राजनीतिक कार्रवाई हेतु एक वैकल्पिक सन्दर्भ दिया गया है।

पत्रकारिता में योगदान

आज भारतीय जनता पार्टी के वरिष्ठ नेता वर्तमान संदर्भ में भी पत्रकारिता से संबंधित उनके विचारों को महत्व दे रहे हैं। उनका मत है कि आज जब पत्रकारिता के क्षेत्र में विश्वसनीयता का संकट आ रहा है, ऐसे समय में पत्रकारों को जनसंघ के संस्थापक पंडित दीनदयाल उपाध्याय के पत्रकारिता से संबंधित विचारों का अध्ययन करना चाहिए। औपचारिक तौर पर भले ही पं. दीनदयाल उपाध्याय स्वयं व्यवसाय से पत्रकार नहीं थे और न ही किसी पत्र के संपादक थे फिर भी वह निरंतर पत्रकारों और संपादकों का मार्गदर्शन करते रहते थे। उन्होंने निरंतर पॉलिटिकल डायरी' और 'विचार वीथी' जैसे कॉलम लिखकर पत्रकारिता में अपनी जगह बनाते हुए पत्रकारों और संपादकों का मार्गदर्शन भी किया है। समय-समय पर उनके द्वारा लिखे गए दर्जनों लेख देश की सामाजिक, आर्थिक और सांस्कृतिक नीतियों के पथ-प्रदर्शक बने और आज भी उनका महत्व कम नहीं हुआ है। उन्होंने राजनैतिक व्यवस्था और राष्ट्रीय जीवन के दार्शनिक सरोकारों से संबधित मुद्दों पर जमकर लेखन किया। ये सभी लेख उनके गंभीर चिंतन, देशहित की ललक और सोचने-समझने की शैली के द्योतक हैं।

दीनदयाल जी की पत्रकारिता के संबंध में एक बार संघ प्रमुख श्री गुरु जी ने बताया था कि "तात्कालिक विषय को भी एक स्थायी सैद्धांतिक अभिष्ठान देकर वे लिखा करते थे, बोला करते थे। केवल तात्कालिक बात कहकर उसे छोड़ देना उनका स्वभाव नहीं था। लिखते अथवा बोलते समय उसके पीछे कोई-न-कोई चिरंतन सिद्धांत है, इसका विचारकर उसके अधिष्ठान पर ही शब्द प्रयोग किया जाए, ऐसा उनका मानना था।"

पत्रकारिता से जुड़े उनके विचारों को भारतीय जनता पार्टी ने "पत्रकारिता और दीनदयाल उपाध्याय" शीर्षक से एक पुस्तक में संजोकर इस दिशा में पहल की है। "पत्रकारिता और दीनदयाल उपाध्याय" पुस्तक का विमोचन करते हुए भारतीय जनता पार्टी के तत्कालीन अध्यक्ष श्री नितिन गडकरी ने कहा था कि आज के युग में दीनदयाल जी के विचारों के अनुसार आर्थिक चिंतन करके उसे व्यवहार में लाया जाना चाहिए। दीनदयाल जी का मत था कि सरकार को स्वयं व्यापार करने की जगह गरीबों के विकास पर ध्यान देना चाहिए। उन्हें आर्थिक दृष्टि से आत्मनिर्भर बनाने के लिए आवश्यक सुविधाएँ उपलब्ध करवाई जानी चाहिए। संभवतः इसीलिए सरकारी उपक्रम घाटे में चल रहे हैं। दीनदयाल जी के ऐसे विचारों पर पत्रकारों को ध्यान देना चाहिए और इसी संदर्भ में सरकार की नीतियों की समालोचना करनी चाहिए।

चित्र वीथी

अटल बिहारी वाजपेयी व अन्य कार्यकर्ताओं के साथ दीनदयाल जी

पंडित दीनदयाल उपाध्याय जी समाचार पत्र पढ़ते हुए

दीनदयाल उपाध्याय जी प्रिंटिंग प्रेस चलाते हुए

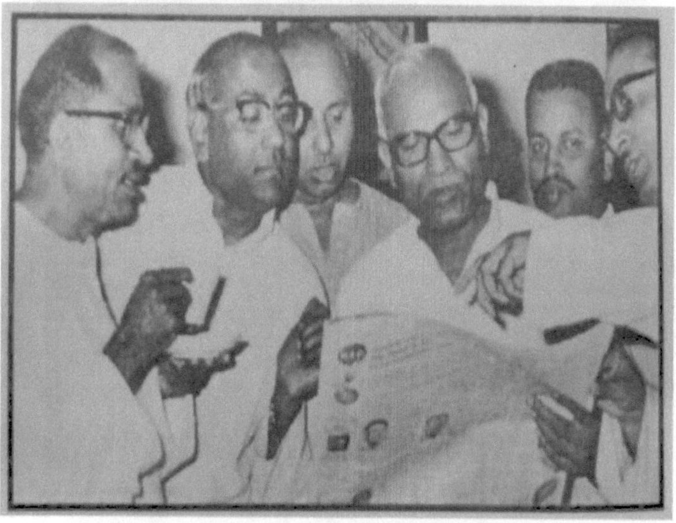

साथियों के साथ समाचार पत्र पर विचार-विमर्श करते हुए

दीनदयाल उपाध्याय जी समाचार का टंकण कार्य करते हुए

भारतीय राष्ट्रधारा का पुराय-प्रवाह

(बुद्ध से शंकराचार्य तक)

दीनदयाल उपाध्वाय

हमारे राष्ट्रजीवन का भागीरथी प्रवाह आदि काल से चला आरहा है। पुयय-सलिला गंगा का वैसे तो एक एक जलकण पवित्र है तथा उसमें किसी भी स्थान का अवगाहन सुखप्रद है तथापि कुछ स्थानों को विशेष महत्व प्राप्त हो गया है। हिमालय की गोद को छोड़ कर भारत भूमि पर ललकते हुए घुटनों चलने वाली गंगा हरिद्वार में अपना निराला ही महत्व रखती है। यमुना जब काला काला कालकूट लाकर शिवस्वामिनी को देती है तो वह शिव ही की भाँति सहर्ष जहाँ उसका पान कर जाती है वह प्रयाग तो तीर्थराज ही हो गया है। इसी भाँति भारतीय राष्ट्रत्व के प्रवाह का कण कण पवित्र है। किसी भी स्थान अथवा काल का विचार चित्त को निर्मल करके राष्ट्र भक्ति से परिपूर्ण कर देता है किन्तु जिस काल में तीर्थ-स्वरूप महापुरुषों का आविर्भाव हुआ है उसका महत्व हमारे जातीय जीवन में और भी अधिक है। तीर्थों का महत्व चाहे गंगा के तट पर अवस्थित होने के कारण ही क्यों न हो किन्तु वहाँ की यात्रा प्रत्येक भक्त के जीवन की अभिलाषा रहती है। महापुरुषों के जीवन और यश की स्मृति, जन साधारण के चित्त पर उनका प्रभाव और जातीय चरित्र गठन में उनके द्वारा प्रवर्तित आदर्शों की अनुप्राणना राष्ट्र के लिये अमूल्य सम्पत्ति और शक्ति का झरना है। उनका चिन्तन, विचार और आलोचना जाति में नित्य नवीन उद्दीपना, उत्साह और सजीवता उत्पन्न करती है। इन पुण्य स्थलों पर जीवन दायिनी जातीय जाह्नवी में अवगाहन को किस का मन नहीं चाहेगा ! और फिर श्रीमच्छंकराचार्य की स्थिति तो तीर्थराज प्रयाग के समान है, यदि वहाँ भक्तों की भीड़ लग जाय तो कौन आश्चर्य !

हमारे राष्ट्र निर्माताओं में श्रीमच्छंकराचार्य का स्थान बहुत ऊँचा है। कई विद्वानों ने तो उनको आधुनिक हिन्दू धर्म का जनक ही कहा है। मन्दिर में मूर्ति की स्थापना और प्राण प्रतिष्ठा करनेवाले आचार्य को ही यद्यपि कई बार मन्दिर का निर्माता कहा जाता है तो भी अपनी छैनी और हथौड़े की एक एक चोट से मूर्ति को स्वरूप देनेवाले शिल्पी तथा मन्दिर को बनाने वाले अनेकानेक राज और कारीगरों को भी नहीं भुलाया जा सकता। उस सम्पूर्ण जन-समुदाय के परिश्रमों को भुलाना कृतघ्नता ही नहीं अपितु सामाजिक जीवन के विधायक नियमों की अनभिज्ञता भी प्रकट करना है। राष्ट्र का जीवन एक दिन में अथवा दो चार वर्षों में नहीं बना बिगड़ा करता और न कोई महापुरुष ही राष्ट्र जीवन के संस्कारों से

३२

1 अगस्त 1947 (श्रावण पूर्णिमा, संवत् 2004) को राष्ट्रधर्म के प्रथम अंक में प्रकाशित पंडित दीनदयाल उपाध्याय का संपादकीय।

सन्दर्भ

1. महेशचन्द्र शर्मा
   (1) दीनदयाल उपाध्याय सम्पूर्ण वाड्मय (खण्ड 1 से 15)
   (2) दीनदयाल उपाध्याय: कर्तृत्व एवं विचार
   (3) एकात्ममानववाद, तत्व मीमांसा, सिद्धांत, विवेचन
2. प्र.ग. सहस्त्रबुद्धे
   दीनदयाल उपाध्याय (मेरी स्मृति में)
3. लालकृष्ण आडवाणी- मेरा देश मेरा जीवन
4. नं मध्वराव- दीनदयाल उपाध्याय
5. कृष्णानन्द सागर- दीनदयाल उपाध्याय की वाणी
6. शिवशक्ति नाथ बक्शी- दीनदयाल उपाध्याय
7. अमरजीत सिंह- मैं दीनदयाल उपाध्याय बोल रहा हूं।
8. दत्तोपत ठेंगडी
   1. एकात्ममानवदर्शन एक अध्ययन
   2. पं. दीनदयाल उपाध्याय विचार दर्शन खण्ड-1
9. विनायक वासुदेव नेने- पं दीनदयाल उपाध्याय विचार दर्शन खण्ड-2
10. भालचन्द्र कृष्णाजी केलकर- पं. दीनदयाल उपाध्याय विचार दर्शन खण्ड-3
11. शरद अनन्त कुलकर्णी- पं. दीनदयाल उपाध्याय विचार दर्शन खण्ड-4
12. चन्द्रशेखर परमानन्द भिषीकरज- पं. दीनदयाल उपाध्याय विचार दर्शन खण्ड-5
13. बलवन्तनारायण जोशी- पं. दीनदयाल उपाध्याय विचार दर्शन खण्ड-6
14. विश्वनाथ नारायण देवधर- पं. दीनदयाल उपाध्याय विचार दर्शन खण्ड-7

15. कमल किशोर गोयनका- पंडित दीनदयाल उपाध्याय व्यक्ति-दर्शन
16. पुत्तीलाल यादव- युग पुरूष दीनदयाल
17. बलराज मधोक- श्यामा प्रसाद मुखर्जी एक जीवनी
18. भारतीय जनसंघ प्रकाशन- घोषणाएं व प्रस्ताव
19. भारतीय जनसंघ प्रकाशन- सास्कृतिक पुनरूत्थान
20. भारतीय जनसंघ प्रकाशन- भारतीय जनसंघ दिशा बोध
21. दीनदयाल उपाध्याय- राष्ट्र चिंतन
22. दीनदयाल उपाध्याय- अखण्ड भारत साध्य और साधन
23. जगदीश प्रसाद माथुर - जनसंघ के मूल विचारक पं. दीनदयाल उपाध्याय
24. जय प्रकाश नारायण- मेरी विचारयात्रा
25. दीनदयाल उपाध्याय- भारतीय अर्थ नीति विकास की एक दिशा
26. दीनदयाल उपाध्याय- राष्ट्र जीवन की समस्याएं
27. हरीश चंद्र बर्थवाल- पं. दीनदयाल उपाध्याय व्यक्तित्व एवं जीवन दर्शन
28. स्वामी विवेकानंद- स्वाधीन भारत जय हो
29. मन्मथनाथ गुप्त- भारतीय क्रांतिकारी आंदोलन का इतिहास
    माधवराव गोलवलकर
    अखण्ड भारत क्यों
30. माधवराव गोलवलकर- सदाशिवराव अन्याय को चुनौती
31. रवीन्द्र- लाल कमल
32. एकनाथ रानाडे- उत्तिष्ठत जाग्रत
33. कृष्ण कुमार बवेजा- श्री गुरूजी व्यक्तित्व एवं कृतित्व
34. कुप्प. सी. सुदर्शन- परम् वैभव के पथ
35. दो योजनाएँ: वादे, प्रदर्शन, संभावनाएँ, राष्ट्र धर्म प्रकाशन लिमिटेड, 1958

36. भारतीय अर्थनीति विकास की एक दिशा, राष्ट्रधर्म प्रकाशन लिमिटेड, 1958
37. राष्ट्र जीवन की समस्यायें, भारतीय जनसंघ, एस.पी. सेन मार्ग, लखनऊ, 1960
38. सिद्धांत और नीतियाँ, भारतीय जनसंघ प्रकाशन, नई दिल्ली, 1965
39. एकात्म मानवदर्शन, भारतीय जनसंघ, 1965 (बम्बई में दिये गये ऐतिहासिक भाषण 22, 23, 24 व 25 अप्रैल 1965)
40. हस्तांतरण: एक महान पतन, विजयवाड़ा-2, आंध्र प्रदेश, भारतीय जनसंघ- 1966
    उपाध्याय
41. पॉलिटिकल डायरी (हिन्दी) अनु. पु.प्र.मिश्र, जायको पब्लिशिंग हाऊस,125 महात्मा गांधी रोड, बम्बई, प्रथम संस्करण, 1966

अनुपलब्ध पुस्तकें

1. इनको भी आजादी चाहिये
2. अमेरिकी अनाज पी.एल., 480
3. बेकारी की समस्या और उसका हल
4. विश्वासघात (कच्छ समझौता)
5. टैक्स लूट
6. वचन भंग (ताशकंद समझौता)

उक्त सभी भारतीय जनसंघ प्रकाशन से प्रकाशित

स्थायी स्तंभ

1. विचार वीथी- पांचजन्य (पाराशर के नाम से)
2. पौलिटिकल डायरी (अंग्रेजी) आर्गेनाइजर

इतिहास

1. भारतीय राष्ट्रधारा का पुण्य प्रवाह (बुद्ध से शंकराचार्य तक) वर्ष- 1, अंक- 1, श्रावणी पूर्णिमा, विक्रम सं. 2004
2. भगवान श्रीकृष्ण: वर्ष 1, अंक-2, भाद्रपद पूर्णिमा, 2004 संस्कृति
3. चिति: वर्ष-1, अंक 3-4, कार्तिक पूर्णिमा, 2004 राजनीति
4. राजनीति: राष्ट्रीय जीवन की समस्याएँ: अंक- 8, शरद पूर्णिमा, 2006 (1949)
5. भारतीय राजनीति की मौलिक भूलें, अंक 11, मार्गशीर्ष पूर्णिमा, 2006 (1949) पांचजन्य में भी उसी समय के विशेष लेख हैंः

इतिहास दृष्टि

1. लोकमान्य तिलक की राजनीतिः स्वतंत्र भारत में लोकमान्य की प्रथम जयंती के अवसर पर श्रावण कृष्ण-3, 2004

व्यंग्यात्मक

1. 144 (धारा 144 के इतिहास एवं उपयोग का व्यंग्य) व्यासद शुक्ल-7, 2005 ललित निबंधः
2. राजनीतिक आय-व्यय, भाद्रपद शुक्ल 10, 2003, जुलाई 1949 से जुलाई 1950

सांस्कृतिक

1. जीवन का लक्ष्य, राष्ट्रीय आत्म-साक्षात्कार: भाद्रपद कृष्ण 9,
2. विजयादशमी (सहिष्णुता के समान ही जयिष्णुता की आवश्यकता): विशेषांक, 2006 राजनीतिक
3. भारतीय संविधान पर एक दृष्टि (कठोर एवं वृहद् संविधान के निर्माण के स्थान पर संवैधानिक विकास प्रक्रिया प्रारंभ करने का आग्रह) मार्गशीर्ष शुक्ल 4, संवत् 2006 (1949)

दीनदयाल शोध संस्थान द्वारा प्रकाशित साहित्य

1. पं. दीनदयाल उपाध्याय: व्यक्ति दर्शन खंड. कमल किशोर गोयनका (हिन्दी) और सुधाकर राजे (अंग्रेजी),
2. एकात्म मानव दर्शन (हिंदी-अंग्रेजी), 1979
3. गांधी, लोहिया और दीनदयाल (हिंदी), प्राक्कथन- प्रो. मधु दण्डवते, 1978
4. Gandhi, Lohia & Deendayal, Forword- Prof. Madhu Dandavate 1978 (दोनों की पृथक-पृथक सामग्री)
5. Destination (ed.) Sudhakar Raje), 1978
6. पंडित दीनदयाल उपाध्याय व्यक्तित्व एवं जीवन-दर्शन- डॉ. हरिश्चन्द्र बर्ध्वाल

अन्य पुस्तकें

1. 'अमर शहीद, पं. दीनदयाल उपाध्याय'- श्री शंकर सुल्तानपुरी
2. 'एकात्म मानवदर्शन'- श्री दि.घ. दातार
3. 'दीनदयाल उपाध्याय' - श्री एन. मधुकरराव
4. मराठी अनुवाद (दीनदयाल उपाध्याय)- श्री प्रकाश देवपांडे
5. प्रबंध काव्य 'राष्ट्रपुरुष पं. दीनदयाल उपाध्याय' - श्री दीनदयाल शास्त्री (डॉ. मुकुन्दराय आगरकर की प्रस्तावना सहित)
6. युगपुरुष दीनदयाल, राष्ट्रभाषा प्रकाशन, कानपुर, 1973- पुत्तीलाल यादव
7. अवधारणा और अनुप्रयोग (दीनदयाल कमेटी ऑफ अमेरिका, 9-कोस्टर बिव्ड. 4ए संस्करण, एन.जे.08817-डॉ. महेश जे.मेहता (सं.)
8. 'एकात्म मानववादः एक अध्ययन'- भानुप्रताप शुक्ल भारतीय पुनरुत्थान समिति, लोकहित प्रकाशन, लखनऊ, 1970 प.पू.श्री गुरुजी- परिपूर्ण मानव का विचार
9. उनकी विरासत हमारा मिशन: कालीकट-2, जयभारत प्रकाशन

अन्य सम्बन्धित साहित्य

1. पत्रकारिता एवं दीनदयाल उपाध्याय (संपादकः डॉ. महेश चंद्र शर्मा), दीनदयाल समग्र, भारतीय जनता पार्टी, 11 अशोक रोड, नई दिल्ली-110001
2. एकात्म मानवदर्शन- विचार संग्रह (संपादकः रवीन्द्र महाजन), भारतीय विचार मंच, 203- शेफाली शापिंग सेंटर, पालडी, अहमदाबाद-380006
3. मीडिया विमर्श (त्रैमासिक पत्रिका) भोपालः दीनदयाल उपाध्याय स्मृति अंक (दिसंबर, 2014)
4. अनिकेत संत दीनदयाल उपाध्याय लेखक मनोहर पुरी राष्ट्रीय पुस्तक न्यास
5. दीनदयाल उपाध्याय जीवन दर्शन संपादक डॉक्टर सोहन राज टैथड इंग्लिश बुक हाउस जयपुर
6. महामनीषी दीनदयाल प्रकाशक राजस्थान साहित्य अकादमी
7. पत्रिका- 'उत्तर प्रदेश संदेश' पं. दीनदयाल उपाध्याय विशेषांक; प्रकाशक-सूचना एवं जनसंपर्क विभाग, उत्तर प्रदेश, सितंबर 1991
8. पंडित दीनदयाल उपाध्याय का एकात्म मानवदर्शन का दर्शन; लेखक एवं प्रकाशक- डॉ. विनोद मिश्र; 2007
9. स्मारिका 'समग्र दृष्टि'; पं. दीनदयाल उपाध्याय जन्मभूमि स्मारक समिति, नगला चन्द्रभान: 1 जून,
10. पं. दीनदयाल उपाध्याय महाप्रस्थान; तनसुखराम गुप्त; सूर्यभारती प्रकाशन, दिल्ली, 2011
11. भारतीय जनता पार्टी का चित्रमय इतिहास; प्रकाशक - भारतीय जनता पार्टी, 11 अशोक रोड, नई दिल्ली
12. विचारक: पंडित दीनदयाल उपाध्याय (1916-1968) (हिन्दी) लालकृष्ण आडवाणी
13. सम्पूर्ण जीवन राष्ट्र की सेवा में। अभिगमन तिथि: 23 सितम्बर, 2010।

14. दीनदयाल उपाध्याय (हिन्दी) भारतीय साहित्य संग्रह। अभिगमन तिथि: 23 सितम्बर, 2010।
15. पंडित दीनदयाल उपाध्याय (हिन्दी) भारतीय साहित्य संग्रह। अभिगमन तिथि: 23 सितम्बर, 2010।
16. एकात्म मानवदर्शन के प्रणेता पं. दीनदयाल उपाध्याय (हिन्दी) हिमालय गौरव उत्तराखण्ड। अभिगमन तिथि: 23 सितम्बर, 2010।
17. एकात्म मानवदर्शन के प्रणेता पंडित दीनदयाल उपाध्याय, लेखक, अमरजीत सिंह
18. 'अर्थ अंक' पर दीनदयाल जी की सम्मति; पांच्चजन्य, 28 दिसंबर, 1953
19. भारत के आधुनिक ब्रह्मर्षि पं दीनदयाल उपाध्याय लेखक विजय नहर पिंक सिटी पब्लिशर्स जयपुर
20. मैं दीनदयाल उपाध्याय बोल रहा हूं संपादक अमरजीत सिंह प्रतिभा प्रतिष्ठान नई दिल्ली
21. "Pandit deendayalupadhyay a profile" edited Sudhakar raje
22. पंडित दीनदयाल उपाध्याय स्मारक धनक्या द्वारा प्रकाशित ग्रन्थग्रन्थ, सितम्बर 2022
23. International Journal of innovative social science, and humanities research/ volume 4/ issue2/ April June 2018 ISSN: 2349-1876 (Print)/ ISSN: 2454-1826 (Online); भारतीयता के पोषक पंडित दीनदयाल उपाध्याय की पत्रकारिता- डा. सारिका कालरा

अंतरजाल

https://www.pravakta.com/sol-deen-dayal-upadhyay-and-national-life-philosophy/

https://www.swadeshnews.in/special-edition/bhartiya-patrakarita-ke-purodha-777114 1/4

http://avap.org.in/Uploads/Publication/political%20diary%20hindi59.pdf

https://deendayalupadhyay.org/Political%20Dairy-%20Hindi.html

https://www.swadeshnews.in/special-edition/bhartiya-patrakarita-ke-purodha-777114

https://www.pravakta.com/patrakarita-ke-roop-mein-pandit-deen-dayal-upadhyay/

https://www.newsbharati.com/Encyc/2019/9/25/Pt-Deendayal-Upadhyaya-journalist.html

www.deendayal upadhyay.org.

www.wilkipedia.com

www.bjp.org.

www.days.jagarajunction.com

www.hindi.culturelindia.net

www.ingramcontent.com/pod-product-compliance
Lightning Source LLC
La Vergne TN
LVHW100312210926
848480LV00003B/1103
* 9 7 9 8 9 0 4 3 1 1 0 1 8 *